동북아 신흥안보 거버넌스

복합지정학의 시각

동북아 신흥안보 거버넌스
복합지정학의 시각

2019년 11월 5일 초판 1쇄 인쇄
2019년 11월 15일 초판 1쇄 발행

엮은이 김상배·신범식
지은이 김상배, 배영자, 신범식, 신성호, 이승주, 이신화, 이태동, 조한승

편집 김천희
마케팅 최민규
디자인 김진운

펴낸이 윤철호, 김천희
펴낸곳 ㈜사회평론아카데미
등록번호 2013-000247(2013년 8월 23일)
전화 02-2191-1133
팩스 02-326-1626
주소 03978 서울특별시 마포구 월드컵북로12길 17(1층)

이메일 editor@sapyoung.com
홈페이지 www.sapyoung.com
ISBN 93340

이 저서는 2016년 대한민국 교육부와 한국연구재단의 지원을 받아 수행된 연구임(NRF-2016S1A3A2924409); 이 저서는 2018년 서울대 국제문제연구소의 지원으로 수행된 연구임; 이 저서는 서울대학교 서울대·연세대 협력연구 프로그램 지원사업의 후원을 받아 수행된 연구 결과물임.

동북아 신흥안보 거버넌스
복합지정학의 시각

김상배·신범식 엮음

사회평론아카데미

책머리에

2019년 상반기에 한반도는 다사다난했다. 2018년 남북 및 북미 정상회담의 개최로 해결되리라고 기대를 모았던 한반도 비핵화의 여정은 2019년에 들어서도 여전히 그 해법을 찾지 못하고 있다. 전통안보 문제 이외에 새로운 안보 위협도 부쩍 늘어나고 있다. 2019년 3월에 한반도는 유례없는 고농도 미세먼지의 엄습을 경험했다. 미세먼지는 한반도 밖에서 비롯된 원인이 크다는 점에서 국제적인 문제이고 우리의 삶을 위협한다는 점에서 전통안보 못지않게 심각한 안보 문제이다. 최근에 통상마찰로 비화될 조짐을 보이는 일본발 방사능 위협까지 고려하면 한반도는 그야말로 새로운 안보 위협으로 인한 사면초가 상태이다. 게다가 국내적으로도 제주도 예멘난민 신청 문제로 불거졌던 사회적 논란이나 최근에 부쩍 늘어난 지진과 산불의 피해, 그리고 주기적으로 도래하는 구제역과 신종플루의 공포 등이 커져가고 있다. 이 문제들은 그 규모가 작거나 어느 한 영역에서만 발생할 경우에는 간과되기 쉽지만 그냥 방치하면 어느 순간엔가 국가 간의 지정학적 갈등을 유발할 수 있는 복합적인 안보 문제이다.

이 책의 필자들은 신흥안보(新興安保, emerging security)의 개념을 통해서 이러한 복합적인 안보 문제들을 연구해왔다. 그 연구의 첫 번째 결과물이었던『신흥안보의 미래전략: 비전통안보론을 넘어서』(2016)에서는 글로벌 차원에서 제기되는 신흥안보 문제들을 이해하는 이론적·경험적 분석틀을 마련했다. 두 번째 작업이었던『한반도 신흥안보의 세계정치: 복합지정학의 시각』(2017)에서는 글로벌 차원에서 제기된 신흥안보 문제들이 한반도 공간에 접맥되는 메커니즘을 '복합지정학(complex geopolitics)'의 시각을 원용하여 드러내고자 했다. 세 번째 작업이었던『4차 산업혁명과 한국의 미래전략』(2017)에서는 신흥안보 문제를 4차 산업혁명이라는 미래사회 변화의 지평 속에서 살펴보는 토대를 마련했다. 또한 네 번째 작업이었던『4차 산업혁명과 남북관계: 글로벌 정보화에 비춘 새로운 지평』(2018)에서는 신흥안보의 논의를 4차 산업혁명 시대를 맞이하는 남북관계의 협력과 갈등이라는 구도에서 펼쳐보았다. 이러한 연속선상에서 볼 때『동북아 신흥안보 거버넌스: 복합지정학의 시각』은 신흥안보의 세계정치와 대응전략을 다룬 다섯 번째 작업이라고 할 수 있다.

특히 이 책에서는 '글로벌 공간'과 '한반도 공간'이 만나는 중간지대인 '동북아 공간'의 신흥안보 거버넌스 문제를 집중적으로 탐구했다. 사실 이 책의 제목에 '동북아'라는 말을 선택하기까지에는 필자들의 고민이 깊었다. 특히 '글로벌'과 '한반도'의 사이에서 신흥안보 거버넌스를 실천할 '지역공간'의 외연을 어떻게 설정할 것인가의 문제가 필자들을 괴롭혔다. 우리가 신흥안보의 거버넌스를 논의하는 지역공간은 한·중·일의 동북아인가, 동남아시아까지도 포함하는 동아시아인가, 태평양 지역을 포함하는 아시아·태평양(즉, 아태)인가, 동아시아와 아태를 포괄하는 동아태인가, 아니면 최근에 논의되는 것처럼 서남아시아까지도 포함하는 인도·태평양(즉, 인태)인가? 사실 신흥안보 거버넌스를 펼쳐나갈 공간은 각각의 신흥안보 문제와 이를 둘러싸고 벌어지는 세계정치의 고유한 성격에 따라서 각기 다르게 설정될 수밖에 없다. 이런 점에서 보면 이 책에서 말하는 '동북아'라는 공간은 고정된 공간이 아니라 이슈의 성격에 따라서 구성 및 재구성되는 중층적이고 복합적인 공간으로 이해해야 할 것이다.

'신흥안보'의 이슈 자체들이 지니는 복합성은 '동북아 지역공간'을 중층적으로 이해할 수밖에 없게 만드는 또 다른 요인이다. 사실 이 책에서 다룬 이슈들은 단순히 어느 한 영역에서만 벌어지는 위험의 문제가 아니다. 이들 위험이 논란거리가 되는 이유는 일차적으로 그 양이 부쩍 늘어나서 일정한 임계점을 넘어서는 일이 잦아졌기 때문이다. 게다가 이들 위험은 어느 한 영역에만 국한되지 않고 여타 영역의 위험 요인들과 복잡다단하게 연계되는 특징을 지닌다. 예를 들어, 해커들의 장난거리였던 사이버 공격이 금융·통신망이나 원전과 같은 국가기간시설을 겨냥할 경우에 심각한 국가안보의 문제가 될 가능성이 크다. 일국 차원의 연료 사용 문제로 시작된 에너지 이슈가 국경을 넘는 대기오염의 문제가 되면서 국가 간 갈등의 소지를 낳는다. 정치적·경제적 불안이 야기한 인구의 이동은 국경을 넘어 이웃 나라에 심각한 사회 갈등의 불씨를 심는다. 전통적으로 있어왔던 자연재해의 문제도 여타 신흥안보 이슈들과 연계될 경우에 더욱 심각한 국가적 재난 문제로 비화될 가능성이 크다.

신흥안보 이슈의 성격이 이리도 복잡하다보니 이에 대응하는 '거버넌스'의 형식과 내용도 다양하게 모색될 수밖에 없다. 사실 이 책에서 다룬 동북아의 신흥안보 이슈들은 아직까지는 창발의 고리를 끊기 위한 협력의 거버넌스로 논의되기보다는 여전히 이슈를 선점하기 위한 경쟁과 갈등의 영역에 머물고 있는 경우가 많다. 위협 창발의 정도에 따라서 또는 신흥안보 이슈의 성격 차이에 따라서 다르기는 하겠지만 아직도 많은 이슈들이 일국 차원에서 해법을 모색하는 단계이며 양자 또는 다자 차원에서 국제협력을 모색하는 데까지 나아가지는 못했다. 이 지역에서 발생하는 신흥안보 위협에 적합한 거버넌스 양식에 대한 인식도 아직은 제각각이다. 어떤 이슈에는 정부가 나서는 전통적인 대응방식이 선호되고 있고, 어떤 이슈에는 민간 또는 시민사회 차원의 국제협력의 필요성이 제기되고 있으며, 어떤 이슈에는 지역규범의 형성과 좀 더 근본적인 지역 정체성의 재구성이 거론되기도 한다. 게다가 동북아 지역이 지닌 지정학적 특성은 신흥안보 거버넌스의 도입을 더욱 복잡하게 만든다. 이 책의 부제인 "복합지정학의 시각"은 바로 이러한 사정을 담아내기 위한 시도이다.

이 책에서는 이상의 문제의식을 담은 아홉 편의 글을 신흥안보의 세 범주, 즉 기술안보, 환경안보, 사회안보로 나누어 다루었다. "제1부 신흥 기술안보의 복합지정학"에는 사이버 안보, 디지털 군사안보, 원자력 발전 안전을 다룬 세 편의 논문을 실었다.

"제1장 동아태 사이버 안보 거버넌스: 국제협력과 지역규범의 모색"(김상배)에서는 글로벌 차원에서 진행되는 국제규범 논의의 연속선상에서 동아시아·태평양, 즉 동아태 지역의 고유한 특성을 반영한 사이버 안보의 거버넌스 모델이 얼마나 가능한지를 검토했다. 특히 세 가지 요소, 즉 사이버 공격이 발생하는 사이버 공간의 기술 시스템적 특성, 사이버 공격에 임하는 국가 및 비국가 행위자의 복합 네트워크적 특성, 동아태 지역의 고유한 지정학적 특성을 복합적으로 반영하는 거버넌스 모델이 필요함을 주장했다. 이러한 시각에서 볼 때 동아태 지역의 사이버 안보 거버넌스는 현재 적어도 세 층위에서 복합적으로 진행되고 있는 것으로 파악된다. 첫째, 동아태 지역의 지정학적 특성상 사이버 공격으로 인해 피해를 보는 당사국들이 나서서 사이버 공격의 원인 제공자로 추정되는 국가들과 합의를 보는 시도가 나타나고 있다. 둘째, 피해를 보는 국가들 간의 국제공조를 통해서 책임귀속(attribution)의 메커니즘을 가동시키거나 더 나아가 기존의 오프라인 동맹을 온라인 공간으로 확장하여 대응전선을 구축하려는 노력이 나타나고 있다. 셋째, 동아태 차원에서 지역 협력의 제도와 규범을 만들자는 문제제기가 활발히 이루어지고 있다. 물론 이러한 다층적 협력 모델의 이면에 동아태 사이버 안보 거버넌스의 주도권을 장악하기 위한 경쟁구도가 겹쳐지고 있음을 놓쳐서는 안 된다. 이는 미국이 주도하여 동북아(특히 일본)와 태평양을 엮으려는 '아태 모델'과 동남아가 앞장서며 동북아(특히 중국)를 포괄하는 '동아시아 모델'의 경합으로 나타나고 있다. 제1장에서 '동북아'나 '동아시아' 또는 '아태'와 같은 통상적인 지역 개념이 아니라 '동아태'라는 용어를 사용한 이유가 바로 여기에 있다.

　"제2장 동북아 디지털 군사안보 거버넌스: 인공지능과 자율무기의 활용과 논쟁"(신성호)에서는 4차 산업혁명의 상징으로 여겨지는 인공지능을 포함한 신기술이 군사 분야에 미치는 영향을 분석했다. 세계의 주요 국가는 21세기 산업과 경제 경쟁력의 핵심으로 이들 신기술을 활용할 뿐만 아니라 군사력과 안보전략의 게임 체인저로 활용하고자 연구와 개발에 심혈을 기울이고 있다. 특히 인공지능을 활용한 자율무기체계는 전투와 전장에서 적에 대한 우위를 확보하게 할 뿐만 아니라 평소 군의 운용에서도 인력, 군수, 훈련, 운영, 유지, 보수의 모든 측면에서 혁명적 변화와 이점을 가져다줄 것으로 기대된다. 그러나 한편에서는 자율무기체계의 등장이 전쟁의 가장 근본적인 행위인 인명 살상과 관련되면서 근본적인 윤리 문제가 제기된다. 자율살상기능을 갖춘 기계가 주도하는 전쟁에서 전쟁윤리의 기본 원칙으로 이해되는 전투원과 민간인의 구분, 적절한 인명 살상의 범위와 기준에 대한 비례성의 원칙이 과연 지켜질 수 있는가, 나아가 기계가 인간을 살상한다는 개념 자체가 타당한가 하는 윤리적·철학적 문제가 제기된다. 이에 대한 국제적인 합의나 논의가 아직 본격적으로 진행되지 않은 상태에서 일부 민간단체와 개인을 중심으로 자율무기와 전쟁에 인공지능을 활용하는 것을 금지하자는 운동이 벌어지고 있다. 그러나 이와 관련한 국제사회의 다자적 논의나 협의는 아직 일천하다. 동북아의 경우에 중국, 일본, 한국을 중심으로 인공지능과 자율무기에 대한 국가적 지원이나 연구가 활발히 진행되고 있으나 그 부작용이나 윤리적·법적 문제에 대한 토의나 성찰은 상대적으로 미진하다. 21세기 미래 전쟁을 이끌어갈 신기술의 개발과 아울러 이에 대한 최소한의 법적·윤리적 토대를 만들려는 노력이야말로 동북아의 번영과 평화를 위해 함께 선행되어야 할 것이다.

　"제3장 동북아 원자력 발전 안전 거버넌스"(배영자)에서 다룬 이슈는 원자력 발전 안전이다. 원자력 발전의 일상적 운영 과정에서 발생하는 안전사고와 더불어 원자력 발전이 사이버 테러나 지진, 해일과 같은 대형 자연재해와 연계될 때 지정학적이고 거시적인 안보 이슈로 발전할 가능성이 높다. 제3장에서는 원자력 발전 안전이 대표적인 신흥안보 이슈임을 지적한다. 특히 한국, 중국, 일본이 위치한 동아시아 지역은 지리적으로 인접한 지역 내에 원자력 발전이 밀집되어 있고 지속적으로 증가하고 있다는 점에서 원자력 발전 안전은 단순히 개별 국가의 국내적 문제가 아니라 지역적 차원에서 관리되어야 하며 원자력 발전 안전 거버넌스의 재정비가 필요하다. 제3장에서는 한국, 중국, 일본 국내 차원의 원자력 발전 안전 현황을 살펴보고 현재 원자력 발전 안전 거버넌스의 구심점이 되고 있는 국제원자력기구(IAEA) 및 아시아 지역 내의 다양한 원자력 발전 안전에 관한 협력과 문제점을 살펴보았다. 또한 원자력 발전 안전 거버넌스는 국경에 구애받지 않고 확산된다는 점과 공격과 방어 능력의 비대칭이라는 원자력과 방사능의 기술적 특성을 고려하는 데서 출발해야 한다고 주장한다. 여기에 자연재해나 사이버 공격과 같은 인간의 행위와 결합될 가능성을 강조하는 신흥안보적 복합지정학의 관점을 결합하여, 현재 원전의 운영과 관리가 국가 주도로 이루어지는 가운데 지역기구나 국제기구가 관여하고 있다는 점을 인식하면서 원자력 발전 안전 거버넌스를 마련해야 한다. 원자력 발전 안전에 대한 개별 국가의 주권과 의무를 인정하지만 기술, 자연, 사회의 결합으로 발생하는 매우 위험하고 긴급한 초국경적 문제에 대해 구속력을 가진 국제기구나 지역기구가 공동으로 대응하고 예방할 수 있는 새로운 방식의 거버넌스로의 진화를 모색하고 실험해야 한다는 점을 강조했다.

"제2부 신흥 환경안보의 복합지정학"에는 미세먼지와 기후변화, 에너지 안보와 협력, 보건안보를 다룬 세 편의 논문을 실었다.

"제4장 한중 대기환경 협력의 정치: 미세먼지와 기후변화 비교연구"(이태동)는 대기환경의 문제가 국경을 넘나드는 문제이기 때문에 국가들의 협력이 필수적이라는 지적에서 시작한다. 동북아 대기환경 문제 중 기후변화와 미세먼지는 환경과 인간의 삶의 질에 부정적인 영향을 끼치고 있다. 기후변화와 미세먼지는 한국과 중국이 공동으로 해결해야 하는 문제임에도 불구하고 양국 환경 협력의 구체성은 각 문제에서 큰 차이를 보인다. 왜 국가들의 분야별 환경 협력의 구체성은 다른 양상을 보이는가? 제4장에서는 대기환경 협력을 목적과 목표, 주체, 방안의 구체성이라는 틀로 개념화하고 구체성에 영향을 끼치는 요인을 분석하는 것을 목적으로 한다. 특히 환경 문제의 특성과 범위, 대응의 비용과 편익, 국내 여론의 요소가 환경 협력의 구체성에 미치는 영향을 분석틀로 제시한다. 이를 바탕으로 한중 간의 대기환경 협력을 경험적으로 분석한 결과 환경 문제의 범위가 넓고 비용이 크며 국내 여론의 지지가 낮은 기후변화 협력에 비해 미세먼지 협력의 구체성이 상대적으로 높은 것으로 나타났다. 제4장에서는 협력의 구체성 개념을 통해 환경 정치를 이론화하고 경험적 분석을 통해 환경 협력의 증진을 위한 정책적 함의를 제시한다.

"제5장 동북아 에너지국제정치와 지역 협력"(신범식)에서는 에너지안보에 대한 전통적 사고를 넘어 신흥안보로 에너지안보를 파악하게 된 상황을 검토한다. 그리고 이러한 도전과 그 결과로 야기된 에너지국제정치의 과제들이 동북아에서 어떻게 발현되고 있는가를 밝히고, 이런 과제의 설정이 어떤 협력과 경쟁의 에너지국제정치를 전개하고 있는지 검토한다. 특히 동북아 에너지국제정치가 추구하고 있는 지역적 협력의 시도들에 대해서도 검토하여 안보와 경제의 통합적 효과가 얼마나 현실적으로 실현될 가능성이 있으며 이것이 한반도와 남북관계에 가져올 수 있는 효과가 무엇인지 예측해보았다. 한국은 세계 8위의 에너지소비국이며 10대 온실가스 배출국으로 에너지안보와 에너지전환에 특별한 관심을 기울여야 한다. 95%의 에너지를 수입하고 있는 한국은 에너지안보가 매우 취약하기 때문에 에너지원 및 도입처를 다변화해야 하고 신기후체제 대응을 위한 저탄소경제체제로 전환해야 하며 미세먼지와 지진 등 대기오염 및 원전 안전 문제에 대응해야 한다. 하지만 한국의 기후변화 대응 노력은 세계 최하위권이며 에너지

전환을 위한 신재생에너지 기반 경제의 구축에 이르기까지 갈 길이 멀다. 당장 천연가스(LNG, LPG) 발전이 석탄 발전 및 원전을 대체하면서 신재생에너지 경제로 넘어가는 가교 에너지원으로서 더 큰 역할을 해야 한다. 기존의 도입 안정성 위주의 경직적 계약구조를 넘어 유연한 시장을 형성하고 적응해야 하며 동북아 시장을 둘러싼 국제적 경쟁에서 자기 이익과 기회를 실현해야 한다. 이에 성공하지 못하면 기존 한국의 국제경쟁력은 심각한 도전에 직면하게 될 수도 있다. 또한 뒤처진 경제를 개발하려는 체제전환국인 북한에도 에너지 문제는 핵심적 과제일 수밖에 없다. 에너지의 경제-안보 넥서스(nexus)로서의 양가적 속성을 잘 활용하면 에너지 협력을 통해 북한의 체제전환을 성공적으로 견인할 수 있을 것이다. 다만 이를 남북 양자 간의 과제로만 환원해서는 안 되며 지역적 협력의 틀 속에서 녹여내야 한다. 이와 같은 국제적 틀 속에서 남북 간의 반(半)직접적 연계가 북한의 변화를 안정적으로 유도하는 온건한 해법의 기본틀이 될 수 있을 것이다. 동북아의 에너지국제정치는 경제와 안보를 선후 및 위계 문제로 파악하기보다는 혼합되어 있는 영역으로 이해하는 접근법을 필요로 한다. 에너지국제정치는 안보와 경제의 문제가 구분되어 있기보다는 동시적으로 긴밀히 연결되어 작용하는 혼합 이슈의 영역에서 벌어지는 현상이다. 이러한 점에서 국가별 및 지역적 에너지안보의 증진을 통해 평화와 번영을 동시에 달성하기 위한 방안으로 동북아 에너지 협력 논의에 주목해야 한다.

"제6장 동북아 보건안보 거버넌스"(조한승)에서는 질병의 예방, 처치, 대응과 관련된 보건안보 문제를 인간공동체의 유지와 안전의 측면에서 접근해야 한다고 주장한다. 신흥안보 개념하에서 보건안보의 위협요인은 매우 다양하며 이에 대처하는 방식과 행위자도 그에 상응하게 다양하다. 보건안보는 오랫동안 '예방'의 관점에서 다루어졌으나 최근 신종 감염병, 바이오 테러 등 예상치 못한 보건 긴급상황이 빈번하게 발생함에 따라 사회 필수체계의 유지에 초점을 맞추는 '대비'의 접근이 모색되고 있다. 동아시아에서 보건안보의 도전으로는 신종 감염병, 바이오 안보, 식품 안전성, 비전염성 만성질환 및 고령화 등이 지적된다. 보건 이슈의 특성상 상호 교류가 빈번한 인접 국가들 사이에는 질병에 대한 신속한 정보 교환, 위기상황에 대한 유기적 대응 및 역할 조율, 공통의 보건안보 문제 해결을 위한 협력 네트워크의 제도화 등이 구축될 필요가 있다. 동북아에서 한·중·일은 각각 글로벌보건안보구상(GHSA) 참여, 보건복지 증진, 보건외교 확대 등을 자국의 보건안보정책에 포함하고 있으나 지역 차원에서의 다자간 보건안보협력은 상대적으로 취약하다. 동북아에서 지역 보건안보 협력을 위해서는 첫째, 정부 및 민간이 참여하는 한·중·일 보건안보 대화의 제도화가 필요하고, 둘째, 한·중·일이 비교우위를 가진 첨단기술을 보건안보에 적용하는 공동 투자 및 연구가 활성화되어야 하며, 셋째, 비전염성 질병 및 고령화 등 공동 문제의 해결을 위한 정책개발에서의 협력이 이루어질 필요가 있다.

"제3부 신흥 사회안보의 복합지정학"에는 대규모 재해·재난, 난민안보, 신흥 경제안보를 다룬 세 편의 논문을 실었다.

"제7장 동북아 대규모 재해·재난 거버넌스"(이승주)에서는 재해 및 재난의 빈발과 대규모화가 그 자체로 중요성을 더해가고 있을 뿐만 아니라 신흥안보 이슈로도 대두되고 있다고 지적한다. 우선 자연재난은 양질전환의 과정을 거치면서 안보화될 잠재력을 가지고 있다. 자연재해의 발생 빈도와 규모 자체가 빠르게 증대되고 있는데, 이 과정에서 자연재해의 성격이 순수한 재난에 대한 대응 문제에서 안보 차원의 문제로 전환될 수 있다. 신흥안보로서 자연재해의 두 번째 차원은 이슈 연계이다. 이 관점에서 볼 때 자연재해는 환경, 기후변화, 빈곤, 지속 가능한 발전, 민관 협력 등 다양한 이슈와 연계된다. 마지막으로 자연재해는 국가 갈등을 고조시킬 수 있기 때문에 이를 사전적으로 관리하는 차원에서 국가 간 또는 지역 차원의 협력을 필요로 한다. 지역 차원의 협력은 좁게는 긴급구호와 같은 자연재해에 대한 대응을 의미하지만 보다 광범위하게는 재난 대응의 효과성을 제고하는 데 필요한 지역 협력의 전반적 수준을 높이는 것을 포함한다. 한편 동아시아 차원의 지역 협력을 저해하는 전통적 요인이 재난 관리를 위한 지역 협력을 어렵게 하는 요인으로 작용하고 있다. 경제발전 수준의 격차, 정치체제의 차이, 역사적 유산 등은 재난 대응의 필요성이 증대하고 있음에도 불구하고 지역 협력의 틀을 형성하고 협력의 수준을 제고하는 데 부정적인 영향을 미치고 있다. 더욱이 기후변화로 인한 환경 악화와 같이 피해 규모가 급증하고 군사안보적 영향이 비교적 적은 전형적인 비전통안보 분야의 지역 협력 경험이 충분히 축적되어 있지 못한 점을 고려할 때, 신흥안보로서 재난 관리를 위한 지역 협력은 새로운 관점의 접근을 필요로 한다.

　"제8장 동북아 난민 문제의 정치외교적 대응 격차: 난민안보 거버넌스 구축의 가능성"(이신화)은 신흥안보의 관점에서 난민 문제를 보아야 한다는 문제제기에서 시작한다. 난민 문제에 대응하는 동북아 국가들의 정책 수립에는 어떠한 요인이 작용하는가? 언제, 어떠한 조건하에서 이들 국가는 포용적, 방관적, 배타적 난민정책을 채택하는가? 왜 유사한 상황의 인도적 난민 위기에도 상이한 정책을 펴는 '대응 격차'(response divide)가 생기는가? 이와 같은 문제제기와 관련하여 난민정책을 수립하고 시행하는 문제는 난민 문제를 일국의 문제로 보는 시각에서 벗어나 지역 국가들 간의 협력이 필요한 의제로 접근할 필요가 있다. 하지만 동북아 차원에서는 함께 고민하고 해법을 모색하려는 학문적·정책적 시도는 부재하다. 이러한 맥락에서 제8장에서는 난민과 안보의 연계와 관련한 이론적·실질적 쟁점을 바탕으로 한국, 일본, 중국의 난민정책을 논의하고 그동안 개별 국가 차원으로만 이루어져온 동북아 난민 문제가 어떠한 공통점과 상이점을 갖는지 고찰하는 것을 목적으로 한다. 이를 통해 아직까지 논의조차 이루어진 적 없는 동북아 지역 차원에서의 난민 이슈가 어떠한 포괄적 문제를 초래할 수 있는지 논의하고 동북아 신흥안보 거버넌스 구축의 가능성과 과제에 대해 살펴보았다.

"제9장 동북아 신흥 경제안보의 국제경쟁과 협력: 인구, 사회통합, 불평등"(이왕휘)에서는 세계 경제의 지속 가능한 성장을 저해하는 경제적 리스크이자 신흥안보 이슈로 인구 고령화·노령화, 소득과 부의 불평등 악화, 사회 양극화의 심화를 다루었다. 이러한 위험은 2007년 세계금융위기 이후에 반세계화, 반이민, 보호무역주의를 조장하여 2차 세계대전 이후의 자유주의적 국제정치경제질서의 기반을 침식시키고 있다는 점에서 국제정치적으로 중요한 함의를 지니고 있다. 아직까지 동북아에는 일본과 한국에서 고령화·노령화 문제만 나타나고 있기 때문에 사회통합과 불평등의 문제는 큰 주목을 받지 못하고 있지만, 향후 10-20년 내에 동북아에서도 자유주의적 정치경제질서에 대한 반발이 확산될 가능성을 배제할 수 없다. 세 가지 경제적 리스크를 체계적이고 총체적으로 분석하기 위해서는 국가 간이나 체제 간의 경쟁을 중시하는 경제안보의 관점보다는 협력의 가능성을 포함한 '복합지경학'의 관점이 필요하다. 동북아에서 인구, 사회통합, 불평등의 문제가 정치사회적 갈등은 물론 국제적 분쟁으로 비화되지 않도록 하기 위해서는 각국이 협력을 강화하고 갈등을 해소하기 위한 선제적인 대비를 해야 한다.

이 책이 나오기까지 많은 분들의 도움을 받았다. 먼저 여러 차례 라운드를 거듭하면서 진행된 신흥안보 연구 시리즈에 참여해주신 필자 선생님들께 감사의 말씀을 드리는 것을 잊을 수 없다. 이번의 다섯 번째 라운드 연구가 태동한 장은 서울대학교 국제문제연구소와 제주평화연구원이 공동으로 주최하고 외교부 외교전략기획관실이 후원하여 2017년 12월 26~27일에 제주평화연구원에서 열린 '동북아 신흥안보 거버넌스' 컨퍼런스였다. 당시에 발표자와 사회자 및 토론자로 참여해주신 정혜주(고려대), 손열(연세대), 민병원(이화여대), 한인택, 이성우, 도종윤, 기지윤(이상 제주평화연구원) 선생님께 감사드린다. 당시에 컨퍼런스 준비를 도와준 하가영, 정현아(이상 서울대 국제문제연구소)에게도 감사한다. 이 책의 필자들은 연구 발족 이후에 2018년 4월에 연구계획서를 발표한 것을 시작으로 9월에 중간발표 모임을 갖고 12월에 이르러 두 차례로 나누어 최종발표회를 개최하는 여정으로 연구를 진척시켜나갔다. 1차 최종발표회는 2018년 12월 7일 한국정치학회 연례대회에서 패널을 구성하여 진행되었는데, 이 책의 제2장(신성호), 제6장(조한승), 제8장(이신화)이 발표되었으며, 김상배와 신범식(이상 서울대)이 참여하여 토론을 펼쳤다. 당시 토론을 맡아주신 황지환(서울시립대), 김헌준(고려대) 두 분 교수께 감사한다. 2차 최종발표회는 서울대학교 국제문제연구소가 주최하고 외교부 외교전략기획관실이 후원하여 2018년 12월 14일에 더플라자호텔에서 정책연계 컨퍼런스의 형태로 개최되었다. 이 컨퍼런스에서 이 책의 제1장(김상배), 제3장(배영자), 제4장(이태동), 제5장(신범식), 제7장(이승주), 제9

장(이왕휘)이 발표되었다. 당시 사회와 토론에 참여해주신 마상윤(외교부), 류석진(서강대), 정동준(통일평화연구원), 김성진(한양대), 조동준(서울대), 김소정(국가보안기술연구소), 전진호(광운대), 박종희(서울대) 선생님께 감사드린다. 이러한 연구의 진행과 행사 개최의 계기는 서울대학교 국제문제연구소가 한국연구재단의 지원을 받아 진행한 한국사회기반연구사업(SSK)인 '신흥권력의 부상과 중견국 미래전략' 프로젝트의 재정적 지원이었다. 아울러 서울대학교·연세대학교 협력연구 지원사업인 일명 '신지정학' 프로젝트의 재정적 지원도 큰 힘이 되었다. 이 책이 원용한 복합지정학의 시각은 이 프로젝트의 연구 결과로 산출되었다. 이들 프로젝트가 진행되는 동안 공동 편집자로 지적 여정을 같이해준 신범식 교수께 감사의 마음을 전한다. 또한 외교부와의 정책연계 컨퍼런스의 기회를 만들어준 마상윤 국장에 대한 고마움도 빼놓을 수 없다. 이 책의 연구가 진행되는 동안 여러 명의 서울대학교 정치외교학부 외교학 전공 대학원생들의 도움을 받았다. 특히 신승휴, 최용호, 알리나, 이종진, 김지이, 김화경, 최정훈, 이금강 등에게 감사한다. 끝으로 성심껏 이 책의 출판을 맡아주신 사회평론 관계자들에 대한 고마움도 전한다.

2019년 4월 15일
김상배

차례

책머리에 4

제1부 신흥 기술안보의 복합지정학

제1장 동아태 사이버 안보 거버넌스: 국제협력과 지역규범의 모색 김상배
    I. 머리말 23
    II. 사이버 안보 거버넌스의 분석틀 27
    III. 사이버 안보 국제규범 모색의 현황 35
    IV. 동아태 사이버 안보 거버넌스의 모색 44
    V. 맺음말 56

제2장 동북아 디지털 군사안보 거버넌스: 인공지능과 자율무기의 활용과 논쟁
    신성호
    I. 서론 63
    II. 4차 산업혁명, 자율무기체계와 미래전쟁 64
    III. 인공지능과 자율무기를 둘러싼 논쟁 72
    IV. 자율무기의 규제를 위한 국제적 노력 79
    V. 한·중·일 삼국의 인공지능, 자율무기 정책 83
    VI. 결론 89

제3장 동북아 원자력 발전 안전 거버넌스 배영자
    I. 문제제기 96
    II. 신흥안보와 원자력 발전 안전 거버넌스 97
    III. 한·중·일 원자력 발전 안전 거버넌스 101
    IV. 글로벌 및 아시아 지역 원자력 안전 거버넌스의 현황과 문제점 107
    V. 나가며 118

제2부 신흥 환경안보의 복합지정학

제4장 한중 대기환경 협력의 정치: 미세먼지와 기후변화 비교연구 이태동

    I. 서론 125

    II. 국제와 국가 간 환경 협력의 구체성 126

    III. 구체성에 미치는 요인: 문제의 범위, 경제적 이익, 여론 130

    IV. 사례: 한중 대기환경 협력의 구체성 분석에 미치는 요인 분석 136

    V. 결론 147

제5장 동북아 에너지국제정치와 지역 협력 신범식

    I. 서론 156

    II. 신흥 에너지안보의 도전과 대응 160

    III. 국제 에너지시장의 환경 변화와 동북아 에너지국제정치 166

    IV. 동북아 에너지안보를 위한 협력과 경쟁의 주요 분야 187

    V. 결론: 에너지국제정치의 도전과 남북 에너지 협력에 대한 함의 197

제6장 동북아 보건안보 거버넌스 조한승

    I. 서론 208

    II. 보건안보와 보건안보 거버넌스 210

    III. 동아시아의 보건안보 도전 222

    IV. 동북아시아의 보건안보 대응과 협력 231

    V. 결론 240

제3부 신흥 사회안보의 복합지정학

제7장 동북아 대규모 재해·재난 거버넌스 이승주

    I. 서론 249

    II. 자연재해의 증가와 피해 현황 254

　　　III. 재난 관리와 국제·지역 협력의 필요성　259

　　　IV. 재난 관리를 위한 지역 협력의 향후 과제　267

제8장　동북아 난민 문제의 정치외교적 대응 격차: 난민안보 거버넌스 구축의

　　　가능성　이신화

　　　I. 서론　276

　　　II. 난민 문제의 정치안보적 쟁점　279

　　　III. 한국의 난민 문제와 정부의 대응　286

　　　IV. 일본의 난민 문제와 정부의 대응　294

　　　V. 중국의 난민 문제와 정부의 대응　301

　　　VI. 결론: 동북아 난민안보 거버넌스 구축을 위한 제언　310

제9장　동북아 신흥 경제안보의 국제경쟁과 협력: 인구, 사회통합, 불평등

　　　이왕휘

　　　I. 머리말　320

　　　II. 경제안보에서 복합지경학으로　322

　　　III. 인구 구조의 변화　324

　　　IV. 소득과 부의 불평등 악화　326

　　　V. 사회 양극화의 심화　330

　　　VI. 맺음말　332

찾아보기　337

제1부

신흥 기술안보의 복합지정학

제1장

동아태 사이버 안보 거버넌스: 국제협력과 지역규범의 모색

김상배(서울대학교)

글로벌 차원에서 진행되는 국제규범 논의의 연속선상에서 동아태 지역의 고유한 특성을 반영한 사이버 안보 거버넌스 모델이 얼마나 가능한지를 검토했다. 특히 세 가지 요소, 즉 사이버 공격이 발생하는 사이버 공간의 기술 시스템적 특성, 사이버 공격에 임하는 국가 및 비국가 행위자의 복합 네트워크적 특성, 동아태 지역의 고유한 지정학적 특성 등을 복합적으로 반영한 거버넌스 모델이 필요함을 주장했다. 이러한 시각에서 볼 때 동아태 지역의 사이버 안보 거버넌스는 현재 적어도 세 층위에서 복합적으로 진행되고 있는 것으로 파악된다. 첫째, 동아태 지역의 지정학적 특성상 사이버 공격으로 인해 피해를 보는 당사국들이 나서서 사이버 공격의 원인제공자로 추정되는 국가들과 합의하려는 시도가 나타나고 있다. 둘째, 피해를 보는 국가들 간의 국제공조를 통해서 책임귀속(attribution)의 메커니즘을 가동시키거나 더 나아가 기존의 오프라인 동맹을 온라인 공간으로 확장하여 대응전선을 구축하려는 노력이 나타나고 있다. 셋째, 동아태 차원에서 지역협력의 제도와 규범을 만들자는 문제제기가 활발히 이루어지고 있다. 물론 이러한 다층적 협력 모델의 이면에 동아태 사이버 안보 거버넌스의 주도권을 장악하기 위한 경쟁 구도가 겹쳐지고 있음을 놓쳐서는 안 된다. 이는 미국이 주도하여 동북아(특히 일본)와 태평양을 엮으려는 '아태 모델'과 동남아가 앞장서며 동북아(특히 중국)를 포괄하는 '동아시아 모델'의 경합으로 나타나고 있다. '동북아'나 '동아시아' 또는 '아태'와 같은 통상적인 지역 개념이 아니라 '동아태'라는 용어를 사용한 이유가 바로 여기에 있다.

I. 머리말

최근 사이버 공격이 양적으로 점점 더 늘어나는 가운데 그 목적과 수법도 다양화되는 현상이 발생하고 있다. 사이버 안보는 단순한 해킹 공격의 문제를 넘어서 통상 마찰, 데이터 안보, 심리전 등과 같은 여타 세계정치의 쟁점들과 연계되고 있을 뿐만 아니라 미국과 중국, 그리고 유럽과 러시아 등이 벌이는 국가 간 갈등의 현안이 되었다. 이러한 과정에서 사이버 안보는 일국 차원의 대응을 넘어 주변 국가들과의 공조와 협력을 통해서 풀어나가야 할 문제인 동시에 지역 및 글로벌 차원의 규범 형성이 필요한 문제로 인식되고 있다. 그야말로 사이버 안보는 복합적인 양상을 보이는 21세기 세계정치의 대표적인 사례 중의 하나인 것이다. 이러한 인식을 바탕으로 이 장에서는 동아시아·태평양(이하 동아태) 지역에서 벌어지고 있는 사이버 안보 분야의 국제협력과 지역규범 모색의 현황과 과제를 살펴보고자 한다. 특히 글로벌 차원에서 진행되는 국제규범 논의의 연속선상에서 동아태 지역의 고유한 특성을 반영한 사이버 안보 거버넌스 모델이 얼마나 가능한지를 검토하고자 한다.

사이버 공격에 대응하는 국제협력과 지역규범의 모색은 동아태 지역에서도 예전부터 있어왔다. 일국 차원의 노력만으로는 효과적으로 대응하기 어렵다는 인식을 바탕으로 피해 당사국들은 서로 협력해 왔다. 예를 들어, 미국이 주도하여 아태 지역에서 일본, 호주와 협력체계를 구축하고 한국과도 협의를 벌였다. 또한 사이버 갈등을 겪었던 공격 및 피해의 당사국들이 나서서 상호 합의를 통해서 문제를 풀려는 시도도 했다. 예를 들어, 2015년에 미국과 중국은 민간시설만큼은 서로 공격하지 않겠다는 합의를 이끌어내기도 했다. 더 나아가 동남아시아의 아세안(ASEAN) 회원국들이 중심이 되어 역내 국가들의 책임 있는 행동을 보장할 수 있는 국제규범의 필요성에 대해 선언하기도 했다. 전통안보 분야에서 지역규범 형성의 경험이 부재한 동아태 지역이지만 사이버 안보와 같은 신흥 분야를 중심으로 국제협력을 추구하여 지역규범 마련의 돌파구를 만들어보자는 문제제기였다.

그럼에도 학계의 연구 현황을 돌아보면 동아태 지역의 사이버 안보 거버넌스 문제를 국제정치학의 시각에서 체계적으로 다룬 연구는 매우 드물다.[1] 특히 이론적 시각에서 동아태 지역의 고유한 특성에 맞는 사이버 안보 거버넌스 양식을 고민하려는 시도는 거의 없었다고 해도 과언이 아니다. 기존의 국제법과 전쟁법의 논리를 사이버 안보 분야에 적용하려는 유럽 지역의 시도는 상대적으로 활발했지만, 유럽의 경험에서 도출된 프레임을 동아태 지역의 현실에 그대로 적용할 수는

---

1   구체적으로 동아태 지역의 사이버 안보 거버넌스를 다룬 연구로는 Thomas(2009), Lee and Kim(2013), Burton(2013), Noor(2015), Access Partnership(2017) 등이 있다.

없을 것이다. 이러한 시각에서 볼 때 동아태 사이버 안보 거버넌스의 연구는 사이버 공간의 기술적·사회적 속성뿐만 아니라 동아태 지역의 지정학적 특성 등을 복합적으로 고려한 모델을 탐구해야 한다는 숙제를 안고 있다. 이러한 문제의식을 가지고 사이버 위협에 대응하는 동아태 국가들의 국제협력과 지역규범의 모색에 대한 경험적·이론적 논의를 펼쳐보고자 한다.

　아직 구체적으로 진행된 연구는 많지 않지만, 국제정치이론의 시각에서 동아태 사이버 안보 거버넌스 모델에 대한 이론적 논의를 펼칠 여지는 없지 않다. 특히 최근 지정학적 시각의 부활을 부추기는 현실의 변화로 미루어볼 때, 현실주의 국제정치이론의 시각에서 사이버 안보의 문제를 전통안보의 연속선상에서 이해하고 국가 행위자 간의 합의와 동맹이라는 시각을 원용하는 분석과 해법을 도모할 수 있을 것이다. 자유주의 국제정치이론의 시각에서 볼 때도 동아태 지역에서 전통 국제법이나 국제레짐의 논의를 원용하여 국가 및 비국가 행위자들이 만들어가는 제도 수립의 가능성을 논의해봄직하다. 구성주의 국제정치이론의 관점도 동아태 지역의 독특한 현실을 배경으로 지역규범과 정체성을 구축하려는 시도에 기여하는 바가 클 것이다. 그럼에도 이러한 국제정치이론의 논의들은 아직까지 사이버 공간과 동아태 지역의 속성을 복합적으로 고려한 이론적 분석틀을 제공하는 데까지는 나아가지 못하고 있다.

　이 장에서는 신흥안보로서의 사이버 안보의 특성과 이에 적합한 거버넌스 모델을 가늠하는 이론적 논의를 원용했다. 사이버 공간의 복잡계 환경을 배경으로 발생하는 사이버 공격에는 다양한 비국가 행위자들이 가담하지만 그 배후에 국가 행위자가 중요한 역할을 담당하고 있다. 동아태 사이버 안보 거버넌스를 연구할 때는 사이버 공격의 특성과 아울러 이러한 게임이 발생하는 지정학적 공간으로서 동아태 지역의 특성을 간과해서는 안 된다. 이러한 맥락에서 이 장에서는 세 가지 요소, 즉 사이버 공격이 발생하는 사이버 공간의 기술 시스템적 특성, 사이버 공격에 임하는 국가 및 비국가 행위자의 복합 네트워크적 특성, 동아태 지역의 고유한 지정학적 특성 등을 복합적으로 반영한 거버넌스 모델이 필요함을 주장했다. 결국 동아태 사이버 안보 거버넌스는 전통안보와 같은 (고전)지정학적 관리 메커니즘의 단일한 도입만으로는 충족될 수 없으며, (고전)지정학 이외에도 비지정학과 비판지정학 및 탈지정학의 시각을 도입한 복합지정학(complex geopolitics)의 시각을 원용하여 모색되어야 한다(김상배 2018, 제2장).

이러한 복합지정학의 시각에서 볼 때, 동아태 지역의 사이버 안보 거버넌스는 현재 적어도 세 층위에서 복합적으로 진행되고 있는 것으로 파악된다. 첫째, 동아태 지역의 지정학적 특성상 사이버 공격으로 인해 피해를 보는 당사국들이 나서서 사이버 공격의 원인제공자로 추정되는 국가들과 합의하려는 시도가 나타나고 있다. 둘째, 피해를 보는 국가들 간의 국제공조를 통해서 책임귀속(attribution)의 메커니즘을 가동시키거나 더 나아가 기존의 오프라인 동맹을 온라인 공간으로 확장하여 대응전선을 구축하려는 노력이 나타나고 있다. 셋째, 동아태 차원에서 지역협력의 제도와 규범을 만들자는 문제제기가 활발히 이루어지고 있다. 물론 이러한 다층적 협력 모델의 이면에 동아태 사이버 안보 거버넌스의 주도권을 장악하기 위한 경쟁 구도가 겹쳐지고 있음을 놓쳐서는 안 된다. 이는 미국이 주도하여 동북아(특히 일본)와 태평양을 엮으려는 '아태 모델'과 동남아가 앞장서며 동북아(특히 중국)를 포괄하는 '동아시아 모델'의 경합으로 나타나고 있다. 이 장에서 '동북아'나 '동아시아' 또는 '아태'와 같은 통상적인 지역 개념이 아니라 '동아태'라는 용어를 사용한 이유가 바로 여기에 있다.

　이 장은 크게 세 부분으로 구성되었다. 2절에서는 기술 시스템을 배경으로 하여 발생하는 신흥안보로서 사이버 안보 거버넌스 모델에 대한 논의를 바탕으로 복합 네트워크로서 사이버 공간의 사회적 특성과 동아태 지역의 지정학적 현실을 감안한 다층적 분석틀을 모색하기 위한 이론적 논의를 진행했다. 3절에서는 사이버 안보 위협에 대응하려는 글로벌 차원의 국제규범의 모색 현황을 국가 간 프레임, 정부 간 프레임, 글로벌 거버넌스 프레임의 세 가지 차원에서 살펴보고 이러한 국제규범의 프레임들을 동아태 지역의 사이버 안보 거버넌스에 적용하려는 논의의 기초로 삼았다. 4절에서는 최근 동아태 지역에서 모색되고 있는 사이버 안보 거버넌스의 양상을 당사국 간 양자합의, 국제 공조와 동맹 구축, 지역협력체와 다자규범의 모색이라는 세 가지 층위에서 살펴보았다. 끝으로 맺음말에서는 이 장에서의 주장을 종합·요약하고 동아태 지역에서 사이버 안보 거버넌스를 모색하려는 시도가 안고 있는 향후 과제를 지적했다.

II. 사이버 안보 거버넌스의 분석틀

사이버 안보는 '신흥안보(新興安保, emerging security)'의 대표적 사례이다. 이 장에서 원용하는 신흥안보라는 말은 단순히 '새로운 안보'라는 의미만은 아니다. '신흥'은 복잡계 이론에서 흔히 창발(創發)로 부르는 'emergence'의 번역어이다. 신흥안보는 미시적 차원에서는 단순히 소규모 단위의 안전(安全, safety)의 문제였는데, 거시적 차원으로 가면서 좀 더 대규모 단위의 안보(安保, security) 문제로 창발하는 현상을 의미한다. 복잡계 이론의 논의를 원용하면, 신흥안보로서 사이버 안보의 위험은 양질전화(量質轉化)-이슈 연계-지정학적 연계로 형성되는 세 단계의 '임계점(critical point)'을 넘어서 창발한다(페르 박 2012; 김상배 2018, 제1장). 신흥안보 거버넌스 연구의 관점에서 볼 때, 이러한 사이버 안보의 속성에 적합한 거버넌스 양식을 개발하는 것이 관건이다. 이와 관련하여 이 절에서는 세 단계의 임계점에서 발생하는 특성에 대응하여 사이버 안보 거버넌스의 분석틀을 제시하고자 한다.

1. 기술 시스템과 거버넌스

이러한 분석틀의 마련을 위해서 먼저 주목할 것은 기술 시스템으로서 사이버 안보의 특성과 그에 적합한 거버넌스 구조의 유형에 대한 이론적 논의이다(Kitschelt 1991; Yoon 2015; 김상배 2016). 사이버 안보와 같은 기술 시스템, 좀 더 포괄적으로 말하면 컴퓨터 네트워크를 매개로 발생하는 신흥안보 위험은 '시스템의 결합도'가 높아서 갑작스레 시스템 전체로 번져서 돌발할 가능성이 많은 위험이다. 따라서 어느 한 부문에서 발생한 문제가 인접한 다른 부문으로 급속히 전화되는 것을 방지하기 위해 집중 거버넌스 구조를 도입하는 것이 효과적이다. 일차적으로 사이버 공격의 피해가 발생한 국가 차원에서 신속한 재난복구가 우선적 대책으로 도입되는 것은 바로 이러한 이유 때문이다(김상배 2016, 89-93).

한편 사이버 공격의 배경이 되는 사이버 공간의 기술 시스템은 '상호작용의 복잡도'가 높아서 위험의 파급 범위가 무한하기 때문에 사이버 공격으로 인해서 발생할 피해를 일찌감치 감지하는 것이 어렵고 발생한 재난에 대해서 그 파급 결과를 예측하는 것이 쉽지 않다. 이러한 특징으로 인해서 사이버 공격으로 인한 피해를 인지하고 복구하는 작업을 할 때 일국 차원의 노력에는 한계가 있을 수밖에 없기 때문에 주변 국가들과의 양자간, 그리고 가능한 경우 다자간 국제협력을 펼치는 것이 보완책이다. 이러한 점에서 사이버 안보와 같은 유형의 신흥안보 위험에 대응하는 거버넌스 모델로는 영토의 경계를 넘어서 이루어지는 '정부 간 협력 모델'이 일차적으로 유용하다(김상배 2016, 89-93).

　이러한 이론적 예측에 따르면, 각국의 기반 인프라에 대해 돌발적으로 감행되는 사이버 공격에 대응하고 그 피해를 복구하는 거버넌스는 일차적으로 일국 차원에서 정부뿐만 아니라 다양한 민간 행위자들까지도 나서서 모색해야 한다. 기본적으로 기반 인프라의 설치와 관리가 일국 단위로 이루어지고 있는 현실은 네트워크 시스템의 다운과 같은 돌발적 위험에 대한 대응의 주체로 각국 정부를 상정하지 않을 수 없는 상황을 창출한다. 실제로 각국 정부 차원에서 사이버 위협에 대응하여 사전예방과 사후복원까지 고려하는 기술역량의 강화뿐만 아니라 공세적 방어의 군사전략을 제시하고 추진체계와 법제도를 정비하는 등의 종합적인 대책 마련에 힘쓰고 있다.

　그런데 신흥안보로서 사이버 안보가 지니는 상호작용의 복잡성은 일국 차원을 넘어서는 거버넌스의 도입도 동시에 요구한다. 국가안보론의 시각에서 거론되는 사이버 안보의 위험은 그 숫자가 양적으로 증가하여 질적 변화가 나타나는 이른바 양질전화의 임계점을 넘을 때 발생한다. 평소에는 개별 단위 차원의 안전이 문제시될 정도의 미미한 사건들이지만, 그 발생 숫자가 늘어나서 갑작스럽게 양질전화의 임계점을 넘게 되면 국가와 사회의 안보를 위협하는 심각한 문제가 된다. 이러한 와중에 미시적 안전과 거시적 안보를 구분하던 종전의 경계가 무너지고 사소한 일상생활 속의 안전 문제라도 거시적 안보의 관점에서 다루고 대비해야 하는 일이 된다(김상배 2016, 83).

실제로 사이버 안보 분야를 보면 사이버 공격의 건수는 매년 가파르게 증가하고 있다. 특히 사이버 공격은 국가 기간시설의 교란에서부터 금전 취득을 위한 해킹, 개인·기업 정보의 탈취, 심리적 선동과 교란 등에 이르기까지 그 목적이 다변화되고 있다. 봇넷(botnet) 공격, 악성코드 침투, 랜섬웨어(Ransomware) 유포, 인공지능 활용 등 공격 수법도 다양화되고 있다. 무엇보다도 최근에 나타나고 있는 제일 큰 변화는 이러한 사이버 공격이 일견 비국가 행위자인 해커 집단의 소행으로 보이지만 그 이면에 러시아, 중국, 이란, 북한 등과 같은 국가 행위자의 그림자가 점점 더 짙게 드리워져 있다는 사실이다. 그야말로 사이버 공격은 국가 및 비국가 행위자가 복합적으로 관여하는 게임이 되었다고 할 수 있다.

이러한 주체와 행위 면에서 본 복잡성의 증대는 일국 차원의 노력만으로는 사이버 공격을 미리 탐지하거나 근원지를 추적하여 책임소재를 밝히는 일을 어렵게 하고 있다. 대부분의 사이버 공격이 여러 나라의 국경을 넘나드는 초국적인 형태로 발생하기 때문에 자국에 피해를 입힌 사이버 공격의 근원지를 추적하여 알아내더라도 그 구체적인 증거를 찾아내기 위해서는 사이버 공격의 근원지 또는 경유지가 된 나라(들)와의 기술공조와 위협 정보의 공유가 불가피하게 필요하다. 사이버 안보 분야에서 일국 차원을 넘어서는 국제공조와 지역협력의 필요성이 강조되는 이유는 바로 이 때문이다.

2. 소셜 네트워크와 거버넌스

사이버 안보 거버넌스의 분석틀을 마련하기 위해서는 이상에서 살펴본 기술 시스템 변수의 특성에 대한 논의와 더불어 사이버 공간의 사회적 속성을 이해해야 한다. 이는 사이버 안보의 게임과 이에 참여하는 행위자들의 복합성에 대한 논의와 밀접히 관련된다(김상배 2018, 제3장). 기본적으로 사이버 공격은 체계적으로 조직되지 않은 비국가 행위자들이 수행하는 네트워크 게임이다. 게다가 비국가 행위자들의 스펙트럼은 매우 넓다. 일반 사용자가 공격자가 될 수 있고 악의적인 공격의 대상이 되기도 하며 디도스(DDoS) 공격에 이용되는 것처럼 자신도 알지 못하는 사이에 봇넷에 동원되는 소스가 되기도 한다. 앞서 언급한 바와 같이 최근에는 이러한 비국가 행위자들의 이면에 국가 행위자들이 알게 모르게 관여하는 경우가 늘어나고 있는데, 국가 고용 해커나 해커 부대원, 루머-댓글 유포부대도 사이버 공격에 점점 더 적극적으로 가담하고 있다. 그런데 이들 해커 집단의 활동은 아무리 국가 지원 해커라고 하더라도 국가에 의해 완벽히 통제되지 않는다는 특징을 지닌다.

이러한 사정을 고려해서 보면, 비국가 행위자들이 나서는 사이버 공격에 대한 규제의 주체로 피해 당사국들의 정부를 설정하고 풀어가려는 '정부 간 협력모델'에만 의존하는 것은 적절한 방법이 아니다. 사이버 안보 게임의 특성상 관련 행위자들이 내면적으로 수용하는 원칙과 국제적으로 통용되는 규범 마련의 필요성이 논의되는 것은 바로 이러한 맥락이다. 사이버 안보 분야에서 이러한 원칙과 규범의 광범위한 채택은 사회 및 경제 발전을 촉진하고 국제적 안정성을 확보하며 각국이 추구하는 정책을 조율하는 기반을 조성함으로써 안전한 사이버 환경을 창출하는 데 기여할 것으로 기대되고 있다. 게다가 이러한 원칙과 규범은 구성원의 관계를 조율하는 제도화의 의미를 넘어서 세계정치의 이면에 흐르는 도덕성과 당위성을 담아내는 플랫폼이 된다. 오늘날 세계정치에서 이러한 종류의 원칙과 규범은 핵확산이나 인권 등과 같은 분야에서 채택된 바 있다.

그런데 여기서 유의해야 할 점은 전통안보 분야와는 달리 사이버 안보는 한 가지 종류의 규범만으로 포괄되지 않는 이슈의 복잡성을 특징으로 한다는 사실이다. 사실 최근 사이버 안보의 이슈는 매우 다양한 세계정치의 이슈들과 연계되고 있다. 예를 들어, 최근 사이버 공격이 원자력 시설을 포함한 주요 국가시설을 겨냥함으로써 민감한 국가안보의 사안으로 비화되는 경우가 많아졌다. 또한 대부분의 사이버 공격이 경제적 가치가 높은 산업기밀과 지적재산과 연관된 부문을 겨냥함으로써 국가적 차원의 경제안보 문제로 인식되고 있다. 최근 미국과 중국, 그리고 러시아 등은 사이버 안보의 문제를 야기할 가능성이 있는 IT제품의 수출입을 규제하기도 하고 이 분야에서 활동하는 다국적 기업들의 데이터 비즈니스를 통상 마찰 문제를 넘어서는 데이터 안보의 관점에서 바라보기 시작했다. 해킹 문제가 정보전 또는 심리전의 관점에서 이해되기 시작한 것도 이미 오래되었다.

이렇게 복잡하게 이슈가 연계되고 있는 사이버 안보 분야의 규범 문제를 전통안보를 다루는 것과 같은 국가 간 프레임에서만 바라보는 것은 바람직하지 않다. 다양한 비국가 행위자들이 전면에 나서고 있는 사이버 안보의 게임에서 문제의 책임을 국가 단위로 귀속시키는 기존의 단순한 발상은 한계를 안고 있다. 사이버 안보의 탈영토성과 이에 관여하는 행위자들의 다양성을 고려한 새로운 규범을 모색하는 복합적인 접근이 필요하다. 실제로 사이버 안보 분야의 국제규범 모색은 매우 다양한 양상으로 나타나고 있다. 다음 절에서 살펴볼 테지만, 나토(NATO) 차원의 탈린매뉴얼(Tallinn Manual) 시도나 유엔 정부전문가그룹(Group of Governmental Experts, GGE)의 활동 이외에도 사이버공간총회(Conference on Cyberspace), 유럽사이버범죄협약(European Convention on Cybercrime, COC), 상하이협력기구(Shanghai Cooperation Organization, SCO), 국제인터넷주소관리기구(Internet Corporation for Assigned Names and Numbers, ICANN), 국제전기통신연합(International Telecommunication Union, ITU), 인터넷거버넌스포럼(Internet Governance Forum, IGF), 아세안지역안보포럼(ARF) 등과 같은 프레임이 모색되고 있다. 이러한 복잡성에 주목하여 일부 국제정치학자들은 이 분야에서 나타나는 규범 모색의 양상을 '레짐 복합체(regime complex)'의 부상으로 보기도 한다(Choucri et al. 2014; Nye 2014).

3. 동아태 지역구조와 거버넌스

양질전화나 이슈 연계의 임계점을 넘어서 창발하는 사이버 안보 이슈가 전통안보 분야의 지정학적 이슈와 연계되는 경우에 이는 명실상부한 국가안보의 문제가 된다. 최근에 사이버 공격이 해당 지역의 지정학적 이슈와 연계되는 사례가 부쩍 많이 발생하고 있는데, 2007년 에스토니아, 2008년 조지아, 2014년 우크라이나 등에 대한 러시아의 사이버 공격을 가장 대표적인 사례로 들 수 있다. 최근에는 각국이 사이버 공간을 이른바 '제5의 전장'으로 인식하면서 사이버 안보의 지정학적 연계 가능성이 더욱 커지고 있다. 게다가 사이버 안보는 재래식 전쟁뿐만 아니라 핵안보 문제와 연계되기도 한다. 최근에는 4차 산업혁명의 진전과 더불어 인공지능(AI), 로봇, 드론, 우주무기 등과 연계될 가능성도 커졌다. 이렇게 지정학적 논제로 연계되는 사이버 공격에 대응하기 위해서 세계 주요국들은 사이버 부대나 사이버 사령부를 신설하거나 확대 및 격상하는 조치를 취하고 있다.

사이버 안보 이슈는 양질전화와 이슈 연계의 사다리를 타고서 순차적으로 창발하여 지정학적 임계점에 도달할 수 있지만, 원래부터 지정학적 갈등 관계였던 국가들 간에는 이러한 창발의 메커니즘이 다소 급진적 경로를 타고 발현될 가능성이 크다(김상배 2016, 84). 따라서 동아태 사이버 안보 거버넌스를 제대로 이해하기 위해서는 지정학적 임계점에 해당하는 이 지역의 특성을 살펴보는 것이 중요하다. 사실 동아태 지역, 그중에서도 동북아 지역에서는 전통적인 지정학적 위협과 갈등이 두드러진다(김상배·신범식 편 2017). 남북한의 정치군사적 대결, 중국과 대만의 양안 갈등, 중일과 러일의 해양도서 분쟁, 한일의 독도영유권 문제, 남중국해 문제 등과 같은 지정학적 갈등이 발생하고 있어서 지역 차원의 협력이 난항을 겪고 있다. 그야말로 역내 국가들의 고질적인 불신과 갈등이 산재해 있는 것이다. 이러한 상황에서 신흥안보로서 사이버 안보 분야의 위험 발생은 다른 지역에 비해 이 지역에서 더 쉽게 지정학적 임계점을 넘을 가능성이 있다.

이러한 맥락에서 동아태 지역의 지정학적 특성이 다른 지역, 특히 유럽 지역의 지정학적 특성과 어떻게 다르며 그 차이가 사이버 안보의 영역에서 어떻게 발현되는지, 그리하여 동아태 지역의 지정학적 특성과 사이버 안보 거버넌스 모델이 어떻게 결합되어야 하는지를 검토하는 문제는 중요할 수밖에 없다. 여타 지역과 달리 동아태의 지정학적 특성이 사이버 안보의 창발에 영향을 미침으로써 이에 대응하는 국제협력이나 지역규범의 방향과 내용도 규정할 것이기 때문이다. 이렇게 보면 동아태 지역에서는 유럽 지역에서 모색되는 것과는 다른 양식의 거버넌스 모델이 도입될 가능성과 필요성이 있다. 특히 유럽과는 달리 동아태에는 전통안보 규범 형성의 경험이 부재하다는 점도 큰 변수가 될 것이다. 역으로 사이버 안보 분야에서 잉태된 혁신적 국제규범의 구상을 매개로 해서 동아태 지역 전반에 도입할 지역규범 형성의 물꼬를 틀 가능성도 없지 않다.

　요컨대 사이버 안보의 기술적 속성이 유일한 인과적 변수로 이 분야 거버넌스의 내용을 결정하는 것은 아니겠지만 이론적으로 도출한 적합한 거버넌스 양식의 도입이 일차적으로 이 분야의 위험에 효과적으로 대응하는 해법을 제공할 가능성이 크다. 그러나 실제로 사이버 공격이 야기하는 위험에 효과적으로 대처하기 위해서는 기술 시스템의 속성 이외에도 사이버 공간의 사회적 속성이나 해당 지역의 지정학적 특성을 동시에 고려해야 한다. 이러한 복합적인 고려를 통해서 동아태 지역에서 사이버 안보 이슈가 전통안보의 지정학적 임계점을 넘어서 갈등으로 치달을 수 있는 가능성을 미리 탐지하고 이에 대응하는 전략을 적절히 모색할 수 있을 것이다. 궁극적으로 사이버 안보의 성격과 거버넌스 모델, 해당 지역의 지정학적 특성 간의 관계를 복합적으로 고려한 모델을 마련할 필요가 있다.

III. 사이버 안보 국제규범 모색의 현황

사이버 안보의 국제협력 및 규범의 틀을 동아태 지역에 적용하려는 구체적인 논의는 아직 본격적으로 시작되지 않고 있다. 글로벌 차원의 현황을 보아도 사이버 공격이 양적·질적으로 빠르게 진화하는 데 비해 국제규범의 형성은 매우 더디게 진행되고 있는 것이 사실이다. 현재 유엔 GGE 활동이나 탈린매뉴얼 등과 같이 기존의 국제법과 전쟁법을 적용하려는 시도에서부터 사이버공간총회, 유럽사이버범죄협약,

상하이협력기구 등과 같은 정부간협의체 또는 지역협력기구 등에 이르기까지 다양한 프레임의 국제규범들이 경합하고 있는 것이 현실이다(김상배 2018, 제9장). 이러한 국제규범의 형성 과정에서 동원되는 프레임은 대략 '국가 간(inter-national)', '정부 간(inter-governmental)', '글로벌 거버넌스(global governance)'의 세 가지 차원에서 이해할 수 있다.

1. '국가 간 프레임'의 시각

국가 간 프레임의 가장 대표적인 사례는 유엔 GGE에서 이루어지는 사이버 안보 국제규범에 대한 논의이다. 유엔 GGE는 그동안 2004년, 2009년, 2012년, 2014년, 2016년 등 다섯 차례에 걸쳐서 구성되었다. 2016~2017년에 진행된 제5차 GGE 회의에 이르면서 국내적, 지역·국제적 차원의 신뢰구축조치 이행방안 제시, 역량 강화를 위한 협력적 조치의 개발, 기존에 GGE에서 권고된 자발적 규범·규칙·원칙의 구체적 적용 방법에 대한 권고 등에 있어 나름대로 진전을 이루었다(Noor 2015, 157). 그런데 유엔 GGE 차원의 국제규범 논의를 동아태로 끌어오기에는 그 활동 자체가 난항을 겪고 있다는 점이 한계로 작용한다.

유엔 GGE 중에서도 2013년 6월의 제3차 GGE에서 합의하여 도출한 최종 권고안이 의미를 갖는다. 이 회의에서 전체 참여국들은 사이버 공간에도 유엔헌장과 같은 기존의 국제법이 적용될 수 있다는 점에 합의하고 이러한 규범을 어떻게 적용할 수 있는지에 대해서 지속적으로 연구하기로 했다. 그 이전부터 기존의 국제법이 사이버 공간에 적용되는지의 여부에 대한 서방과 비서방 진영 간의 논란이 있었지만 제3차 GGE에 이르러 양 진영 모두가 조금씩 양보하는 모양새를 취하게 되었다. 궁극적으로 최종 보고서에 기존의 국제법이 사이버 공간에도 적용된다고 기술함으로써 이전의 논란거리들이 일단은 해소되었다.

이후 제4·5차 유엔 GGE에서는 사이버 공간의 특별한 성격을 고려할 때 어떤 국제법을 적용해야 할 것인가의 문제가 쟁점이었다. 특히 제5차 회의까지 진행되는 동안 GGE의 주요 임무는 사이버 공간에 적용되는 국제법을 새로 제정하는 문제가 아니라 기존의 국제법을 사이버 공간의 이슈에 적용하면 무엇이 문제될 것인지를 검토하는 데 한정되어 있었다. 그러나 유엔 GGE 활동은 2017년 6월 제5차 회의에서의 합의 도출에 실패했는데, 이는 기존의 국제법을 사이버 공간에 적용하는 문제와 관련된 핵심의제에서 서방 진영과 비서방 진영 간의 이견이 표출되었기 때문이었다. 현재 양 진영은 2019년부터 제6차 GGE를 재개한다는 정도의 내용만 합의한 상태이다.

국제법, 특히 전쟁법을 적용하는 나토 차원의 시도인 탈린매뉴얼도 국가 간 프레임으로 사이버 안보의 국제규범을 마련하려는 대표적인 시도이다. 탈린매뉴얼은 2013년 3월에 나토 합동사이버방위센터(Cooperative Cyber Defence Centre of Excellence, CCDCOE)의 총괄 하에 20여 명의 국제법 전문가들이 2009년부터 3년 동안 공동연구를 거쳐 발표한 총 95개 항의 사이버전(cyber warfare) 지침서이다. 탈린매뉴얼의 골자는 사이버 공간에서도 전통적인 교전수칙이 적용될 수 있으며, 사이버 공격으로 인해 인명 피해가 발생할 경우에 해당 국가나 그룹에 대한 군사적 보복이 가능하고, 더 나아가 사이버 공격의 배후지를 제공한 국가나 그룹에 대해서도 국제법과 전쟁법을 적용하여 책임을 묻겠다는 것이다(Schmitt 2012).

이러한 탈린매뉴얼을 동아태 지역에 적용하려는 시도의 전망은 그리 밝지만은 않다. 탈린매뉴얼은 주로 나토 중심으로 진행되어 러시아, 중국 등이 참여하지 않은 포맷이며 이러한 탈린매뉴얼과 같은 시도가 앞으로 동아태 지역에서 얼마나 넓은 공감대를 확보할지 알 수 없기 때문이다. 그러나 탈린매뉴얼과 관련하여 한 가지 유념해야 할 점은 "현재 여타 포괄적인 사이버 안보 규범의 형성 노력이 부재한 상태에서 탈린매뉴얼은 사이버 공간의 교전과 관련된 일정 정도의 준거점으로 활용될 가능성이 크다."는 사실이다(Noor 2015, 156).

한편 탈린매뉴얼로 대변되는 국제법 적용의 프레임은 최근 들어 진전을 보이고 있는데, 2017년 2월에는 그 두 번째 버전인 탈린매뉴얼 2.0이 발표되었다. '사이버전에 적용 가능한 국제법'을 논한 탈린매뉴얼 1.0과 달리 탈린매뉴얼 2.0은 '사이버 작전(cyber operation)에 적용 가능한 국제법'을 논했다. 탈린매뉴얼 2.0은 전쟁 수준에는 미치지 않지만 사회적으로 큰 충격을 주는 공격 행위에 대한 법 적용을 어떻게 하느냐의 문제를 다루고 있다(Schmitt ed. 2017).

2. '정부 간 프레임'의 시각

정부 간 프레임의 형태를 띠는 사이버공간총회는 사이버 공격의 피해를 보는 직접적인 이해당사국의 정부 대표들이 나서서 사이버 공간이라는 포괄적 의제를 명시적으로 내건 본격적인 논의의 장이다. 유엔 GGE의 활동이 '국가 간'의 틀을 빌어서 '안보' 문제에 주안점을 둔 것과 달리 사이버공간총회는 각국 정부가 주도했지만 다양한 민간 행위자들도 참여했고 안보 이외의 다양한 의제를 포괄적으로 논의하는 장으로 출발했다. 따라서 사이버공간총회는 정치외교적 합의 도출을 목표로 할 뿐만 아니라 사이버 공간에서의 인권, 경제사회적 이익 등을 포함한 다양한 의제의 균형적 논의를 지향했다. 2011년에 런던에서 제1차 회의를 개최한 이후 2012년(제2차 부다페스트), 2013년(제3차 서울), 2015년(제4차 헤이그)에 이어 2017년 제5차 회의를 뉴델리에서 개최했다. 그동안 참여자들이 늘어나고 논의도 활발하게 이루어졌지만, 사이버공간총회는 기본적으로 서방의 틀로 이해되어 비서방 진영은 미온적 반응을 보였다(배영자 2017, 105-106).

이렇게 서방 선진국들이 중심이 되어 사이버 공간의 범죄나 위협에 공동으로 대처하려는 시도의 역사는 좀 더 길다. 초창기 사이버 범죄에 대응해서 각국 정부들이 나서서 상호 간의 법제도를 조율하는 정부 간 네트워크를 구성한 초기 사례로는 미국과 유럽평의회(Council of Europe)의 주도로 2001년에 조인된 유럽사이버범죄협약, 즉 일명 부다페스트협약이 있다. 부다페스트협약은 사이버 범죄와 관련된 종합적인 내용을 포괄하고 법적으로 구속력을 갖는 최초의 국제협약으로, 범죄행위 규정, 절차법, 국제협력 등에 대한 내용을 담고 있다. 그러나 부다페스트협약은 가입 조건이 상대적으로 까다로운데다 서방 중심의 규범 설정이라는 비판을 받고 있어서 아직까지 보편적인 국제규범의 역할을 하지 못하고 있다. 한국도 기존의 국내 법제와의 충돌 문제 때문에 아직 가입하지 못하고 있는 상황이다.

이러한 서방 진영의 행보에 대항하여 중국과 러시아는 상하이협력기구와 같은 지역협력체의 틀을 활용하여 사이버 안보의 국제규범을 논의해왔다. 사이버 안보의 국제규범 과정에서 상하이협력기구에 주목하는 이유는 미국과 유럽 국가들의 입장에 반론을 제기하는 러시아나 중국 등의 프레임을 대변하기 때문이다. 실제로 2011년 9월에는 러시아, 중국, 타지키스탄, 우즈베키스탄 4개국의 유엔 대표들이 유럽사이버범죄협약에 반대하면서 제66차 유엔 총회에서 '국제정보보안

행동규약(International Code of Conduct for Information Security)' 초
안을 제출했다. 이후 2015년 1월에는 카자흐스탄과 키르기스스탄이
추가로 참여해 6개국이 합의한 '국제정보보안행동규약' 개정안을 제
69차 유엔 총회에 제출했다. 6개국의 대표들은 이 개정안을 통해 기존
의 국제법을 직접적으로 적용하기보다는 새로운 국제법을 채택하는
것을 염두에 두고 있으며 사이버 공간에서도 국가의 주권적 통제가 필
요하다는 주장을 펼쳤다.

　이러한 국가 주권의 옹호 주장은 중국이 주도하여 2014년부터
중국 우전에서 개최하고 있는 세계인터넷대회(世界互联网大会, World
Internet Conference)에서도 나타났다. 중국의 세계인터넷대회 개최는
사이버공간총회로 대변되는 서방 진영의 행보에 대항하는 성격을 지
니고 있다. 특히 2013년의 에드워드 스노든(Edward Snowden) 사건
이후에 중국은 글로벌 인터넷 거버넌스를 주도하는 미국을 견제하면
서 중국이 중심이 되는 사이버 진영의 건설을 목표로 국제협력을 강화
하고 있다. 서방 진영이 주도하고 있는 현행 체제하에서는 중국이 독
자적인 국제규범을 제시하는 데 한계가 있다는 판단을 바탕으로 한 행
보였다. 개별 국가의 정치·사회의 다양성이 인정되고 국가 주권이 보
장되는 사이버 환경을 구축해야 한다는 것이 주된 논리였다. 2018년
11월까지 총 5회 개최된 세계인터넷대회는 규모와 행사 면에서 확대
되고 있으며 사이버 안보, 공유경제, 인터넷플러스, 사물인터넷(IoT),
가상현실, 빅데이터, 인공지능, P2P, 5G 기술 등과 같은 사이버 공간과
관련된 다양한 이슈 및 최신 기술의 발전을 다루어 이목을 끌고 있다.

3. '글로벌 거버넌스 프레임'의 시각

사이버 안보의 국제규범에 대한 논의를 제대로 이해하기 위해서는 사이버 안보 그 자체가 주요 관건으로 부상한 2010년대 이후의 규범 형성에 대한 논의보다 좀 더 넓은 시각에서 접근할 필요가 있다. 이러한 면모를 잘 보여주는 사례가 초창기부터 인터넷을 관리해온 미국 소재 비영리 민간기관인 ICANN이다. 여러모로 보아 ICANN은 개인, 전문가 그룹, 민간기업, 시민사회 등이 다양하게 참여하는 글로벌 인터넷 거버넌스의 실험대라고 할 수 있다. 그러나 초창기부터 ICANN은 지나치게 미국을 중심으로 움직이고 있다는 비판을 받았으며 이른바 'ICANN 개혁' 문제가 줄곧 논란거리가 되어왔다. 인터넷 발전의 초기에는 선발주자로서 미국의 영향력을 인정할 수밖에 없었지만 인터넷이 글로벌하게 확산되고 다양한 국가 간 이해관계의 대립이 첨예해지면서 여태까지 용인되었던 미국 주도의 관리 방식이 지니는 정당성 문제가 의심을 받게 된 것이었다.

이렇게 논란이 벌어지던 와중에 에드워드 스노든의 폭로로 수세에 몰린 미국은 2014년에 ICANN의 감독 권한을 이양할 계획을 발표했으며, 결국 2016년 10월에 46년 만에 그 권한을 내려놓았다. 이러한 과정에서 흥미로운 점은 인터넷할당번호관리기관(Internet Assigned Numbers Authority, IANA)의 권한 이양에 관한 논의를 이른바 '다중이해당사자주의(multistakeholderism)'라는 개념하에 다양한 이해당사자가 동등하게 참여하여 진행하라고 주문했다는 것이다. 이러한 메커니즘은 1국 1표의 원칙하에 국가 간 합의로 의사결정을 하는 유엔과 같은 국제기구의 경우와 사뭇 다르다. 이러한 방식은 조약과 같은 국가 간 합의에 의하여 규범을 형성하는 것이 아니라 정부, 시민사회, 민간이 동등한 자격을 갖고 지속적인 대화와 토론을 통하여 원칙, 규범, 의사결정 절차 등을 형성하는 것이다. 이러한 모델에 대해서 비서방 진영은 국가 행위자들이 좀 더 적극적으로 나서서 전통 국제기구의 틀을 활용해야 한다는 '국가간다자주의(multilateralism)'의 개념을 제기했다.

국가간다자주의의 움직임을 잘 보여주는 것이 유엔 산하 ITU를 둘러싼 인터넷 거버넌스 논의이다. ITU가 인터넷 거버넌스 분야로 뛰어든 계기는 2003년 제네바와 2005년 튀니스에서 두 차례 열린 바 있는 정보사회세계정상회의(World Summit on Information Society, WSIS)에서 마련되었다. WSIS는 ICANN의 개혁 방안을 마련하는 데까지 이르지 못하고 폐회되었는데, 그 대신 인터넷 관련 정책에 대한 지속적인 토론을 위한 장으로 IGF를 마련했다(김상배 2014, 577-578). IGF는 정부, 민간, 시민단체, 국제기구 등 다양한 이해관계자들이 함께 모여 인터넷 현안에 대하여 논의하는 공개 포럼의 형태로 진행되었다. 2006년 그리스에서의 제1차 IGF 이래 매년 개최되었는데, 2018년 파리 회의에 이르기까지 모두 13회가 개최되면서 인터넷 주소자원, 사이버 안보, 개도국 역량 강화, 인터넷과 인권 등 인터넷 전반의 공공정책 이슈가 폭넓게 논의되었다.

IGF의 최근 행보와 관련하여 2018년 11월 제13회 IGF에서 세계 51개국이 사이버 범죄와 사이버 공격 행위에 대해서 전 세계가 공동 대응을 펼치자고 서명한 이른바 '파리 콜(Paris Call)'에 주목할 필요가 있다. 파리 콜의 정식 명칭은 '사이버 공간에서의 신뢰와 안보를 위한 파리의 요구(Paris Call for Trust and Security in Cyberspace)'로, 마이크로소프트사를 비롯한 여러 조직들이 요구해온 일종의 디지털 버전의 제네바협약을 만들자는 움직임에 해당한다. 즉, 사이버 공간에서의 전쟁 행위와 인권 보호를 위해 모두가 따라야 할 규범을 만들자는 것이다. 전 세계적으로 90개가 넘는 시민단체와 대학, 150여 개의 기술 분야 사기업이 여기에 참여했다. 구글, 마이크로소프트, IBM, 페이스북 등도 여기에 포함된다(『보안뉴스』, 2018. 11. 16.). 그러나 러시아, 북한, 중국, 미국 등이 끝내 거절 의사를 표시하면서 파리 콜의 시도는 어쩌면 가장 많은 해킹을 저지르고 있는 대표적인 국가들이 빠져버렸다는 비난을 면키 어렵게 되었다.

　한편 WSIS의 개최 이전까지 ITU에서는 사이버 안보 의제가 사실상 거론되지 않았다. WSIS의 원칙 선언에서는 정보 네트워크 보안, 인증, 프라이버시 및 소비자 보호 등을 모두 포함하는 '신뢰할 수 있는 프레임워크의 강화'가 정보사회의 발전과 신뢰 구축의 선결 요건이라고 지적하고 특히 모든 이해당사자가 협력하는 사이버 안보 문화의 필요성과 국제협력을 촉구했다. ITU는 2007년에 WSIS 이래 활동을 벌인 'ICT 이용에 있어서 신뢰와 안보 구축'의 촉진자로서의 역할을 다짐하는 차원에서 글로벌사이버안보어젠다(Global Cybersecurity Agenda, GCA)를 제안했다. GCA는 법적 조치, 기술 및 절차 조치, 조직적 구조, 역량 개발, 국제협력 등 5대 과제를 기반으로 하는 국제 프레임워크로, 정보사회의 안보와 신뢰 증진을 목적으로 한다. 이후 ITU는 관련 이해당사자들의 지지와 참여를 통해 사이버 안보와 신뢰를 구축하기 위한 전략과 해결책을 제시하는 역할을 적극적으로 수행하기 위해서 고위전문가그룹(High-Level Experts Group, HLEG)을 설치하여 운영하고 있다(배영자 2017, 120).

　요컨대 글로벌 차원의 다양한 프레임에서 사이버 안보의 국제규범에 대한 논의가 진행되고 있으나 아직 그 성과를 기대하기는 이른 단계이다. 가장 기대를 모으고 있는 유엔 GGE의 논의에서도 2017년

제5차 회의에서는 합의문을 도출하지 못했다. 사실 사이버 안보의 기술적·사회적 속성을 염두에 둘 때 유엔 GGE에 대한 지나친 기대는 금물이다. 어쩌면 사이버 안보의 규범 문제는 전통적인 국제법과 국제기구를 적용해서 해결될 문제가 아닌지도 모른다. 그렇다고 사이버공간총회, 부다페스트협약, 상하이협력기구, 세계인터넷대회 등과 같이 서방 및 비서방 진영이 각기 주도하고 있는 정부간협의체나 지역협력체에서의 사이버 안보 규범에 대한 논의도 아직은 상대 진영을 설득할 정도의 보편성을 획득하지 못하고 있다. ICANN과 ITU, IGF에서의 논의도 진영 간 대립구도가 형성되고 있어 쉽지 않다. 이러한 맥락에서 볼 때 사이버 안보 분야의 국제규범은 당분간 하나의 프레임이 아닌 복수의 프레임이 공존 또는 경쟁하는 구도로 형성될 가능성이 크다.

IV. 동아태 사이버 안보 거버넌스의 모색

현재 글로벌 차원에서 모색되고 있는 국제규범 논의의 연속선상에서 또는 이와는 별도로 동아태 지역에 적합한 국제규범을 마련할 필요가 있다는 문제제기는 계속 있어왔다. 아직 국제규범에까지는 이르지 않았더라도 현실주의 시각에서 파악되는 국가·정부 간 양자합의나 국제공조와 동맹 구축 등의 시도가 발견되며, 자유주의 시각에서 본 지역협력체와 다자제도의 필요성에 대한 논의도 꾸준히 제기되고 있다. 또한 구성주의 시각에서 본 지역정체성과 규범의 새로운 형성에 대한 논의도 발견된다. 이러한 과정에서 동아태 지역의 지정학적 특성은 사이버 안보 거버넌스의 내용과 관련하여 현실주의적 해법에 좀 더 힘을 실어주고 있는 것이 사실이다. 그러나 동아태의 지정학적 구도 안에서도 국가 행위자들 간의 경쟁과 협력의 모델뿐만 아니라 동아태 지역에 적합한 다자적 지역규범을 모색하려는 움직임이 동시에 진행되고 있음을 간과해서는 안 될 것이다.

1. 당사국 간 양자합의의 모색

지정학적 특성을 갖는 동아태 지역의 거버넌스에는 다자적 지역규범의 모색보다는 양자간 타결을 통해서 쟁점을 해소하려는 프레임을 도입하기 위한 시도가 우선 고려될 가능성이 크다. 이러한 현실주의 프레임에서 볼 때 미중관계, 미러관계, 중러관계, 한중관계, 한러관계, 남북관계, 북미관계 등과 같이 당사국 간의 양자합의 가능성에 주목할 필요가 있다. 특히 최근에 동아태 지역에서도 국가 지원 해킹으로 의심되는 사이버 공격이 늘어나는 상황에서 사이버 공격 및 피해의 당사국 정부가 나서서 합의를 도출하려는 시도들이 검토되고 있다. 그러나 일종의 '사이버 불가침 협정'을 연상시키는 이러한 시도들은 전통안보 영역과 달리 사이버 공간 속의 비대칭 관계를 전제로 하는 사이버 안보의 특성상 오프라인 공간에서 관찰되는 국가 간 합의 방식을 통해서 쉽게 제어되지 않는다는 문제점을 안고 있다.

　이러한 맥락에서 가장 먼저 눈에 띄는 사례는 미국과 중국 사이에 이루어진 사이버 안보 합의이다. 2010년대 초반에 미국이 우려한 사이버 공간의 안보 위협은 중국의 국가적 지원을 받는 해커 집단들이 미국의 공공기관과 민간시설에 대해 사이버 공격을 가해서 입히는 피해였다. 사이버 안보 문제는 미국과 중국 두 강대국의 주요 현안이 되었으며 결국 2013년 6월에 미중 정상회담의 공식의제로 채택되는 상황까지 이르렀다. 2015년 9월에 미중 사이버 안보 합의를 하면서 양국 정상은 자국 기업들에 경쟁우위를 제공할 목적으로 지적재산에 대한 사이버 절도행위를 수행하거나 알면서도 지원하는 행위를 하지 않는다는 데 합의했다(조현석 2017).

이러한 미중 합의의 효과와 관련하여 2017년에 미국의 민간보안업체인 파이어아이는 "최근 3년간의 중국발 사이버 공격 동향을 분석한 결과 양국 협약이 적어도 미국 산업계에는 긍정적으로 작용했다."고 평가하기도 했다(『ZDNet Korea』, 2017. 5. 11.). 그럼에도 미중 합의 이후에도 중국발 해킹 자체가 완전히 사라진 것은 아니어서 사이버 갈등을 겪고 있는 당사국들끼리의 합의에 대한 부분적 실효성만이 인정되고 있다. 게다가 최근에는 양국 정부의 고위 당국자들이 나서서 양국 합의가 지켜지지 않고 있다고 밝히면서 논란이 벌어지기도 했다. 2018년 11월 롭 조이스(Rob Joyce) 미국 국가안보국(NSA) 사이버 안보전략 선임고문은 중국이 2015년에 체결한 사이버 첩보활동 금지 합의의 범위를 넘어선 행동을 하고 있다고 주장했다. 이에 대해 중국은 미국이 제기한 의혹에 근거가 없다고 반박했다(『VOA 뉴스』, 2018. 11. 9.).

이러한 미국과 중국의 행보를 이해하는 데 유럽 지역을 배경으로 했던 미국과 러시아의 사이버 합의를 참고할 필요가 있다. 미국과 러시아는 2013년에 사이버 긴장 완화를 한걸음 발전시키고 미래의 사이버 관련 위기를 해소하기 위해서 냉전 시대의 핵 공포에 대해 사용되었던 것과 유사한 사이버 핫라인을 설치하는 협정을 체결했다. 그러나 스노든 사태에도 불구하고 유지되는 듯 보였던 미러 사이버 우호관계는 2014년에 러시아가 우크라이나를 침공하면서 반전되었다(Geers 2015). 2014년 여름에 양국 간의 '사이버 공간의 신뢰조치에 관한 협정'이 폐기되었으며, 아울러 2009년에 메드베데프(Medvedev) 러시아 대통령과 오바마(Obama) 미국 대통령이 선포했던 '사이버 공간에서의 신뢰에 관한 양자간 대통령자문위원회'도 폐지되었다(『Russia Focus』, 2015. 6. 26.). 이후 2016년 러시아의 미국 대선 개입으로 긴장을 맞았던 미러관계는 2017년 7월 G20에서 미러 정상의 사이버 안보 동맹 거론이 와전되는 등 혼란을 겪기도 했다.

이에 비해 중국과 러시아는 사이버 협력을 강화하여 2015년 5월에 중러 사이버 보안 협약을 체결했다. 이 협약은 중국과 러시아가 사이버 공간에서 상호 감시를 지양하고 기술이전과 정보 공유를 하겠다는 내용을 담고 있다. 이는 두 국가가 서로 중대한 정보 인프라만은 건드리지 말자고 암묵적으로 약속했다는 의미이다(『Russia Focus』, 2015. 6. 26.). 2016년 4월에 중국 사이버공간안보협회와 러시아 안보 사이버연맹이 공동 주최한 제1차 중러 사이버 공간 발전과 안보 포럼이 모스크바에서 개최되었다. 이어 2016년 6월에 중국과 러시아 정상은 공동성명을 내놓고 정보 간섭을 반대하면서 다른 국가들의 고유한 문화전통과 사회이념을 존중하고 인정하자고 주창했다.

이러한 맥락에서 볼 때 최근 한국에 대해서도 사이버 공격을 가하고 있는 것으로 알려진 중국과 러시아를 상대로 하여 한중 또는 한러 사이버 안보 합의를 시도해봄직하다. 현재 진행 중인 한중 사이버 협력은 외교안보적 성격보다는 IT 전담부처가 중심이 된 기술·경제협력의 형태를 띠고 있다. 2015년 10월에 한중 사이버 보안 국장급 협력회의를 개최했으며, 2015년 12월에 제3차 한중 ICT협력 장관급 전략대화도 진행되었다. 한편 한국과 러시아 간에도 2013년 3월에 제1차 한러 정보보안협의회가 개최된 바 있는데, 2013년 10월로 예정되었던 사이버공간총회 직전에 회의 개최를 홍보하기 위해서 마련한 자리가 계기가 되었던 것으로 알려져 있다. 그 후 2014년 5월에 모스크바에서 제2차 한러 정보보안협의회를 개최했으며, 2016년 7월에는 제1차 한러 외교부 국제기구국장 협의회가 개최되었다.

이러한 연속선상에서 볼 때 남북 간에도 사이버 안보 합의를 체결할 가능성을 생각해볼 수 있다. 2018년 4월 27일에 발표된 판문점선언의 조문에서는 "남과 북은 지상과 해상, 공중을 비롯한 모든 공간에서 군사적 긴장과 충돌의 근원으로 되는 상대방에 대한 일체의 적대행위를 전면 중지"하기로 합의했다. 그러나 남북 간의 고질적인 긴장과 갈등을 해소하고 육·해·공 공간에서의 평화를 논한 반면 '제5의 전장'으로 급부상하고 있는 사이버 공간에서의 긴장과 충돌 및 그 해법에 대한 내용은 전혀 포함되지 않았다. 핵 위협이 한창이던 시절에도 사이버 안보가 남북 간의 큰 갈등 요인이었던 것을 떠올리면 사이버 합의 문제는 육·해·공의 갈등 해소 못지않게 중요한 문제임이 분명하다. 언젠가는 남북 정상이 사이버 안보를 현안으로 해서 협상 테이블에 앉게 되는 상황이 벌어질 수도 있을 것이다.

이러한 연속선상에서 보면 한반도 비핵화 문제를 놓고 북미 정상회담이 열렸듯이 사이버 평화를 위한 북미협상이 추진되는 상황도 예상해볼 수 있을 것이다. 다시 말해 2015년 미중 사이버 합의의 전례와 최근 북한의 사이버 공격에 대해 반응하는 미국의 양태를 보면 어느 시점엔가 미국이 북미 양자의 협상 테이블 위에 사이버 안보 문제를 올려놓을 가능성도 없지 않다. 실제로 최근에 미국의 전직 고위관리가 나서서 북미 사이버 합의의 필요성을 거론하기도 했다. 2018년 6월에 크리스토퍼 페인터(Christopher Painter) 전 미국 국무부 사이버정책 조정관은 북한의 핵 위협 다음으로 심각한 문제는 사이버 공격이라고 강조하면서 미국이 북미 정상회담의 후속 협상에 나설 경우에 핵문제에 이어 북한의 사이버 위협도 의제로 다루어야 한다고 지적한 바있다(『자유아시아방송』, 2018. 6. 15.).

2. 국제공조와 동맹 구축의 모색

동아태 지역의 지정학적 특성에서 볼 때 역내 국가들의 경쟁과 갈등이 벌어지는 다른 한편에서 우방국들을 중심으로 공조와 협력이 모색되는 현상이 벌어지고 있다. 실제로 동아태 지역에서 발생하는 사이버 공격에 대해 주요 피해 당사국들은 상호 간의 협력체계를 구축하는 방식으로 대응해왔다(김상배 2018, 제8장). 사이버 공격에 대한 예방과 탐지 및 추적의 문제는 일국 차원의 대응만으로는 안 되고 기술협력과 위협정보 공유 등을 포함한 주변국 및 우방국들과의 국제공조와 동맹 구축을 통해서 해결해야 한다. 이렇게 동아태 역내 국가들이 국제적인 협력을 펼쳐나가는 과정에서 유럽에서 나토가 나서서 모색한 바 있는 집단안보나 억지 등과 같은 현실주의적 군사전략의 개념이 많이 원용되고 있다(Burton 2013).

이러한 공조와 동맹의 네트워크 구축에서 가장 적극적인 행보를 보이는 나라는 미국이다. 2010년 초반부터 미국은 아태 지역 사이버 동맹 구축의 차원에서 일본, 호주, 한국 등과 협력해왔다. 이 중에서 가장 눈에 띄는 것은 미일 사이버 안보 협력이다. 2015년 5월에 공개된 미일 양국의 공동성명에 따르면, 미국은 군사기지와 사회기반시설에 대한 사이버 공격에 대처할 수 있도록 일본을 지원하기로 했다. 이러한 미국과의 협력을 배후로 삼아서 일본은 다각적 파트너십의 강화를 목적으로 영국, 인도, 호주, 유럽연합, 아세안 등과 사이버 보안 정책협력회의를 정기적으로 개최하고 있다. 한편 미국은 2011년 9월의 미국·호주 국방·외무장관 합동회의에서 미호동맹을 발전시키면서 사이버 공간도 동맹의 영역에 포함시키기로 합의하는 공동 선언문을 채택했다.

　　최근 미국은 영국, 캐나다, 호주, 뉴질랜드 등이 구성한 정보공유 네트워크인 '파이브 아이즈(Five Eyes)' 국가들과 공조하고 있다. 쟁점은 중국의 네트워크 장비업체인 화웨이의 약진과 이로 인해 야기되는 공급망 안전 문제이다. 트럼프(Trump) 행정부는 최근 이 동맹국들에 화웨이와의 교류와 협력을 최대한 자제하도록 촉구했다. 화웨이에 대한 견제에 가장 적극적인 곳은 캐나다이다(『글로벌이코노믹』, 2018. 3. 23.). 화웨이의 5G 통신장비는 보안 문제를 이유로 영국에서도 제동이 걸렸다(『아주경제』, 2018. 7. 23.). 호주 정부도 안보 위험을 이유로 화웨이와 ZTE의 호주 5G 네트워크 시장 진출을 금지했다. 또한 뉴질랜드도 화웨이 규제에 동참하기로 했다(『연합뉴스』, 2018. 10. 4.). 이 밖에 파이브 아이즈 동맹국에 소속되어 있지는 않지만 미국의 우방국인 독일, 프랑스 등도 이 대열에 참여했다(『조선일보』, 2018. 10. 12.).

　　미국은 이러한 구상을 일본과 한국으로 이전시키려는 의도를 갖고 있다. 2018년 8월에 일본 정부는 중국의 스마트폰 제조업체인 화웨이와 ZTE를 정보 시스템 관련 입찰 대상에서 제외하기로 했다. 일본 정부의 이러한 결정은 미국 및 파이브 아이즈 국가들의 움직임에 보조를 같이하는 것으로, 국제적 위협이 되는 사이버 공격과 국가기밀 누설 등을 방지하려는 목적을 지니고 있다. 한편 미국 의회는 한국이 5G 장비로 화웨이를 선택하지 못하도록 압박해야 한다는 입장을 보이고 있다. 사실 미국의 견제는 한국의 화웨이 장비 도입 문제와도 연관되면서 한국에 대한 미국의 압력 요인으로 작동했다. 2014년 초에는 LG 유플러스가 화웨이 네트워크 장비를 도입하려고 했을 때 미국이 나서서 만류하는 상황이 발생했다. 2017년에는 한국이 화웨이 장비로 5G 네트워크를 구축하는 것에 대한 미국의 견제가 미 하원의 서한 형태로 전달되었다.

이러한 와중에도 한국과 미국은 사이버 안보 분야의 협력을 진행해왔다. 2014년 4월과 2015년 10월 두 차례에 걸친 정상회담에서 한국과 미국은 사이버 안보를 포함한 포괄적 동맹관계를 더욱 공고히 하는 데 합의했다. 정부 차원에서도 한미 사이버정책협의회가 개최되었는데, 2012년 9월에 제1차 회의가 열린 이후 2018년 6월의 제5차 회의에 이르기까지 양자 간의 사이버 협력 방안이 논의되었다. 한편 한국과 호주 간에도 사이버 안보 협력이 진행 중이다. 2014년 8월에 외교부 국제안보대사를 수석대표로 하는 제1차 한국·호주 사이버정책대화를 열었고, 2014년 4월에는 한국과 호주 양국 정상이 합의한 사이버 분야 협력 강화의 후속조치로 아태 지역체제 내에서의 협력과 양국 간 국방 사이버 협력, 사이버 범죄에 대한 공동 대응 등의 다양한 의제에 대해 협의했다.

이렇게 강화되고 있는 미국 주도의 아태 사이버 지역동맹의 틀 중에서 상대적으로 가장 빈 부분은 한일 사이버 협력이다. 그런데 2012년 6월의 한일 정보보호협정(GSOMIA)을 둘러싼 논란을 보면 한일 사이버 안보 협력의 전망은 그리 밝지 않다. 2016년 3월에 워싱턴에서 열린 한·미·일 3국 정상회의에서도 미일 양국은 GSOMIA 체결의 필요성을 거듭 강조했지만 한국 측은 국내정치의 부담감을 이유로 일본과 거리를 두고 속도를 조절하려는 태도를 보인 바 있다. 그럼에도 2016년 10월에 한일 간에 처음으로 사이버정책협의회를 열고 사이버 분야에서의 협력 방안, 사이버 공간상의 국제규범 및 신뢰 구축 조치 등에 대해 의견을 나누는 자리를 마련했다(『연합뉴스』, 2016. 10. 28.). 한·미·일 간에도 사이버 안보 협력채널이 가동되고 있는데, 2016년 1월의 제2차 한·미·일 차관급 협의 당시에 미국이 3국 간의 사이버 안보 분야 협력을 제안한 이후 구체적인 협력 방안을 논의하고 있다.

한국의 입장에서 볼 때 관건은 이렇게 미국이 주도하는 아태 지역 동맹체제의 구축 과정에 한미동맹이라는 양자 협력 차원을 넘어서 얼마나 더 적극적으로 참여할 것이냐의 문제일 것이다. 다시 말해 최근 한중 경제협력의 진전과 북한과 대치하고 있는 특수한 상황을 고려할 때 만약에 미국이 사이버 안보 분야에서 한미관계와 아태 지역동맹을 유럽 수준으로 강화하려고 할 경우 한국은 어떠한 선택을 할 것인가가 쟁점이 될 가능성이 있다. 유럽에서 나토가 상정하는 적 개념에서 주요 위협으로 러시아의 사이버 공격을 상정하고 있다면, 아태 지역에서 미국 주도의 사이버 동맹이 상정하는 적 개념은 무엇이며 이러한 대결 구도에서 한국이 취할 수 있는 입장은 무엇인지에 대한 고민이 필요할 것이다.

3. 지역협력체와 다자규범의 모색

이상에서 살펴본 현실주의 시각에서 이해된 국제협력의 모색 이외에 자유주의 시각에서 보는 동아태 지역 국가들 간의 역내 협력의 모색에도 주목할 필요가 있다. 이러한 노력은 사이버 안보 문제를 다루는 새로운 제도적 틀을 고안하는 것일 수 있겠지만, 아세안, 아세안지역안보포럼(ARF), 아시아태평양경제협력체(APEC) 등과 같은 기존의 제도적 틀 안에서 사이버 안보 문제를 다루는 구체적인 협력 방안을 모색하는 것일 수도 있다. 이러한 정부 간 협력과 제도화의 시도는 구성주의 시각에서 보는 역내 구성원의 지역안보 정체성 및 규범 형성에 대한 논의로 연결된다. 이러한 정체성과 규범에 대한 논의는 유럽 지역에서 진행되는 논의와 구별되는 동아태 지역의 지정학적 특성을 고려하는 것이어야 한다(Burton 2013; Sleat 2017).

이와 관련하여 최근에 아세안 국가들이 제기하고 있는 사이버 안보 협력과 규범에 대한 논의에 주목할 필요가 있다. 예를 들어, 2018년 4월 27일에 싱가포르에서 열린 제32차 아세안 정상회담에서 사이버 위협의 긴박성에 공감하면서 역내 국가들의 복원 역량 및 협력 방안을 강화하는 것이 논의되었을 뿐만 아니라 책임 있는 국가 행동을 보장하기 위한 국제규범의 필요성도 거론되었다(『HaninPost Indonesia』, 2018. 5. 7.). 2018년 10월에는 아세안 10개국이 모두 합류하여 동남아시아 역내 테러에 대응하는 정보공유 네트워크인 '아워 아이즈(Our Eyes)'를 결성하기도 했다. 아워 아이즈는 파이브 아이즈를 벤치마킹한 것으로, 2018년 1월에 인도네시아가 제안하여 1차로 아세안 6개국이 모여 발족한 이래 동년 10월에 이르러 10개국이 모두 참여하게 되었다. 아워 아이즈는 지역 평화 및 대테러 협조 강화, 공해 안전 및 사이버 안보를 위해 협력하는 것을 목표로 내걸었다(『아시아경제』, 2018, 10. 21.).

아세안이 한목소리로 사이버 안보 규범의 필요성을 강조한 반면 동북아 3국인 한·중·일의 사이버 안보 분야 협력은 지지부진하지만 협의의 틀은 계속 유지해오고 있다. 사실 역사적으로 볼 때 동북아에서 한·중·일 3국은 IT장관회의를 통해 협력해온 경험을 갖고 있다. 제1차 한·중·일 IT장관회의가 2002년에 모로코에서 개최된 이후 2003년에 제주에서 제2차 회의, 2004년에 일본 삿포로에서 제3차 회의, 2006년 3월에 중국 샤먼에서 제4차 회의가 개최된 바 있다(Thomas 2009). 그러던 것이 2000년대 후반 3국 간 IT협력이 다소 소강상태를 거치고 난 후 최근에 사이버 위협에 대한 공동 대응 차원에서 협력에 대한 논의가 다시 이루어지고 있다. 2014년 10월에 베이징에서 사이버 안보 분야의 3국 간 첫 고위급 회의로 제1차 한·중·일 사이버정책협의회가 열린 이후에 2015년 10월 제2차(서울), 2017년 2월 제3차 (일본)가 열려 각국별 사이버 정책 및 제도, 사이버 공간에 적용 가능한 국제규범, 지역적·국제적 사이버 협력, 3국 간 향후 협력이 가능한 분야 등에 대한 논의가 펼쳐졌다.

아울러 아태 지역 국가들이 역내 안정을 추구하기 위해 1994년에 출범시킨 다자간 정치·안보 협의체인 ARF 차원에서 진행되는 사이버 협력에도 주목할 필요가 있다(김상배 2018, 281). ARF에는 아세안 10개국, 아세안 대화상대국 10개국, 기타 아시아 지역 7개국이 회원국으로 가입했으며 2000년대 중반 이후 중국의 적극적 참여와 2010년 미국의 참여로 영향력이 확대되고 있다. 2007년에는 한국 주최로 ARF 사이버 테러 세미나를 서울에서 개최했으며, 2012년 제19차 프놈펜 회의에서는 중국 주도하에 사이버 위협에 공동 대처하기 위한 합동전략의 개발 협력에 합의했다. 2013년 7월에 브루나이에서 열린 제20회 ARF에서는 대테러 작전과 초국가 범죄와 관련된 사이버 안보 이슈가 핵심 의제로 논의되었다. 2015년 8월 ARF 외교장관회담에서는 회원국 간의 신뢰 구축을 통해 분쟁을 방지하고 상호 이해를 제고하기 위해 사이버 안보 작업계획을 채택했다. 2018년 8월 싱가포르에서 개최된 제25차 ARF 외교장관회담에서도 역내의 사이버 안보 문제가 심도 있게 다루어졌다.

그럼에도 향후 동아태 지역에서 의미 있는 사이버 안보 국제규범을 도출하기 위해서는 ARF와 아세안 정상회담의 사례처럼 선언적 차원에서 협력과 규범을 논하는 수준을 넘어서야 한다. 유엔 GGE 활동이 성과를 내기만을 바라보고 있을 수도 없다. 동아태 지역에서는 유럽과 같은 형태의 협력과 규범의 틀을 그대로 적용할 수 없다는 것도 알아야 한다. 우선 유사한 생각을 가진 국가들의 정부가 나서서 원칙과 관행을 개발하고 역내 국가들이 준수할 규범을 만드는 것이 중요하다. 민간 부문이나 시민사회가 나서서 규범의 개발을 주도할 수도 있을 것이다. 유럽 지역보다도 지정학적 영향이 큰 동아태 지역에서는 사이버 안보 거버넌스의 모색에 더 많은 시간이 걸릴 가능성이 없지 않다.

동아태 지역 거버넌스를 주도하려는 한국의 구상을 보여준 사례로는 박근혜 정부의 '동북아평화협력구상(이하 동평구)'이 있다(외교부 2015). 동평구는 동북아 지역의 공동 위협요인인 원자력 안전, 에너지 안보, 기후변화와 환경, 재난관리, 사이버 공간, 마약 및 보건 분야에서의 협력 사업을 지속적으로 진전시켜 참여 국가들 간에 공감대가 형성되면 점진적으로 정치군사적 갈등이 주류를 이루는 전통안보 의제로 논의를 확대시켜 나간다는 것이었다. 동평구는 안보 개념을 신흥안보 분야로 확장하여 동북아 협력을 제안했다는 점에서 기존에 전통안보를 중심으로 진행되어온 한국 외교의 새로운 지평을 연 것으로 평가되기도 한다. 이는 문재인 정부의 '동북아 평화협력 플랫폼' 구상으로 이어진다. 동북아 평화협력 플랫폼은 문재인 정부 100대 국정과제인 '동북아플러스 책임공동체 형성'의 세부 실천과제 중 하나로, 테러, 전염병, 자연재난, 사이버 범죄 등과 같은 초국가적 위협에 효율적으로 대응하기 위한 협력의 모색을 명시하고 있다

이러한 논의의 연속선상에서 볼 때 동아태 지역에서 한국이 주도하는 사이버 안보 분야의 다자규범 형성이 얼마나 가능할 것인지를 묻지 않을 수 없다. 예를 들어, 그 형태는 상이하더라도 유럽 지역의 탈린매뉴얼과 같은 규범, 굳이 이름을 붙이자면 한국이 주도한다는 의미에서 '서울매뉴얼'의 모색은 얼마나 가능할까? 탈린매뉴얼의 형성과 그 이후의 과정에서 발트 해 연안의 작은 나라인 에스토니아의 외교적

리더십이 주목을 받았다. 이를 보면 한국이 동아태 지역에서 외교적
리더십을 발휘하지 못할 이유가 없다. 물론 서울매뉴얼의 내용은 유럽
지역에 기반을 두는 탈린매뉴얼과는 달라야 한다. 사실 탈린매뉴얼은
2007년 에스토니아 사태 이후 미국과 나토 회원국들을 중심으로 만들
어져서 서방 진영의 시각이 주로 반영되었다는 비판을 받았다. 근대적
영토 공간의 전쟁법을 원용해서 초국적 사이버 공간의 안보 문제를 다
룬다는 한계도 지적되었다. 이를 염두에 두면 중견국인 한국이 구상하
는 서울매뉴얼에는 탈린매뉴얼의 전략론 발상을 넘어서는 탈냉전과
탈근대의 평화담론이 담겨야 할 것이다.

V. 맺음말

최근 양적으로 늘어났을 뿐만 아니라 질적인 패턴도 변화하고 있는 사
이버 공격에 대한 대응책 마련이 일국 차원뿐만 아니라 글로벌 및 동
아태 거버넌스 차원에서도 큰 관심사로 부상하고 있다. 이 장에서는
사이버 안보 거버넌스를 보는 이론적 논의를 바탕으로 동아태 지역 사
이버 안보 거버넌스 모색의 현황과 과제를 짚어보았다. 이러한 과정에
서 사이버 공격과 방어의 배경이 되는 기술 시스템의 성격에 대한 검
토와 사회적 공간으로서 사이버 공간의 복합 네트워크적 성격에 대한
논의를 일반론적 배경으로 하여 동아태 지역의 고유한 지정학적 특성
까지도 고려한 적합한 거버넌스의 내용을 탐색하고자 시도했다. 더 나
아가 이러한 분석틀을 원용하여 향후 한국이 모색해야 할 동아태 사이
버 거버넌스의 전략적 과제까지도 가늠해보고자 했다.

　　최근 늘어나고 있는 국가 지원 해킹에 대한 동아태 지역 국가들의

대응은 일차적으로는 피해 당사국들이 나서서 양자간 또는 다자간의 국제협력을 모색하는 것으로 나타나고 있다. 우선 눈에 띄는 것은 공격과 피해의 당사국들이 양자협의를 통해서 사이버 안보 갈등을 조율하려는 시도이다. 대표적인 사례는 2015년 9월 미중 사이버 안보 합의인데, 미중 양국은 적어도 민간시설과 지적재산은 공격하지 않겠다는 양자간 합의가 사이버 안보 분야에서도 어느 정도 가능함을 보여주었다. 조만간 북미관계나 한중관계, 한러관계, 남북관계에서도 이러한 양자합의가 시도될 가능성이 없지 않다. 그러나 비국가 행위자인 해커들이 활동하는 사이버 안보 분야에서 전통적인 현실주의 국가 간 프레임에 기반을 둔 이러한 양자합의 모델의 효과성에 대해서는 논란의 여지가 있다.

이에 비해 현재 동아태 지역에서 주목을 끌고 있는 거버넌스의 양식은 사이버 공격의 피해를 보는 나라들이 나서서 국제공조와 동맹협력을 벌이는 모델이다. 최근 이 국가들은 사이버 공격을 공식적으로 지목(attribution)하는 데 한목소리를 내고 위협정보를 공유하거나 사이버 방어 태세를 더욱 공고히 하고 있다. 이러한 사이버 방패 구축의 허브에 미국이 있다. 최근 미국의 행보를 보면 기존에 아태 지역에서 구축한 오프라인 동맹의 구도를 온라인 공간으로 옮겨오려는 전략을 펼치고 있는 것으로 판단된다. 미국은 중국 기업인 화웨이와 관련된 공급망 안전 문제 등을 내세워 파이브 아이즈 국가들과 공동전선을 펼치고 있으며 일본, 한국 등과도 긴밀한 협력체계를 구축하고 있다. 이러한 미국의 아태 지역 행보는 나토를 통해서 유럽 지역에서 추구했던 사이버 안보 구상을 떠올리게 한다.

그러나 사이버 안보의 기술적·사회적 특성에 대한 이론적 논의는 국가 행위자가 나서는 해법만으로는 사각지대가 있음을 보여준다. 비국가 행위자들이 나서서 초국적으로 감행하는 보이지 않는 공격을 국가 행위자들이 나서서 가시적으로 약속하거나 제재하려는 발상에는 기본적인 한계가 있을 수밖에 없다. 이러한 맥락에서 사이버 안보 문제를 정체성의 형성이나 제도적·당위적 규범의 마련이라는 관점에서 풀어보려는 시도가 힘을 얻는다. 이러한 문제의식을 가지고 볼 때 실제로 글로벌 차원에서 국제법과 국제기구 및 민간 참여의 글로벌 거버넌스 등의 다양한 프레임을 내세운 국제규범의 모색이 진행되고 있다. 그러나 이러한 사이버 안보 국제규범의 모색은 아직 시작단계일 뿐만 아니라 다소 교착상태에 빠져 있기까지 하다. 동아태 지역 차원에서도 국제규범을 마련하는 문제는 아세안이나 ARF의 사례에서 보는 바와 같이 아직은 다소 선언적인 차원에 머물러 있다.

결국 사이버 안보의 기술적·사회적 속성을 반영하면서도 동아태 지역의 지정학적 특성을 고려한 거버넌스 모델의 개발이 필요하다. 다시 말해 동아태 사이버 안보 거버넌스에는 어떠한 프레임이 적합한지에 대한 좀 더 체계적인 연구가 뒤따라야 할 것이다. 이 과정에서 한 가지 확실한 것은 전통안보 분야에서 도출된 거버넌스 모델을 사이버 안보 분야에 그대로 적용할 수는 없다는 사실이다. 동아태 지역의 특성상 국가 행위자들이 나서는 의미는 매우 크다. 그러나 아무리 국가의 지원을 받는 해커 집단의 활동이라고 하더라도 이를 정부 간 합의를 통해서 완전히 통제하기는 어렵다. 정부 간 합의의 차원을 넘어서 관련 행위자들을 규율하는 국제규범의 필요성이 논의되는 것은 바로 이러한 맥락에서이다. 결국 동아태 사이버 안보 거버넌스의 내용은 국가 행위자들이 나서는 양자협력 모델과 비국가 행위자들의 초국적 활동을 규율하는 지역 차원의 다자규범 모델을 복합하는 방식으로 채워져야 할 것이다.

　끝으로, 글로벌 차원의 사이버 안보 규범이 부재한 가운데 동아태 차원에서 사이버 안보의 국제협력을 진행하고 지역규범을 모색하는 독자적 여정의 의미를 되새겨볼 필요가 있다. 한 가지 대전제는 기존에 유럽 지역에서 논의되었던 거버넌스 모델을 동아태 지역에 그대로 적용할 수는 없다는 것이다. 그러나 전통안보와는 달리 사이버 안보가 지니는 고유한 속성을 무시할 수도 없다. 결국 이는 글로벌 차원에서 논의되는 국제규범의 보편성을 수용하는 문제인 동시에 지역 차원에서 역내 국가들 간의 신뢰를 구축하고 협력을 유발하는 문제로 통한다. 이러한 과정에서 동아태 국가들은 공동의 언어를 개발하고 정책을 조율하며 정보 교환을 촉진함으로써 사이버 안보 문제를 다루는 인식과 정책의 플랫폼을 마련해야 할 것이다. 궁극적으로 이러한 동아태 사이버 거버넌스 모델을 개발하는 문제는 이 장에서 살펴본 다양한 요소들을 복합적으로 고려하는 이론적 상상력의 문제와 연결된다.

참고문헌

김상배(2016), "신흥안보와 메타 거버넌스: 새로운 안보 패러다임의 이론적 이해",
    『한국정치학회보』, 50(1), pp.75-102.
____(2018), 『버추얼 창과 그물망 방패: 사이버 안보의 세계정치와 한국』, 한울엠플러스.
김상배·신범식 편(2017), 『한반도 신흥안보의 세계정치: 복합지정학의 시각』, 사회평론.
외교부(2015), "동북아 평화협력구상", 외교부 홍보책자.
조현석(2017), "미중 사이버 안보 협약 연구", 『21세기정치학회보』, 27(2), pp.211-232.
페르 박(2012), 『자연은 어떻게 움직이는가?: 복잡계로 설명하는 자연의 원리』, 한승.

"'중국 화웨이는 위험한 기업' 교류·협력 중단 전 세계 확산···미국+캐나다 호주 영국 등
    '화웨이주의보'", 『글로벌이코노믹』, 2018. 3. 23.
"중국, 러시아, 북한에 이어 미국도 '파리 콜'에서 빠지기로 결정", 『보안뉴스』, 2018. 11. 16.
"대테러연합 '아워아이즈', 아세안 10개국 모두 뭉쳤다", 『아시아경제』, 2018. 10. 21.
"中 5G 굴기···보안 문제로 꺾이나", 『아주경제』, 2018. 7. 23.
"한일, 28일 북한발 사이버 공격 대응 첫 양자협의", 『연합뉴스』, 2016. 10. 28.
"전 미 관리 '미북 협상에서 사이버 공격도 논의해야'", 『자유아시아방송』, 2018. 6. 15.
"서방 정보동맹 'Five Eyes' 세력 확대···中 정보 스파이戰 대응", 『조선일보』, 2018. 10. 12.
"아세안정상회담 '사이버 보안협력' '남북정상회담 지지'", 『HaninPost Indonesia』, 2018. 5.
    7.
"'세계는 사이버전쟁 중'···러, 스마트 무기 기반 준비태세 강화", 『Russia Focus』, 2015. 6.
    26.
"미국 '중국, 사이버안보 합의 위반'···중국 '근거 없는 주장'", 『VOA 뉴스』, 2018. 11. 9.
"정부간 사이버스파이 중단 합의, 효과 있나", 『ZDNet Korea』, 2017. 5. 11.

Access Partnership(2017), "Norms for Cybersecurity: Policy Options for Collaborative
    Security in the Southeast Asian Region", Consulting Paper.
Burt, Ronald S.(1992), *Structural Holes: The Social Structure of Competition,* Cambridge,
    MA: Harvard University Press.
Geers, Kenneth(2015), *Cyber War in Perspective: Russian Aggression against
    Ukraine,* Tallinn, Estonia: NATO Cooperative Cyber Defence Centre of
    Excellence(CCDCOE).
Burton, Joe(2013), "Small States and Cyber Security: The Case of New Zealand", *Political
    Science,* 65(2), pp.216-238.
Kitschelt, Herbert(1991), "Industrial Governance Structures, Innovation Strategies and
    the Case of Japan: Sectoral or Cross-National Comparative Analysis", *International
    Organization,* 45(4), pp.453-493.

Lee, Kyu-Young and Yoo-Joung Kim(2013), "Cyber Security for the Construction of Northeast Asian Community", 『아태연구』, 20(3), pp.301-330.

Noor, Elina(2015), "Strategic Governance of Cyber Security: Implications for East Asia", Rizal Sukma and Yoshihide Soeya eds., *Navigating Change: ASEAN-Japan Strategic Partnership in East Asia and in Global Governance,* Tokyo: Japan Center for International Exchange, pp.150-163.

Schmitt, Michael N.(2012), "International Law in Cyberspace: The Koh Speech and Tallinn Manual Juxtaposed", *Harvard International Law Journal,* 54, pp.13-37.

Sleat, Matt(2017), "Just cyber war?: Casus belli, information ethics, and the human perspective", *Review of International Studies,* 44(2), pp.324 - 342.

Thomas, Nicholas(2009), "Cyber Security in East Asia: Governing Anarchy", *Asian Security,* 5(1), pp.3-23.

Yoon, J.(2015), "Indonesia's Crisis Response Strategies: The Indian Ocean Tsunami of 2004", *Global Journal on Humanites & Social Sciences*(Online), 2, pp.195-202.

제2장

동북아 디지털 군사안보 거버넌스: 인공지능과 자율무기의 활용과 논쟁

신성호(서울대학교)

4차 산업혁명의

상징으로 여겨지는 인공지능을 포함한 신기술은 군사 분야에도 심오한 영향을 미친다. 세계의 주요 국가는 21세기 산업과 경제 경쟁력의 핵심으로 이 신기술을 활용할 뿐만 아니라 군사력과 안보전략의 게임 체인저로 활용하기 위해 연구와 개발에 심혈을 기울이고 있다. 특히 인공지능을 활용한 자율무기체계는 전투와 전장에서 적에 대한 우위를 확보할 뿐만 아니라 평소 군의 운용에서도 인력, 군수, 훈련, 운영, 유지, 보수의 모든 측면에서 혁명적 변화와 이점을 가져다줄 것으로 기대된다.

그러나 한편에서는 자율무기체계의 등장으로 인해 전쟁의 가장 근본적인 행위인 인명 살상과 관련된 근본적인 윤리 문제가 제기된다. 자율살상기능을 갖춘 기계가 주도하는 전쟁에서 전쟁윤리의 기본 원칙으로 이해되는 전투원과 민간인의 구분, 적절한 인명 살상의 범위와 기준에 대한 비례성의 원칙이 과연 지켜질 수 있는가, 나아가 기계가 인간을 살상한다는 개념 자체가 타당한가 하는 윤리·철학적인 문제가 제기되는 것이다.

이에 대한 국제적인 합의나 논의가 아직 본격적으로 진행되지 않은 상태에서 일부 민간단체와 개인을 중심으로 자율무기와 전쟁에 인공지능을 활용하는 것을 금지하려는 운동이 벌어지고 있다. 그러나 이와 관련한 국제사회의 다자적 논의나 협의는 아직 일천하다. 동북아의 경우에 중국, 일본, 한국을 중심으로 인공지능과 자율무기에 대한 국가적 지원이나 연구가 활발히 진행되고 있으나, 그 부작용이나 윤리적·법적 문제에 대한 토의나 성찰은 상대적으로 미진하다. 21세기 미래 전쟁을 이끌어갈 신기술의 개발과 아울러 이에 대한 최소한의 법적·윤리적 토대를 만들려는 노력이 동북아의 번영과 평화를 위해 선행되어야 할 것이다.

I. 서론

한반도를 둘러싼 동북아에서는 미중 간의 패권경쟁과 더불어 신흥군사기술을 둘러싼 새로운 각축전이 벌어지고 있다. 20세기 말의 걸프전에서 정밀유도무기가 등장하면서 시작된 군사혁명이 21세기에 들어와서는 무인기와 인공지능으로 상징되는 또 다른 차원의 군사혁신을 주도하고 있다. 흔히 4차 산업혁명으로 불리는 새로운 기술의 등장에 따른 신흥무기체계는 미래 전쟁의 양상을 바꿀 것으로 예상된다. 미국과 러시아, 중국을 위시한 강대국들은 새로운 국방개혁과 군사혁신에 매진하고 있다. 특히 강력한 군사패권을 지키려는 미국과 이에 도전하는 중국, 러시아의 군사경쟁과 혁신 노력은 최근 들어 더욱 가속화되는 모습을 보이고 있다. 이들 간의 새로운 군사경쟁과 군사기술의 발현은 바야흐로 이제까지와는 전혀 다른 양상의 전쟁의 미래(the Future of War)에 대한 논쟁을 낳고 있다(The Economist 2018). 이 장에서는 빅데이터와 사물인터넷을 기반으로 초고도화된 인공지능 기술로 요약되는 4차 산업혁명이 미래 전쟁에 대해 갖는 의미를 논의하고자 한다. 특히 인공지능을 활용한 자율무기체계(Autonomous Weapon System, AWS)에 대한 국제사회의 논쟁을 살펴보고 한국을 포함한 동북아 지역에서 실제로 어떻게 적용·활용되고 있으며 각 정부의 관련 정책이 어떻게 진행되고 있는지 알아본다.

II. 4차 산업혁명, 자율무기체계와 미래전쟁

4차 산업혁명 시기에는 무인자율, 3D 프린팅, 로봇공학, 인공지능, 신소재, 사물인터넷, 빅데이터 합성생물학, 유전자 편집 등 물리학과 디지털 및 생물학 분야의 모든 과학기술과 지식, 정보 분야의 혁신이 급속도로 진행되면서 지금까지의 제도와 가치, 생활의 틀을 근본적으로 변혁하는 상황이 도래할 것으로 예상된다. 4차 산업혁명은 크게 세 방향으로 진행되고 있다. 첫째, 현실 물리적 세계의 디지털화와 네트워크화로 사물인터넷과 만물인터넷이 인공지능과 결합되어 모든 것의 수평적 연결성이 지수 함수적으로 확장되는 초연결화(hyper-connectivity)이다. 둘째, 초연결된 만물로부터 형성된 빅데이터에 대한 고도의 분석과 해석을 통한 수직적 지능성이 지수 함수적으로 강화되는 초지능화(hyper-intelligence)이다. 셋째, 현실 물리적 세계와 사이버 세계의 상호 관련성이 심화된 사이버 물리복합 시스템(cyber physical system)의 운용을 통해 합리성을 제고하고 미래의 불확실성을 감소시키는 초현실화(hyper-reality)이다(Klaus 2016).

4차 산업혁명으로 인한 신기술은 전쟁과 안보, 국방 분야에도 심대한 영향을 미칠 것이다. 전쟁 및 전장의 개념과 양상이 바뀌고 전혀 생각지 못한 신무기와 기술이 새로운 위협과 기회를 제공할 것이다. 예를 들어, 사이버 공간이 새로운 공격과 교란의 대상이 되면서 육·해·공의 공간과 더불어 분쟁 당사자들이 서로 센서와 정보통신, 의사결정 시스템을 방해·교란·파괴하고자 하는 노력이 점증하고 있다. 또한 안보·군사 시스템은 물론 행정, 에너지, 전력, 금융, 보건, 의료, 교통관리, 상수도 등 민간 기반시설에 연결된 네트워크 시스템이 사이버 공격으로 인해 마비되면서 전쟁 상황에 버금가는 대혼란이 야기될 수 있다. 문제는 사이버 전쟁에서 적이 누구인지 그 경계와 대상이 확실하지 않다는 것이다. 21세기의 사이버 위협은 특정한 적대 국가의 군대는 물론 해커와 테러리스트, 범죄자, 그리고 이를 가장한 적국의 사이버 공격에 대비해야 하는 어려움을 제기한다(정춘일 2017; 김강녕 2017).

이러한 가운데 새로운 기술이 군사혁신을 주도할 것으로 예상된다. 드론과 자율무기는 인공지능과 결합되어 전쟁에 새로운 변화를 가져올 것이다. 웨어러블(wearable) 기기나 외골격 기기가 인간의 전투력을 획기적으로 향상시키고, 나노기술을 활용한 초경량의 이동식 무기와 더욱 스마트하고 정밀한 첨단무기 등이 등장할 것이다. 구체적인 예로 미래의 방공전력은 네트워크 중심의 디지털 방공망 구축과 더불어 인공지능 기반의 표적 식별 및 위협 평가, 지휘결심 지원체계 분야로 발전할 것으로 예상된다. 또한 앞으로 무인기가 새로운 위협요인이 됨에 따라 사물인터넷 기술을 적용한 드론 방어체계가 필요할 것이다. 한편 3D 프린팅 기술을 활용한 다수의 무인기 제작이 전장에서 가능해지면서 모의 장비와 실제 장비를 혼합해서 동시에 투입하는 기만전략이 제시되기도 한다. 무엇보다도 필요시 무기장비 부품을 전투 현장에서 직접 제조하고 사용할 수 있게 됨으로써 군수 및 조달 분야에서 혁명이 일어날 수 있다. 육군의 경우 헬멧과 소총에 카메라와 안테나를 부착하여 전투의 실시간 정보 수집을 통해 현장과 지휘소 간의 실시간 전투상황 파악과 분석 및 지휘가 가능해진다. 또한 부상자 구조를 위한 무인구난로봇은 물론 나아가 인공지능을 활용한 로봇 병사의 출현도 가능하다(편집부 2017; 조현석 2018).

이러한 흐름을 반영하여 미국 국방부는 최근 제3차 상쇄전략(the 3rd off-set strategy)의 추구에 새롭게 심혈을 기울이고 있다. 미국은 1950년대에 소련의 재래식 공격 억제를 위한 전략 핵무기의 개발과 투자를 통해 1차 상쇄전략을 추구했다. 1970년대에는 소련의 전략 핵억제를 위해 2차 상쇄전략을 추구하여 GPS를 활용한 정밀타격 유도무기의 개발과 활용에 힘썼는데, 그 결과 1990년대의 걸프전과 2003년의 이라크 전쟁에서 혁혁한 전과를 달성하기도 했다. 문제는 2000년대에 중국과 러시아의 스텔스와 정밀타격 능력 등이 발전하고 특히 중국의 접근거부전략이 미국에 새로운 위협으로 대두되었다는 것이다(Wong 2015). 미국은 중국과 러시아를 비롯한 경쟁국들의 기술 추격을 따돌리고 전장에서의 압도적 우위를 담보하기 위해 로봇, 자율시스템, 소형화, 빅데이터, 3D 프린팅 등의 기술을 활용한 3차 군사혁신, 즉 3차 상쇄전략을 시도하고 있다.[1]

미국 국방과학위원회는 2015년의 보고서에서 군사 분야의 5대 미래기술을 다음과 같이 정의했다. 첫째, 빅데이터의 활용과 자율딥러닝

---

1   미국의 상쇄전략 전개와 3차 상쇄전략에 관해서는 Eaglen(2016), Lange(2016), 설인효·박원곤(2017), 박휘락(2015)을 참조하라.

을 통한 조기경보 능력의 개선, 둘째, 인간과 기계의 협업과 의사결정 (인공지능 및 로보틱)을 통한 작전활동과 반응 속도의 증진 및 실시간 정보 제공, 셋째, 인간 지원활동의 향상을 통한 실시간 정보 접근 및 자동화, 넷째, 유인과 무인 기술을 활용한 인간과 기계의 합동 전투능력의 개선과 의사결정 증진, 다섯째, 새로운 형태의 네트워크 기반 자율무기를 활용한 전자전과 사이버 환경에서의 작전 수행 등이다(박준혁 2017). 4차 산업혁명과 이를 주도하는 사물인터넷, 빅데이터, 로봇, 자율주행, 인공지능 기술 등은 전쟁 수행의 기본 개념과 원리를 근원적으로 변혁하여 군사·국방 부문의 패러다임을 전환할 것으로 예상된다. 이 가운데 군사력의 핵심 역량과 주도적 행위자도 변화할 것으로 예상된다(Pellerin 2016).

　이 중에서 특히 주목할 점은 인공지능과 이를 활용한 로봇과 같은 자율무기의 등장이다. 문제는 이들 자율무기의 활용과 그 윤리적 의미에 대한 근본적인 논쟁이 제기되고 있다는 것이다. 자율살상무기 (Lethal Autonomous Weapon) 혹은 자율무기체계로 불리는 신기술은 사람의 개입 없이 표적을 선택해서 교전한다. 사전에 지정한 지역에서 수색 및 사격을 할 수 있는 무장 쿼드콥터를 예로 들 수 있다. 이들 무기는 사람에 의해 직접적인 조종을 받지 않는다는 점에서 사람이 원격조정을 해서 방아쇠를 당기고 방어용 센서가 감지한 표적을 대상으로 고정된 방어화기가 사격을 시작하는 원격조종 드론 등과는 다르다. 문제는 기술이 발달함에 따라 자율무기의 개발과 사용이 급속히 확산되고 있다는 것이다.

　이른바 자율무기체계는 자율살상무기, 군사로봇, 무인무기체계, 군용 드론, 킬러로봇 등을 포괄하여 사용하는 개념이다. 자율무기체계는 감지(sense)–사고와 판단(decide)–행동(act) 혹은 OODA[관측

(observation) – 사고(orient) – 판단(decide) – 행동(act)]의 단계에서 '사고와 판단' 부분에 자율성을 가진 무기체계의 등장을 의미한다. 군사과학기술의 발달로 인한 각종 센서 등 전자기기와 기계장치의 진일보한 신흥군사기술과 인공지능으로 상징되는 자율성의 결합이 장차 미래 전쟁의 양상을 바꿀 새로운 게임 체인저로 등장하면서 이를 둘러싼 각종 논쟁이 생겨나고 있다.

자율무기체계의 주요 핵심 기술은 다음의 기능을 포함한다. 첫째, 이동성(mobility)은 운항(navigation), 이·착륙, 장애물 회피, 기지로의 귀환 등의 중요한 기능을 포함한다. 둘째, 상태 관리(health management)는 기능 장애의 탐지와 발견, 배터리 등 전원의 관리와 유지, 체계의 수선과 정비 등 시스템 유지관리 기능 등을 포함한다. 셋째, 상호 운용성(inter-operability)은 자연언어를 기반으로 한 인간과 기계 간의 소통은 물론 다수의 무인체 간의 상호 통신 기능을 말한다. 특히 자율무기 시대에 주목받고 있는 스워밍(swarming) 전략에 중요하다. 무인무기시스템의 경우에 많은 수를 동원하여 전개하는 스워밍 전략이 매우 효과적이다. 여기에는 많은 수의 소규모 무인비행체를 클러스터링(clustering)하는 것과 스마트 더스트(smart dust)와 같은 수많은 나노급 드론을 전개하여 정보를 수집하는 작전이 포함된다. 넷째, 전장 정보의 수집, 분석, 처리, 활용도 중요한 부수 기능이다. 다섯째, 무력 사용(use of force) 기능은 OODA 혹은 수색, 발견, 식별, 추적, 공격의 고리에서 파괴 혹은 살상의 핵심 기능을 말한다. 이 다섯 가지 기능 중 전장 정보와 무력 사용의 분야에서 자율성 이슈가 논란이 되고 있다. 특히 이 두 가지 중에서도 무력 사용 시 로봇의 자율성 행사가 핵심적 이슈이다. 나머지 이동성, 상태 관리, 상호 운용성의 세 가지 기능과 연관된 자율성은 군사작전에서 보완적 기능을 수행하여 상대

표 2-1. 무기체계 내 자율기능의 여러 범주

일반 기능 분야	자율성 관련 기능	임무
이동성	체계가 일정한 환경에서 자신의 동작을 제어하고 지시하는 능력	운항, 이륙과 착륙, 충돌 회피와 방지, 동행 지시, 기지 귀환
상태 관리	체계가 기능과 생존을 관리할 수 있는 능력	결함 탐지, 자가 정비 에너지원 관리
상호 운용성	체계가 다른 기계나 인간과 협업할 수 있는 능력	여러 행위체 간의 커뮤니케이션 과정(스워밍 등) 자연언어를 기반으로 한 인간과 기계의 상호작용
전장 정보	전술적·전략적 중요성을 띤 데이터의 수집, 처리 능력	데이터 수집, 데이터 분석
무력 사용	표적을 수색, 식별, 추적, 선별, 공격하는 능력	표적의 탐지, 식별, 추적, 선별, 화력 통제

출처: 조현석(2018)

적으로 논란이 적다. 그러나 이러한 기능이 제대로 발휘되어야 자율무기체계의 효과를 볼 수 있다(Boulanin 2016; 조현석 2018).

　이 다섯 분야의 기술 발달에 따른 자율무기체계는 지금까지와는 다른 전쟁의 형태와 양상을 결정하는 21세기 전쟁의 미래에 근본적인 변화를 가져올 것으로 예측된다. 자율무인무기체계의 도입은 인공지능에 기반한 군사로봇혁명의 한 부분이다. 전쟁에서 무인체계를 부분적으로 사용한 시기는 1차 세계대전까지 거슬러 올라가지만, 1980년대에 들어 본격적으로 미국 등 군사 강국들이 전통적인 유인무기체계에 무인체계와 로봇의 도입을 추진했다. 피터 싱어(Peter Singer)는 한 인터뷰에서 유인무기체계에 로봇을 활용하고 자율기능을 통합시키려는 노력이 오랫동안 이루어져왔고 이러한 통합이 군사로봇혁명의 주요한 부분을 이루고 있다고 주장했다(Arthur Holland and Dan Gettinger 2016). 특히 인공지능은 무인로봇무기의 등장에 새로운 혁명을 일으킨다. 현재까지 전쟁 행위를 구성하는 주요 기능은 인간의 신체와 정신 안에서 이루어져왔다. 그런데 이제까지 인간 중심으로 이루어져 왔던 표적의 확인, 위협 대상에 대한 판단, 무기의 발사 결정 등의 과업을 인공지능을 내장한 기계가 대신해주는 시대가 도래하고 있다. 그렇다고 해서 군사로봇이 전장에서 인간 병사를 대체하는 것은 아직 시기상조이다. 대신 가까운 장래에는 인간과 로봇의 혼성 편성이 현실적인 모습이 될 것이다. 정찰 등 지원용이나 전투용 로봇은 '인간 병사의 동료' 역할을 할 것이다. 인간 병사는 전투에 직접 참가하기보다는 전투용 로봇을 지원하고 관리하는 역할을 더 많이 맡게 될 것이다(싱어 2011).

군사로봇이 전투를 벌이는 모습은 여전히 아직은 먼 미래의 일이다. 대신 기존의 무기체계들에 자율기능을 도입하여 효율성과 효과성을 높이고 있다. 그 결과로 나타나는 주요한 변화는 첫째, 군의 병력 소요가 감소한다는 것이다. 2016년에 취역한 미국 해군의 신형 구축함인 줌왈트(Zumwalt)호의 경우에 통상 1,293명의 승조원이 운영하던 재래식 구축함의 10%인 141명에 불과한 승조원에 의해 운용된다. 이전에 수십 명, 수백 명이 수행했던 기능이 자율체계에 의해 대체되면서 엔진실의 경우 2명의 전문 인력이면 충분해진 것이다. 미국 공군의 차세대 전투기 F-35의 경우에는 1명의 승무원이 조종 기능을 수행하는 조종사라기보다는 시스템을 관리하는 관리자의 역할을 수행한다. 적의 전투기와의 공중전에서 조종과 사격을 포함한 조종사의 핵심 기능이 많은 부분 전투기의 인공지능에 의해서 수행되기 때문이다. 따라서 전통적인 병사의 역할도 변화할 것으로 예측된다. 미군의 경우 2025년경에는 로봇이 개입된 자율무기체계의 수가 인간 병사보다 더 많아질 것이라는 예측도 있다. 이 경우에 인간 병사들은 전투를 직접 수행하기보다는 로봇 병사를 관리하고 운용하는 데 임무의 초점을 두게 될 것이다. 전장에 투입되는 인간 병사의 수도 급격히 줄어들 것이다.

둘째, 자율기능을 부분적으로 갖춘 무인체계의 등장은 새로운 기능을 수행하는 부대 단위와 편제의 형성을 촉진한다. 총과 대포를 직접 발사하기보다는 컴퓨터와 디지털 게임 기술을 활용하여 무인기를 원격으로 조종하는 신세대 병사들이 대표적인 예이다. 새롭고 전문적인 임무를 수행하는 것을 지원하는 교리, 교범, 지원 인프라, 교육제도도 정비되고 있다. 한국 육군의 경우 2018년에 아군의 피해를 줄이면서 단기간 내에 전쟁을 승리로 끝낸다는 '5대 게임 체인저' 전략을 수립했다. 이 중 하나로 드론봇 전투단의 창설을 계획하고 2018년 9월에 '드론봇 전투단'을 거느린 지상정보단을 창설했다. 육군은 공격용 '벌떼 드론'을 운용해서 적군의 대규모 병력과 차량을 무력화하고 원거리 표적을 타격하는 방안도 마련하고 있다(정희완 2018). 또한 드론봇 전투단을 운영할 전문 전투요원인 드론봇 전사들을 양성하고 육군정보학교에 드론 교육센터를 창설해서 드론봇 특기병을 전문적으로 양성한다는 계획이 전해지고 있다. 이러한 로봇 부대의 창설은 미국, 중국, 러시아, 이스라엘 등 많은 국가에서도 시작되고 있다.

셋째, 이러한 변화는 전쟁을 대하는 인간의 근본적인 시각에 변화를 가져올 것이다. 로봇을 운용하는 병사들의 경우에 전쟁을 '게임처럼 생각하게 되는 경향'이 생길 것으로 우려된다. 이는 현대 전쟁의 뚜렷한 경향이라고 할 수 있는 전투와 전사의 탈영웅화를 형성할 것이다. 인명 피해의 극소화와 살상당할 가능성에 대한 회피 심리가 발전하면서 전쟁 영웅을 기리는 고귀한 희생정신, 영웅적 전사, 전장에서의 명예와 영광의 심리와 정신이 약화될 것이다. 동시에 플레이스테이션 심리로 인해 인간의 생명을 경시할 가능성에 대한 우려도 생긴다. 미군의 무인비행체인 프레데터의 운용자는 작은 사무실에 앉아 화면을 통해 지구 반대편에 있는 테러리스트를 확인하고 사살 허가 지시가 떨어지면 미사일 발사 버튼을 눌러 작전을 수행한다. 직접 방아쇠를 당겨 눈앞의 적을 사살하는 것에 비해 당연히 죄책감이나 부담감을 상대적으로 적게 느낄 수밖에 없다(싱어 2011).

마지막으로 더욱 큰 문제는 인간의 통제를 받지 않고 자율적으로 목표물을 색출하여 제거하거나 공격하는 자율살상무기 기술의 등장이다. 실제로 기술이 빠르게 발전하면서 완전한 자율무기체계의 개발이 가능해지고 많은 회사가 이런 목표를 추구하고 있다. 클리어패스 로보틱스의 창업자인 라이언 개리피(Ryan Gariepy)는 "아직 공상과학 영역에 속한 다른 인공지능 기술과 다르게 자율무기시스템은 개발을 목전에 두고 있다. 이는 무고한 사람들에게 큰 피해를 초래하고 전 세계적으로 불안을 야기할 가능성이 크다. 가상의 시나리오가 아니다. 즉시 '조치'를 취해야 하는 아주 중대한 문제이다."라고 강조했다. 호주군은 2017년에 '신뢰할 수 있는 자율시스템'을 개발하는 연구에 5천만 달러를 투자할 계획이라고 발표했다(Nott 2017). 시드니공과대학교(UTS)의 매리-앤 윌리엄스(Mary-Ann Williams) 교수가 상상하는 가까운 미래는 공포에 가깝다. 윌리엄스 교수는 "무기화된 로봇은 영화 〈쥬라기 공원〉의 벨로키랍토르와 유사하다. 민첩하게 기동하고 번개 같은 속도로 반응하며 컴퓨터 네트워크가 전송하는 정보로 강화된 고정밀 센서로 인간을 '사냥'할 수 있기 때문이다."라고 말했다.

III. 인공지능과 자율무기를 둘러싼 논쟁

로봇 무기의 등장은 새로운 교리와 작전 규칙을 수립하는 것뿐만 아니

라 전쟁에 관한 근본적인 윤리적·법적 규범에 중요한 문제를 제기한
다. 특히 살상용 완전자율무기인 킬러로봇의 개발과 도입은 중대한 윤
리적·법적 논쟁을 야기한다. 첫째, 윤리의 문제로, 기계가 독립적으로
판단해서 사람을 살상하도록 허용할 수 있는가이다. 이는 인권과 관련
된 근본적인 도덕성의 문제이다. 인간 살상을 로봇에게 맡기는 것은
인간의 기본 인권에 대한 심대한 침해이며 인류 문명의 윤리적 토대
를 붕괴시킬 수 있다는 것이다(Sharkey 2012; Wallach 2013; HRW &
IHRC 2014a; HRW & IHRC 2014b; UNOG 2015; Anderson and Wax-
man 2015; Heyns 2015). 둘째, 무력 충돌과 전쟁에 관련된 국제인도
주의법과 전쟁법의 가장 근본적인 원칙인 전투원과 민간인 문제이다.
킬러로봇이 과연 이 원칙을 잘 구분할 수 있을지의 문제가 제기되는
것이다. 특히 전투원과 민간인의 외양을 구분하기 어려운 비정규전이
나 게릴라전, 시가전 등의 경우에 수많은 복잡한 상황에서 자율무기
가 어떻게 그때그때 적절한 판단을 통해 전투원과 민간인을 구분하여
살상 여부를 정할 수 있을지 의문시된다(Sharkey 2014; Wallach 2013;
HRW & IHRC 2014a; Anderson and Waxman 2014; Heyns 2015; HRW
& IHRC 2012). 셋째, 군사적 목적의 전투 수행에서 필요 이상의 민간
인 인명 살상이나 재산 피해가 생기지 않도록 노력해야 한다는 비례성
의 원칙에 대해 중대한 문제가 제기된다(Anthony and Holland 2014;
Thurnher 2013; Heyns 2015). 자율무기가 특정한 전투 상황이나 전쟁
상황에서 적을 제압하기 위한 화력 사용이나 파괴 행위를 합리적인 기
준으로 판단하여 적절하게 조절하는 것이 과연 인간의 개입 없이 가능
할지에 대한 근본적인 회의와 우려가 제기되는 것이다(Sharkey 2012;
Wallach 2013; HRW & IHRC 2014a; HRW & IHRC 2014b; Marra and
McNeil 2012; Anderson and Waxman 2012; HRW & IHRC 2012). 특히

킬러로봇의 확산은 탈냉전 이후에 두드러진 내전이나 비정규전, 시가전의 특징을 보이는 새로운 전쟁 맥락에서 훨씬 더 큰 부정적 영향을 미칠 것으로 분석된다. 킬러로봇은 전장에 배치되는 인간 병사의 수를 줄이고 전투 임무를 더 많이 수행할 수 있다. 하지만 군인과 민간인이 혼재되거나 민간인과 민간 전투원의 구분이 힘든 현재의 저강도 분쟁이나 시가전 상황에서 발생할 수 있는 수많은 다양한 맥락을 사전에 프로그램화하여 군사로봇의 살상과 파괴 기능을 조절할 수 있느냐의 문제는 인공지능 자율무기의 등장이 미래의 전쟁을 어떻게 바꿀지에 대한 근본적인 질문을 제기한다.

로봇과 인공지능 전문가들은 2017년 유엔에 자율살상무기가 초래할 '제3의 전쟁 혁명'의 위험성을 경고하는 공개서한을 발송했다. 이들은 서한에서 "일단 개발이 되면 과거 어느 때보다 규모가 크고 사람이 인식하지 못할 정도로 빠른 무력 분쟁을 야기할 것이다. 자율살상무기가 개발되면 독재자와 테러리스트가 무고한 사람들에게 사용할 수 있는 테러 무기와 해킹 수단으로 악용될 수 있다. 행동할 수 있는 시간이 많이 남지 않았다. 이 판도라 상자가 열린 후에는 다시 닫기가 아주 힘들 것이다."라고 경고했다. 이들은 자율살상무기에 대한 유엔 GGE 회의를 통해 "GGE에 참여하고 있는 조약 체결 국가들이 이런 무기의 군비확장 경쟁을 방지하고 일반 시민을 오용으로부터 보호하며 첨단기술이 불안정을 초래하는 것을 막기 위해 노력할 것"을 촉구했다(Future of Life, n.d.). 이 서한에는 테슬라의 창업자인 엘론 머스크(Elon Musk)를 비롯해서 딥마인드의 설립자인 무스타파 술레이만(Mustafa Suleyman) 등 전 세계의 로봇공학 및 인공지능 관련 학계 및 산업계 명사들이 함께했다.

최근 몇 년간 각 분야의 전문가들은 인공지능의 출현에 따른 미래 인류의 운명에 대한 위험을 지속적으로 제기해왔다. 스티븐 호킹 (Stephen Hawking) 교수는 2014년에 BBC와의 인터뷰에서 무절제한 인공지능 성장의 충격파에 대해 경고하면서 "인공지능의 발전이 인간의 멸종을 초래할 수 있다. 완전한 인공지능은 스스로를 구축하고 놀라운 속도로 재구성할 수 있을 것이다. 느린 생물학적 진화의 제한을 받는 인간은 이들과의 경쟁이 불가능하며 이들에 대체될 것이다."라고 말했다. 호킹은 1년 후에 『시대정신(Zeitgeist)』에서 인공지능의 빠른 성장에 대해 "컴퓨터는 향후 100년 이내에 인공지능을 통해 인간을 따라잡을 것이다. 그렇게 되면 컴퓨터가 인류와 같은 목적을 갖도록 해야 할 것이다."라고 말했다.

월드와이드웹(World Wide Web)의 설계자인 팀 버너스-리(Tim Berners-Lee)는 2017년 4월에 런던에서 열린 컨퍼런스에서 인공지능이 스스로 기업을 설립하고 운영함으로써 새로운 '우주의 주인'이 될 수 있는 악몽 같은 시나리오를 경고했다. 한편 애플의 공동 설립자인 스티브 워즈니악(Steve Wozniak)은 "우리가 우리 스스로를 위해 이런 장치를 만든다면 결국에는 우리보다 사고가 빨라지고, 느린 인간을 몰아내어 기업의 효율성을 제고할 것이며, 인간은 로봇의 애완동물이 될 것이다."라는 주장을 펼쳤다. 워즈니악은 이후 2015년 6월에 오스틴에서 열린 프리스케일(Freescale) 기술 포럼에서 "인공지능이 우리보다 더욱 똑똑해짐에 따라 인류가 필요하다는 사실을 알게 될 것이다."라고 말하면서 기존의 부정적인 입장을 바꾸기도 했다(TechWorld Staff 2017).

빌 게이츠(Bill Gates)는 2016년에 BBC와의 인터뷰에서 인공지능으로 인한 잠재적인 위협에 대해 "나는 슈퍼인텔리전스가 걱정된다. 우선 기계가 우리를 위해 많은 일을 하지만 아주 똑똑해서는 안

된다. 하지만 수십 년 후에는 지능이 강화되어 걱정되는 수준에 이를 것이다. 이에 대해서는 엘론 머스크 및 다른 사람들과 같은 생각이며 이에 대해 걱정하지 않는 사람들이 이해되지 않는다."라고 말했다 (Rawlinson 2015). 결국 엘론 머스크는 인공지능을 현존하는 가장 큰 위협으로 규정하고 국내 및 국제적인 수준에서 규제 감독을 해야 한다고 제안했다. 구글의 인공지능 책임자인 데미스 하사비스(Demis Hassabis)와 엘론 머스크 등이 참여한 '삶의 미래 연구소(Future of Llife Institute)'에서는 인간의 개입 없이 표적을 자동으로 선별하여 파괴하는 무기의 개발은 전 세계적으로 새로운 무기 경쟁을 유발할 가능성이 있으며 현재의 인공지능 연구 상태로 보아 몇 년 안에 그런 일이 일어날 수 있다고 경고했다. 이들은 앞서 언급했듯이 2017년 유엔에 공개서한을 보내면서 "군사 인공지능 무기 경쟁은 인간에게 도움이 되지 않을 것이다. 유의적인 인간의 통제를 벗어나는 공격적인 자동작동무기를 금지하여 예방해야 한다."라고 주장했다(Dubois 2017).

2017년의 공개서한에 서명한 일부 전문가들은 서한의 내용보다 더 강력한 조치가 필요하다고 주장했다. 화학무기와 유사하게 자율무기를 전면 금지할 것을 촉구한 것이다. '살상로봇 개발 중지 캠페인 (Campaign to Stop Killer Robots)'이라는 단체는 오래전부터 관련 기술의 개발을 중지하는 국제조약을 촉구해왔다. 이 단체는 "사전에 포괄적으로 사람의 개입 없이 스스로 작동하는 완전자율무기의 개발, 생산, 사용을 금지하는 것이 시급하다."라고 주장했다(Campaign to Stop Killer Robots 2018).

한편 자율살상무기의 이점을 주장하는 의견도 있다. 사우스오스트레일리아대학교 산하 방위시스템연구소(Defence and Systems Institute) 소장인 앤서니 핀(Anthony Finn) 교수는 "자율살상무기는 '파이어 앤 포겟(Fire & Forget, 유도방식)' 무기처럼 민간인 피해를 줄일 수 있다. 이 효과를 감안하면 자율살상로봇을 불법화하자는 주장의 근거는 약화된다."라고 말했다. 그러나 다른 전문가들은 사람으로 구성된 군대를 기계로 대체하면 인명 손실에 대한 양심의 가책을 못 느끼는 기계무기들이 훨씬 쉽게 전쟁을 선택할 수 있고 따라서 갈등과 분쟁의 발생 확률이 증폭될 수 있다고 반박했다(Nott 2017).

한편 실용적인 군사무기 분야에서도 자율무기의 위험성에 대한 지적이 제기되고 있다. 현재 중국, 러시아, 이스라엘, 프랑스, 영국, 미국 등은 스텔스 기능을 가지고 적진 깊숙이 침투하여 작전을 벌일 수 있는 드론을 개발 중이다. 여기에는 적의 통신 교란으로 지휘부와의 교신이 불가능할 경우에 스스로 적과의 교전 및 공격 임무를 수행할 수 있는 자율살상 기능이 필수로 여겨진다. 문제는 이러한 상황에서 드론이 원래의 필요한 임무만을 수행하는 것을 넘어서 적에 대한 과도한 공격으로 필요 이상으로 전쟁을 확전시키는 결과를 초래할 수 있는 위험성이다. 더구나 현재 진행되고 있는 연구에서는 적과의 혼란스러운 교전 상황에서 인간보다 빠른 인지능력을 발휘하는 속전속결 능력이 전투의 효과를 극대화시킬 것으로 기대된다. 그러나 이러한 기능이 다른 한편으로 인간이 통제하기 불가능한 또 다른 재앙적인 상황으로 연결될 수 있다는 점이 지적된다. 2012년에 주식시장에서 알고리즘을 바탕으로 자동적인 주식투자를 하도록 설계된 프로그램들이 동시에 주식을 투매하면서 전 세계 주식시장이 대폭락했던 사례가 전쟁에서도 일어난다면 그 결과는 훨씬 재앙적일 것이다(Scharre 2018).

문제는 설사 자율살상무기 금지에 대한 광범위한 공감대가 형성된다고 해도 실제로 이를 금지하기란 쉽지 않다는 것이다. 예를 들어, 화학무기의 비인간적인 살상력에 대한 국제적인 합의를 바탕으로 현

재 약 200개 국가가 화학무기금지협약에 가입해 있다. 덕분에 1990년
대 초 이후에 알려진 화학무기 재고의 93%를 파괴하고 97개 생산시
설을 폐쇄했으며 실제로 이 협약을 통해 화학무기의 사용을 크게 줄일
수 있었다. 그러나 최근 시리아 사태에서 볼 수 있듯이 화학무기의 사
용이 완전히 없어진 것은 아니다.

　　결국 일부 국가들이 자율살상무기의 긍정적인 효과를 인정하여
조약에 동참하지 않는다면 나머지 국가들의 금지 노력은 실질적인 효
과를 가지기 어렵다. 전문가들은 이 무기의 위험성에 대해 국가와 사
회가 보다 근본적으로 성찰할 필요가 있다고 주장한다. 윌리엄스 교수
는 "호주 같은 국가들이 방어용 살상로봇의 개발을 중지했다고 가정
하자. 그러면 금지조약을 무시하고 무기 개발을 진행한 국가와 단체보
다 취약한 상태가 되어버린다. 살상로봇의 금지만이 유일한 전략이 될
수는 없다. 사회와 국가 단위에서는 살상로봇의 금지보다 더 많은 것
이 필요하다."라고 설명했다.

　　더욱이 소위 4차 미래산업의 첨병으로 여겨지는 인공지능이나 그
와 관련된 기술들에 대한 여타 경제와 과학 분야의 개발과 연구를 전
면적으로 금지하기란 사실상 불가능한 것이 현실이다. 평시에도 대
부분의 연구자들은 나름의 윤리적 기준을 가지고 연구 활동을 수행
한다. 그러나 연구 윤리는 법의 구속을 받지 않는다. 또한 각 연구소
와 국가별로 연구 윤리의 기준이 다르다. 시드니대학 FEIT(Faculty of
Engineering and Information Technologies) 강사인 마이클 헤어 박
사는 "자율시스템 연구의 긍정적인 부분과 부정적인 부분을 고려하고
비윤리적인 연구를 금지하는 것이 좋은 방법이 될 수 있다."라고 말했
다. 그러나 '윤리적' 연구가 무엇인지에 대한 구체적이고 보편적인 정
의를 내리기란 매우 어렵다. 지난 2017년에 유엔에 보낸 공개서한에

인공지능과 로봇 분야의 저명한 전문가 116명이 서명했지만, 여기에 동참하지 않은 전문가가 훨씬 더 많다는 것이 현실이다(The Guardian 2017). 실제로 첨단군사기술 개발업체는 그 특성상 다른 연구원들이 검토할 수 있는 저널에 새로운 기술개발을 공개하기보다는 비밀로 하는 경우가 많다. 과학계가 위험한 기술을 검토하고 감독할 수 있는 방법이 현실적으로 불가능한 것이다.

그럼에도 불구하고 자율살상무기의 금지를 주장하는 이들은 일정 수준의 '약속'이 아무런 일을 하지 않는 것보다 여전히 필요하다고 주장한다. 앤서니 핀 교수는 "사용이 허용되는 상황을 규정하고 위반에 대한 책임을 묻는 법적 틀을 개발하는 것이 아주 중요하다."라고 강조했다. 특히 금지가 불가능하다면 늦기 전에 관련된 법적 틀이라도 마련하는 것이 유용하다는 것이다. 호주 멜버른 공대의 제임스 할랜드 교수는 "과거에는 기술이 법이나 문화적 틀보다 더 빨리 발전하면서 상황을 주도했다. 냉전시대의 상호확증파괴전략(Mutually Assured Destruction, MAD), 지뢰의 확산 등을 예로 들 수 있다. 하지만 베트남 등의 국가에서 40년 전에 설치한 지뢰 때문에 매년 수백 명이 목숨을 잃거나 불구가 되는 참상을 볼 때 앞으로는 기술에 앞서 법적 틀을 마련해야 사회가 기술을 통제할 수 있다."라고 강조했다.

IV. 자율무기의 규제를 위한 국제적 노력

21세기 4차 산업혁명의 인공지능 기술과 이를 활용한 자율무기에 관한 논쟁은 이제 막 시작되었기 때문에 아직까지 이를 규제하기 위한 본격적인 국제적인 노력은 일천하다. 현재 자율살상무기에 대한 규제 및 금지 노력은 이 분야의 전문가들이 조직한 소수의 민간 국제단체에 의해 주도되고 있다. 엘론 머스크가 참여하고 있는 '삶의 미래 연구소'와 함께 '살상로봇 개발 중지 캠페인', '국제로봇무기제어위원회(International Committee for Robot Arms Control, ICRAC)' 등 전문가와 비정부기구(NGO) 활동가로 구성된 조직이 있다. 2013년에 시작된 '살상로봇 개발 중지 캠페인'에는 32개 국가의 76개 비정부기구가 참여하고 있으며, 현재까지 4천여 명에 이르는 인공지능과 로봇 전문가들이 자율무기를 금지하는 청원서에 서명했다(Scharre 2018). 이들은 각 주요 국가가 이에 대한 논의를 활성화할 것을 독려하는 한편 유엔을 통해 국제적인 규범을 마련하기 위해 노력하고 있다. 그 결과 유엔에서 개최된 재래식무기회의(the Convention on Conventional Weapons, CCW)에서 2014년 이후에 여섯 차례에 걸쳐 이 주제에 관한 전문가그룹회의가 열렸다.

　이를 통해 점차 많은 수의 국가가 자율살상무기의 위험성에 공감을 표시하게 되었으며, 어떤 무기시스템이든 최소한 인간의 감독이 기본적으로 개입되어야 한다는 것에 대한 공감대가 형성되고 있다고 보고되었다. 2018년 4월에 개최된 회의에서는 대부분의 참가국이 무기체계에 대한 인간의 통제를 유지할 필요성에 공감하면서 이를 위해 새로운 국제법을 논의할 필요가 있다고 제기했다. 특히 오스트리아, 중국, 콜롬비아, 지부티 등의 국가는 최초로 완전자율살상무기에 대한 금지를 제기했다(중국의 경우 사용의 금지를 제기하고 개발이나 생산 금지에 대해서는 유보를 표명했다). 이에 대해 프랑스, 이스라엘, 러시아, 영국, 미국은 완전자율살상무기에 관한 국제법 협상에 대해 명시적인 반대를 표명했다(Campaign To Stop Killer Robots 2018).

　이에 구테흐스(Gutierrez) 유엔 사무총장은 2018년 5월에 발간된 보고서에서 무력 사용 시에 인간의 통제를 필수로 하도록 법으로 강제하는 규정을 마련할 것을 제안하는 회원국들의 입장에 지지를 표명했다. 이 보고서에서는 로봇 전문가, 기술기업가, 인권운동가, 시민사회 및 많은 정부가 자율살상무기체계가 가지는 위험성에 대해 경종을 울렸다고 설명했다(UNODA 2018). 이에 앞서 2017년 9월에는 유네스코가 주관한 '과학지식과 기술의 윤리에 관한 세계위원회'에서 '로봇 윤리'에 관한 보고서를 채택했다. 이 보고서에서는 법적, 윤리적, 군사작전적 목적으로 무기체계와 무력 사용 시에 항상 인간의 통제가 지켜져야 함을 '강력히' 권고하는 내용이 채택되었다. 지금까지 26개 국가가 완전자율살상무기의 금지에 관한 새로운 국제법 제정을 지지했으며, 100여 국가 이상이 무기체계와 무력의 사용 시에 어떠한 형태로든 인간의 통제가 유지되어야 함을 규정하는 새로운 국제규범을 수립하는 데 찬성했다(Campaign To Stop Killer Robots 2018).

　자율무기의 위험성에 대한 논란은 민간 영역에서도 일어나고 있다. 지난 2018년 6월에 외신들은 구글이 미국 국방부와의 공동연구 프로젝트인 '메이븐(Maven)'의 계약을 연장하지 않을 방침이라고 일제히 보도했다. '살상용 무기 개발' 논란이 뜨거웠던 메이븐 프로젝트는 인공지능 기술을 기반으로 무인 항공기가 수집한 영상 정보를 자동 분석해서 타격 목표의 정밀도를 높이기 위한 시스템 개발 프로젝트로, 정밀 타격이 가능해서 테러리스트 등을 향한 공격에 특화되었다고 알려졌다. 하지만 구글 직원들은 메이븐 프로젝트가 첨단무기에 인공지능 기술을 도입하기 위한 것이라며 해당 기술의 제공을 강력히 반대해왔다. 4천 명 이상의 구글 직원들이 메이븐 폐지 청원에 나서면서 반대 스티커를 제작하는가 하면 일부 직원들은 사표를 제출하는 등 내부 불만이 심화되자 지도부가 사업 중단을 선언한 것이다. BBC에 따르면, 탄원서에는 "구글은 전쟁 목적의 사업에 가담하지 말아야 한다. 인명 피해로 이어질 수 있는 군사첩보 활동을 위해 미국 정부에 협력하는 것은 옳지 않다."는 내용이 담겨 있다(BBC 2018). 외부 반발도 거세서 다수의 학계 관계자와 연구원들도 계약 철회를 요청했다. 이에 구글 CEO인 선다 피차이(Sundar Pichai)는 내부 토론회를 열어 학살 개념이 아닌 빅데이터 기반의 감지 능력에 특화되어 있다는 당위성을 강조하면서 사태 진화에 나섰다. 아울러 머신러닝 기술 개발과 활용 지침을 조기에 만들어 주변의 우려를 불식하겠다는 정책도 발표했다. 하지만 여전히 안팎의 반발이 수그러들 기미가 보이지 않자 결국 국방부와의 인공지능 공동연구 중단을 선언한 것이다. 이는 "구글의 인공지능 기술이 전쟁 프로젝트에 쓰여서는 안 된다는 직원들의 강한 반발을 의식한 것"이라고 외신은 전했다. 『버즈피드 뉴스(BuzzFeed News)』에 따르면, 다이엔 그린(Diane Greene) CEO는 "항상 말해왔던 대로 당초 18개월의 계약이었기 때문에 2019년 3월에 계약이 종료된다."면서 "메이븐의 연장은 없다."라고 못 박았다. 이로 인해 구글은 최소 수천만 달러에서 2억 5천만 달러에 이르는 국방부와의 계약을 포기한 것으로 알려졌다(Alba 2018).

구글의 인공지능 사업을 이끌고 있는 페이페이 리(Fei-Fei Li) 수석과학자는 구글이 군사용 인공지능 계약을 체결할 경우에 통제할 수 없는 혼란이 초래될 것이라고 이미 예견했으나 받아들여지지 않았다고 전했다. 페이페이 리는 아울러 "인간을 위해 인공지능이 존재하기 때문에 무기화는 정반대의 길"이라면서 "최근의 인공지능에 대한 열정이 미래사회에 미칠 악영향에 대한 고민을 막고 있어서 우려스럽다."라고 경고했다. 한편 구글은 조만간 국방 분야에 인공지능 기술을 적용하는 것과 관련된 윤리적 가이드라인을 최종적으로 정리해서 발표할 계획이다. 군사적 정보 인식을 목적으로 인공지능이 쓰이는 것에 대한 논란이 뜨거운 가운데 구글이 마련할 지침에 어떤 내용이 포함될지 귀추가 주목된다(김정은 2018).

V. 한·중·일 삼국의 인공지능, 자율무기 정책

1. 중국

중국은 인공지능과 자율무기의 중요성에 대해 가장 적극적으로 대응하고 있는 국가로 분석된다. 중국 인민해방군은 인공지능이야말로 전쟁의 양상을 현재의 '정보화(informatized)'된 전쟁에서 '지능화(intel-ligentized)'된 전쟁으로 바꾸는 결정적인 역할을 한다고 규정한다. 중국 중앙군사위원회의 과학기술위를 담당하고 있는 리우 구오지 중장에 따르면, 인공지능은 군 조직의 프로그램과 운영 형태, 장비체계, 전투력 제고의 모델과 관련된 군사변혁을 가속화함으로써 궁극적으로 심오한 군사혁명을 초래할 것으로 예측된다. 새로운 교란기술이 등장함에 따라 새로운 기회가 창출되고 있는 동시에 이를 활용하지 못하면 결국 그 희생양이 된다는 것이다. 현재 중국군은 ① 지능화된 자율무인체계, ② 인공지능을 활용한 데이터 융합, 정보처리, 정보 분석, ③ 워게이밍을 활용한 시뮬레이션과 훈련, ④ 정보전에서의 방어와 공격, 지휘, ⑤ 지휘 결정 과정을 지원하는 인공지능의 활용 등에 중점을 두고 있는 것으로 알려졌다(Defense One 2018).

한편 중국은 이미 공중, 수중, 지상에서의 다양한 형태의 무인무기체계를 개발했으며 스텔스, 스위밍, 초음속 능력을 가진 최첨단 무인무기체계의 개발에 매진하고 있는 것으로 알려졌다. 이 무기들은 중국이 당면하고 있는 해양이나 지상을 둘러싼 영토 분쟁에서 중요한 전략자산으로 활용될 것으로 분석된다(Dominguez 2018). 이와 관련하여 미국 국방부에 따르면, 중국은 인공지능이나 무인비행체와 같은 첨단무기기술의 확보를 위해 미국을 포함한 해외의 주요 기술을 합법·비합법적인 방법을 막론하고 빼돌리는 것을 국가 목표로 삼고 있다고 보도되었다(Dominguez 2018).

최근 2018년 11월에는 중국의 시진핑(習近平) 주석이 중앙군사위원회 위원장 자격으로 중국군의 기술 개발을 책임지고 있는 지도부와의 회동에서 인공지능 분야의 최고 권위자로 알려진 리더이(李德毅) 소장과 악수하는 장면이 미국의 국방 담당자들에게서 주목을 받았다. 중국은 다가오는 미국과의 군사충돌 시 미국의 강력한 군사력에 대항하는 중국의 비대칭 전략의 일환으로 자신들이 보유한 육·해·공군의 주요 무기체계에 인공지능을 결합하는 작업을 진행하고 있다. 그로부터 2년 전 시진핑 주석은 중앙군사위원회에서의 연설을 통해 인민해방군이 빅데이터와 클라우드 컴퓨팅, 인공지능 등을 적극적으로 활용할 것을 주문한 바 있다. 예를 들어, 공중에서의 우위를 장악하기 위해서는 자신들이 개발한 J-20 최신예 스텔스 전투기에 인공지능을 활용해야 한다는 것이다. 아울러 중국은 무인항공전투기나 수중무인전투기의 활동에 인공지능이 중요한 역할을 할 것으로 기대한다. 더불어 중국이 보유한 대량의 미사일 무기에서도 심화된 인공지능과 자동화 기능의 활용이 강조된다. 또한 인공지능은 중국이 강조하는 사이버 전쟁에서도 중요한 역할을 할 것으로 기대된다.

한편 중국은 극비리에 인공지능을 활용한 각종 신형 무기체계를 개발하고 있는 것으로 추정된다. 최근 중국은 무인탱크를 시연하고 벌떼 형태의 드론을 과시하기도 했다. 이와 관련하여 중국군 전문가의 한 보고서에 따르면, 중국의 인공지능은 '지능적 작전(intelligent operations)' 개념에 의거하여 정보의 중요성, 유비쿼터스한 앱클라우드, 멀티 도메인의 통합, 인간 두뇌와 기계의 융합, 지능의 자율성, 무인화된 전투에 초점을 맞추어 개발되고 있다.

이를 활용하여 기존의 전통적인 육·해·공에서의 우세보다는 우주와 사이버 공간에서의 군사적 우위를 추구한다는 것이다. 이는 곧 사이버 공격을 통해 적의 통신과 네트워크를 장악하여 적이 가진 스텔스 기능의 최첨단 전투기나 전투함, 잠수함, 미사일 등의 무기체계를 무력화시키기 위한 것이다. 또한 적이 진짜와 가짜 정보를 구분하는 것을 불가능하게 함과 동시에 아군에는 전장에서 적에 대한 정확한 정보를 제공함으로써 적의 혼란과 사기 저하를 촉진하는 심리전의 중요한 축을 담당하기도 한다. 빅데이터와 강력한 컴퓨터 알고리즘을 이용한 정보 분석과 전투 계획은 병사와 무인무기체계가 신속하고 정확한 공격을 할 수 있도록 만들 것이고 이 과정에서 인간과 기계의 결합은 기존에 인간 병사가 가지는 피로, 기억상실, 감정 등의 약점을 보완해줄 것으로 예상된다. 이는 지휘 통제에서도 많은 정보와 혼란스러운 상황에 대한 신속하고 정확한 분석과 결정을 가능하게 함으로써 인공지능이 전투에서 숙련된 병사와 지휘관의 역할을 해줄 것으로 기대된다(Gertz 2018).

이러한 중국의 움직임에 대해 최근 미국의 군사 문제 분석기관인 '제인스(Jane's)'의 보고서에서는 중국이 인공지능을 활용하여 전통적인 군사력과 함께 적의 정부와 군에 대한 교란작전과 정보전을 결합한 제5세대 전쟁 계획을 수립하고 있으며 이 분야에서 미국을 앞설 것이라고 경고했다(Nurkin 2018). 또 다른 보고서에서는 중국의 인공지능

무기화가 군사혁명의 전개에 새로운 변수로 등장하고 있으며 미국에 중요한 전략적 도전을 한다고 경고했다(Kania 2017). 매티스(Mattis) 국방장관은 청문회에서 미군이 중국의 이러한 도전에 대응하기 위해 자율무기와 인공지능에 투자하고 있으며 전투준비태세의 강화를 최우선 과제로 하고 있다고 증언했다(Mattis 2018).

2. 일본

일본은 일찌감치 로봇과 인공지능 기술에 국가적·사회적 관심을 기울여왔다. 그러나 일본의 경우 이러한 기술에 관한 관심은 군사적 목적보다는 산업이나 고령사회의 인력난 해소, 로봇에 대한 문화적 관심에 기인한 것으로 분석된다. 미국의 인공지능에 관한 연구나 지원이 주로 군사 분야와 이와 관련된 산업에 의해 이루어진 것에 비해 일본은 민간 분야나 대학의 연구소를 중심으로 이루어진 특징을 지닌다. 동시에 일본은 군사적 목적의 로봇보다는 사회적·산업적 용도의 로봇 개발에 많은 관심을 가지고 있다(Quora 2015).

　일본은 세계에서 두 번째로 국가적 차원의 인공지능 개발 전략을 수립한 선구적인 나라이다. 2016년 4월 미래를 위한 관민 대화에서 아베(安倍) 총리는 인공지능 기술을 위한 전략위원회를 창설하고 인공지능의 산업화 로드맵과 연구개발 목표를 수립할 것을 지시했다. 총 11명으로 구성된 이 위원회에는 도쿄대 총장, 도요타 자동차 회장, 과학진흥을 위한 일본 협회장 등 학계, 산업계, 정부를 대표하는 지도자들이 포함되었다. 1년 후인 2017년 3월에 이 위원회는『인공지능 기술전략』을 발간하고 산업화를 위한 3단계 발전 로드맵을 제시했다.

인공지능을 서비스로 조명하는 3단계 전략은 첫 번째로 분야별로 데이터를 활용하거나 적용하는 인공지능을 개발하는 것, 두 번째로 다양한 영역의 인공지능을 공공 부문에서 활용하는 것, 세 번째로 복수 영역을 연결하는 인공지능 에코시스템을 개발하는 것으로 설정되었다. 그리고 이를 생산, 보건, 이동의 세 가지 우선순위 부문에 적용하도록 했다. 또한 이를 실현하기 위해 연구개발, 탤런트, 공공 데이터, 스타트업 부문에 새로운 투자를 촉진할 것을 제시했다(Dutton 2018).

3. 한국

한국은 이미 군에 자율무기체계를 가장 적극적으로 개발·도입하고 있는 국가 중의 하나로 알려져 있다. 2007년에 삼성에서 개발한 SGR-A1이 언론에 소개되면서 거의 세계 최초로 자동화 무기를 상용화하여 실전에 배치한 사례로 보고되었다. SGR-A1은 비무장지대로 침투하는 북한의 병력을 감시·차단하는 장비로, 카메라가 레이더를 통한 적외선과 열 감지센서 및 동작식별장치 등을 사용하여 기상 여건과 상관없이 한밤중이나 악천후의 경우에도 후방으로 침투하는 북한군을 자동으로 식별하여 이를 경고하는 방송이나 영상을 송출할 수 있다. 또한 필요시 이를 저지하기 위한 5.56밀리 기관총과 40밀리 유탄발사기가 장착된 무기체계로, 병사가 직접 운용할 필요 없이 원격조종을 통해 운영되며 대당 20만 달러를 호가하는 것으로 알려졌다. 2010년부터 실전 배치되어 160마일 비무장지대에 광범위하게 사용되고 있는 것으로 보도되었다(Hornyak 2010).

한편 지난 2018년 2월 20일에 카이스트와 한화시스템이 공동으로 '국방인공지능융합연구센터'를 설립하자 전 세계 인공지능 분야의

학자 50여 명이 카이스트와의 학술 협력을 거부하겠다는 성명을 발표
하는 등 인공지능을 활용한 반인륜적 군사무기화에 대한 논란이 일어
났다. 카이스트는 연구센터의 설립 목적을 방위산업 물류시스템, 무인
항법, 지능형 항공훈련시스템 등에 대한 알고리즘 개발이라고 밝혔다.
이에 대해 토비 월시(Toby Walsh) 호주 뉴사우스웨일스대 교수 등 30
개 국가의 인공지능 및 로봇공학 연구자 50여 명은 "카이스트처럼 명
망이 있는 기관이 인공지능 무기 개발을 통해 군비경쟁을 가속화하는
것처럼 보이는 것은 유감스럽다. 우리는 카이스트 총장이 연구센터에
서 '의미 있는 인간의 통제가 없는' 자율무기 개발을 하지 않겠다는 확
약을 하기 전까지는 공식적으로 카이스트의 어떤 부분과도 협력을 보
이콧하겠다."는 내용의 공개편지를 발표했다. 학자들은 보이콧의 구
체적 예로 카이스트를 방문하지 않고 카이스트에서 방문자를 받지도
않으며 카이스트와 관련된 연구에 참여하지 않겠다고 밝혔다(이근영·
이정훈 2018).

카이스트는 곧바로 "국방인공지능융합연구센터는 대량살상무기,
공격무기 등 인간 윤리에 위배되는 연구와 통제력이 결여된 자율무기
를 포함한 인간 존엄성에 어긋나는 연구 활동을 수행하지 않을 것"이
라는 내용의 성명을 발표하고 항의 서명한 학자들에게 신성철 카이스
트 총장 명의의 서신을 보냈다. 일부 교수는 의혹을 해명해주어서 고
맙다는 회신을 보내왔지만 서명을 주도한 토비 월시 교수는 답신 이메
일에서 "서명을 받은 사람들과 (보이콧 철회 등) 어떻게 대응할지 논의
하겠다."고 밝힌 것으로 알려졌다. 두원수 카이스트 홍보실장은 "한화
시스템은 토털 IT 솔루션 소프트웨어 업체로, 연구센터의 주요 목적은
공군 조종사들이 모의훈련을 할 때 사용할 인공지능 기반 프로그램을
개발하는 것이다. 우리나라의 무기 개발 시스템에서는 대학이 무기 개

발 과정에 참여할 수 없다."라고 말했다. 그럼에도 불구하고 카이스트와 한화시스템의 이번 사례는 한국이 인공지능과 자율살상무기 분야에 안보를 앞세워 가장 공격적으로 투자와 연구를 지원하고 있다는 국제적 인식을 심어주었다. 이는 과거 대인지뢰금지협약에 한국과 미국을 제외한 대부분의 모든 국가가 참여한 사례에서 보듯이 한국이 첨단무기와 이로 인한 윤리적 문제에 상대적으로 소극적이라는 국제적 인식을 형성하는 데 일조할 것으로 보인다.

VI. 결론

4차 산업혁명의 상징으로 여겨지는 인공지능을 포함한 신기술은 군사 분야에도 심오한 영향을 미친다. 세계의 주요 국가는 21세기 산업과 경제 경쟁력의 핵심으로 이 신기술을 활용할 뿐 아니라 군사력과 안보 전략의 게임 체인저로 활용하고자 연구와 개발에 심혈을 기울이고 있다. 특히 인공지능을 활용한 자율무기체계는 전투와 전장에서 적에 대한 우위를 확보할 뿐 아니라 평소 군의 운용에서도 인력, 군수, 훈련, 운영, 유지, 보수의 모든 측면에서 혁명적 변화와 이점을 가져다줄 것으로 기대된다.

그러나 한편에서는 자율무기체계의 등장으로 인해 전쟁의 가장 근본적인 행위인 인명 살상과 관련된 근본적인 윤리 문제가 제기된다. 자율살상기능을 갖춘 기계가 주도하는 전쟁에서 전쟁윤리의 기본 원칙으로 이해되는 전투원과 민간인의 구분, 적절한 인명 살상의 범위와 기준에 대한 비례성의 원칙이 과연 지켜질 수 있는가, 나아가 기계가 인간을 살상한다는 개념 자체가 타당한가 하는 윤리·철학적인 문제가 제기되는 것이다.

　아직은 이에 대한 국제적인 합의나 논의가 본격적으로 진행되지 않은 상태에서 일부 민간단체와 개인을 중심으로 자율무기와 전쟁에 인공지능을 활용하는 것을 금지하자는 운동이 벌어지고 있다. 그러나 이와 관련한 국제사회의 다자적 논의나 협의는 아직 일천하다. 동북아의 경우 중국, 일본, 한국을 중심으로 인공지능과 자율무기에 대한 국가적 지원이나 연구가 활발히 진행되고 있으나 그 부작용이나 윤리적·법적 문제에 대한 토의나 성찰은 상대적으로 미진하다. 21세기 미래 전쟁을 이끌어갈 신기술의 개발과 아울러 이에 대한 최소한의 법적·윤리적 토대를 만들려는 노력이 동북아의 번영과 평화를 위해 선행되어야 할 것이다.

참고문헌

김강녕(2017), "미래 전쟁양상의 변화와 한국의 대응", 『한국과 국제사회』, 1, pp.115-152.

김정은(2018), "[4차 산업혁명, 세계는 지금] 구글, AI 군사 프로젝트 '메이븐' 중단", 『스트레이트 뉴스』, 2018. 6. 5. http://www.straightnews.co.kr/news/articleView. html?idxno=33127

박준혁(2017), "미국의 제3차 상쇄전략: 추진동향, 한반도 영향전망과 적용방안", 『국가전략』, 23(2), pp.35-65.

박휘락(2015), "미국의 제3차 상쇄전략(The Third Offset Strategy)과 한국 안보에 대한 함의", 『한국군사학논총』, 7, pp.3-27.

설인효·박원곤(2017), "미 신행정부 국방전략 전망과 한미동맹에 대한 함의: 제3차 상쇄전략의 수용 및 변용 가능성을 중심으로", 『국방정책연구』, 115, pp.9-36, pp.15-17.

이근영·이정훈(2018), "카이스트 보이콧 선언한 세계 학자들, AI무기 개발 비판", 『한겨레』, 2018. 4. 5. http://www.hani.co.kr/arti/science/science_general/839279.html#csidx 44b42a27bb7674489781c58485d6667

정춘일(2017), "4차 산업혁명과 군사혁신 4.0", 『전략연구』, 24(2), pp.183-211.

정희완(2018), "육군 '드론봇 전투단' 공식 창설…80여 명 규모", 『경향신문』 2018. 9. 28. http://news.khan.co.kr/kh_news/khan_art_view.html?art_id=201809281000001#cs idx2ddb16a8a3a009f94ba114ed9bb8c5d

조현석(2018), "인공지능, 자율무기체계와 미래 전쟁의 변환", 『21세기정치학회보』, 8(1), pp.115-139.

편집부(2017), "2017 첨단국방산업전 개최", 『국방과 기술』, 461, pp.36-41.

피터 싱어(2011), 『하이테크 전쟁: 로봇 혁명과 21세기 전투』, 지안.

TechWorld Staff(2017), "'AI무기는 안 된다' 外…인공지능의 위험성에 대한 경고 11선", 『CIO』, 2017. 8. 24. http://www.ciokorea.com/news/35314#csidx0aaca119c2d12c0 a6132e8ee1b9268b

Acheson, Ray(2015), "The Unbearable Meaninglessness of Autonomous Violence, Campaign to Stop Killer Robots", *CCW Report*, April 16.

Alba, Davey(2018), "Google Backs Away From Controversial Military Drone Project", *Buzzfeed News*, June 1. https://www.buzzfeednews.com/article/daveyalba/ google-says-it-will-not-follow-through-on-pentagon-drone-ai

Anderson and Waxman(2012), "Law and Ethics for Robot Soldiers".

Anthony and Holland(2014), *The Governance of Autonomous Weapons*.

Boulanin, Vincent(2016), *Mapping the Development of Autonomy in Weapon Systems: A Primer on Autonomy*, SIPRI(Stokholm International Peace Research).

Campaign To Stop Killer Robots(2018), "Country Views on Killer Robots", April 13. https://www.stopkillerrobots.org/wp-content/uploads/2018/04/KRC_CountryViews_13Apr2018.pdf

_____(2018), "Five years of campaigning, CCW continues", March 18. https://www.stopkillerrobots.org/2018/03/fiveyears/

_____(2018), "UN seeks to retain human control over force", August 6. https://www.stopkillerrobots.org/2018/08/unsg/

Dominguez, Gabriel(2018), "China Seeking to Surpass U.S. in Military Technologies, Says Canadian Report", *Jane's Defence Weekly,* June 6, p.6.

_____(2018), "China Threatening U.S. DOD's Technical, Industrial Base, Say Pentagon Officials", *Jane's Defence Weekly,* June 27, p.8.

Dubois, Chantelle(2017), "Elon Musk and the Future of Life Institute Pursue Warnings About Lethal AI Technology", *All About Circuits,* August 25. https://www.allaboutcircuits.com/news/elon-musk-future-of-life-institute-pursue-warnings-lethal-ai-technology/

Dutton, Tim(2018), "An Overview of National AI Strategies", *Medium.Com,* July 13. https://medium.com/politics-ai/an-overview-of-national-ai-strategies-2a70ec6edfd

Eaglen, Mackenzie(2016), "What is the Third Offset Strategy?", *American Enterprise Institute,* February.

Future of Life, "An Open Letter to The United Nations Convention on Certain Conventional Weapon". https://futureoflife.org/autonomous-weapons-open-letter-2017/?cn-reloaded=1

Gertz, Bill(2018), "China in race to overtake the US in AI warfare", *Asia Times,* May 30.http://www.atimes.com/article/china-in-race-to-overtake-the-us-in-ai-warfare/

Heyns(2015), *Report of the Special Rapporteur.*

Hornyak, Tim(2010),"Korean Machine Gun Robots Start DMZ Duty", C/NET.com, July 14. https://www.cnet.com/news/korean-machine-gun-robots-start-dmz-duty/

HRW & IHRC(2014a), "Advancing the Debate on Killer Robots".

_____(2014b), *Shaking the Foundations.*

_____(2012), *Losing Humanity.*

Kania, Elsa B.(2017), "Battlefield Singularity, Artificial Intelligence, Military Revolution, and China's Future Military Power", *Center for New American Security,* November 28. https://www.cnas.org/publications/reports/battlefield-singularity-artificial-intelligence-military-revolution-and-chinas-future-military-power

Lange, Katie(2016), "3rd Offset Strategy 101: What It Is, What the Tech Focuses Are", *DoDLive,* March 30.http://www.dodlive.mil/2016/03/30/3rd-offset-strategy-101-what-it-is-what-the-tech-focuses-are/

Marra and McNeil(2012), "Understanding 'The Loop'".

Mattis, Jim(2018), "House Armed Services Committee, Written Statement for the Record",

Tuesday, February 6.https://docs.house.gov/meetings/AS/AS00/20180206/106833/ HHRG-115-AS00-Wstate-MattisJ-20180206.pdf

Michael, Arthur Holland and Dan Gettinger(2016), "The Drone Revolution Revisited: An Assessment of Military Unmanned Systems in 2016", The Center of the Study of the Drone at Bard College.

Nott, George(2017), "Can autonomous killer robots be stopped? Advances in AI could make lethal weapon technology devastatingly effective", *Computer World,* August 25. https://www.computerworld.com.au/article/626460/can-autonomous-killer-robots-stopped/

Nurkin, Tate(2018), "China and US compete for AI dominance", *IHS Markit,* April 4. https://ihsmarkit.com/research-analysis/China-US-compete-for-AI-dominance. html

Pellerin, Cheryl(2016), "Deputy Secretary: Third Offset Strategy Bolsters America's Military Deterrence", *US DoD News,* October 31. https://www.defense.gov/News/ Article/Article/991434/deputy-secretary-third-offset-strategy-bolsters-americas-military-deterrence

Rawlinson, Kevin(2015), "Microsoft's Bill Gates insists AI is a threat", *BBC News,* January 29. https://www.bbc.co.uk/news/31047780

Scharre, Paul(2018), "A Million Mistakes a Second", *Foreign Policy,* September 12. https://foreignpolicy.com/2018/09/12/a-million-mistakes-a-second-future-of-war/?utm_source=PostUp&utm_medium=email&utm_campaign=Editors%20 Picks%20%209/12/2018%20-%20Boston%20Universi-ty&utm_keyword=Editor's%20Picks%20OC

Schwab, Klaus(2016), "The Fourth Industrial Revolution: what it means, how to respond", *World Economic Forum,* January 14.https://www.weforum.org/ agenda/2016/01/the-fourth-industrial-revolution-what-it-means-and-how-to-respond/

Sharkey(2012), "Killing Made Easy", *Robot Ethics.*

The United Nations(2018), "Office for Disarmament Affairs(UNODA), Securing Our Common Future: An Agenda for Disarm", New York. https://front.un-arm.org/ documents/SG+disarmament+agenda_1.pdf

Thurnher(2013), *The Law That Applies to Autonomous Weapon System.*

UNOG, *Advance Copy of the Report of the 2015 Informal Meeting of Experts on Laws.*

Wallach, Wendell(2013), "Terminating the Terminator: What to do About Autonomous Weapons".

Wong, Kristina(2015), "Pentagon chief: Russia, China trying to close the technology gap", *The Hill,* September 9.http://thehill.com/policy/defense/253153-pentagon-chief-russia-china-trying-to-close-the-technology-gap

"Artificial Intelligence: How is AI research in Japan different from AI research in the

U.S.?," Quora, March 9, 2015. https://www.quora.com/Artificial-Intelligence-How-is-AI-research-in-Japan-different-from-AI-research-in-the-U-S

"Elon Musk leads 116 experts calling for outright ban of killer robots", The Guardian, August 20, 2017.https://www.theguardian.com/technology/2017/aug/20/elon-musk-killer-robots-experts-outright-ban-lethal-autonomous-weapons-war

"Google should not be in business of war, say employees", BBC, April 5, 2018. https://www.bbc.com/news/business-43656378

"Special Report: The Future of War", The Economist, January 27, 2018, pp.3-16.

"The Race for AI", Defense One, March, 2018, p.14.

제3장

동북아 원자력 발전 안전 거버넌스

배영자(건국대학교)

원자력 발전의
일상적 운영 과정에서 발생하는 안전사고와 더불어 원자력 발전이 사이버 테러나 지진 해일과 같은 대형 자연재해와 연계될 때 지정학적·거시적 안보 이슈로 발전할 가능성이 높다. 이 장에서는 먼저 원자력 발전의 안전이 대표적인 신흥안보 이슈임을 확인한다. 특히 한국, 중국, 일본이 위치한 동아시아 지역은 지리적으로 인접한 지역 내에 원자력 발전이 밀집되어 있고 지속적으로 증가하고 있다. 이러한 점에서 원자력 발전의 안전은 단순히 개별 국가의 국내적 문제가 아니라 지역적 차원에서 관리되어야 하는 문제이며 원자력 발전 안전 거버넌스의 재정비가 필요하다. 이 장에서는 먼저 한국, 중국, 일본 국내 차원의 원자력 발전 안전 현황을 살펴보고 현재 원자력 발전 안전 거버넌스의 구심점이 되고 있는 국제원자력기구(IAEA) 및 아시아 지역 내의 다양한 원자력 발전 안전에 관한 협력과 문제점을 살펴본다.

원자력 발전 안전 거버넌스는 국경에 구애받지 않고 확산되며 공격과 방어 능력이 비대칭인 원자력과 방사능의 기술적 특성을 고려하는 데서 출발해야 한다. 여기에 자연재해나 사이버 공격과 같은 인간의 행위와 결합될 가능성을 강조하는 신흥안보적 복합지정학의 관점을 결합하여, 현재 원전의 운영과 관리가 국가 주도로 이루어지는 가운데 지역기구나 국제기구가 관여하고 있다는 점을 인식하면서 원자력 발전 안전 거버넌스를 마련해야 한다. 원자력 발전 안전에 대한 개별 국가의 주권과 의무를 인정하지만 기술과 자연, 사회의 결합으로 발생하는 매우 위험하고 긴급한 초국경적 문제에 대해 구속력을 가진 국제기구나 지역기구가 공동대응하고 예방할 수 있는 새로운 방식의 거버넌스로의 진화를 모색하고 실험해야 한다.

I. 문제제기

원자력은 핵무기와 연결되면서 가장 중요한 전통안보 이슈로 인식되어 왔다. 원자력의 평화적 이용에서 출발한 원자력 발전의 확산으로 원자력 발전 안전이 최근 안보적 관점에서 논의되기 시작하고 있다. 특히 체르노빌과 후쿠시마 원자력 발전소에서 발생한 대형 원자력 발전 사고는 원자력 발전의 안정적 운영이 해당 국가의 국내 안전 문제에 그치지 않고 주변국 국민의 안전을 침해하면서 국가 간의 긴장과 갈등을 고조시킬 수 있는 안보 이슈로 전개될 잠재력이 매우 높아지고 있음을 보여주었다. 이에 따라 원자력 발전 안전을 신흥안보의 관점에서 인식하고 분석하려는 시도가 등장하고 있다.

이 장에서는 신흥안보의 관점에서 동북아 원자력 발전 안전 문제를 검토해보고자 한다. 먼저 원자력 발전의 신흥안보적 특성을 살펴보면서 원자력 발전 안전 거버넌스를 재정비할 필요성을 확인한다. 이후 한국, 중국, 일본의 원자력 발전 안전 현황을 알아본다. 나아가 현재 원자력 발전 안전 거버넌스의 구심점이 되고 있는 국제원자력기구(IAEA) 및 아시아 지역 내의 다양한 원자력 발전 안전에 관한 협력과 문제점을 살펴보고 동북아 원자력 발전 안전 강화를 위한 방안을 생각해본다.

II. 신흥안보와 원자력 발전 안전 거버넌스

신흥안보란 미시적 차원의 개별안전(individual safety)의 문제가 특정한 순간에 집합안전(collective safety) 또는 집합안보(collective security)의 문제가 되고 더 나아가 질적 연계성이 커지면서 거시적 차원의 일반안보(general security) 문제가 되는 현상이다(김상배 2016). 미시적 안전이 거시적 안보로 발전하는 조건으로 이슈 영역 내의 안전사고가 양적으로 증가하여 일정한 수준을 넘는 경우(양질전화 임계점), 신흥안보 이슈들 간의 질적 연계성이 높아지는 경우(이슈 연계 임계점), 신흥안보의 위험이 국가 간 분쟁의 대상이 되는 경우(지정학적 임계점) 등이 언급된다.

원자력 발전이 일상적 운영 과정에서 발생하는 안전사고를 넘어 사이버 테러나 지진해일(쓰나미)과 같은 대형 자연재해와 연계될 때 거시적 안보 이슈로 발전하게 된다(배영자 2016). 2015년의 한국수력원자력에 대한 사이버 공격이나 2011년의 일본 후쿠시마 원전 사고가 대표적인 사례이다. 나아가 원자력 발전은 때로 국가 간의 갈등을 유발하기도 한다. 대만 핵폐기물의 북한 수출을 둘러싸고 한국과 대만의 외교관계가 냉각된 경우가 있었다(Bae 2005). 1997년에 대만의 에너지회사인 타이파워는 방사성 폐기물 20만 배럴을 황해북도 평산에 있는 석탄폐광으로 옮겨 처리하는 계약을 체결했다. 이어서 북한과 대만이 협력해서 폐광 갱도 내에 핵폐기물 저장소 건설을 추진한다고 발표했다. IAEA와 한국 정부 및 시민단체는 핵폐기물 이동의 위험, 북한의 핵폐기물 관리에 대한 신뢰 부족 등을 이유로 다양한 외교적 수단을 동원하여 이에 반대했고 결국 대만이 핵폐기물의 수출을 포기하면서 일단락되었다. 다른 한편으로 현재 중국의 활발한 원전 건설은 주변 국가에 잠재적 위협으로 부상하고 있다. 2018년 현재 중국에서는 모두 46기의 원전이 가동 중이고 11기를 새로 짓고 있다(IAEA PRIS). 중국에서 가동 및 건설되는 몇몇 원전의 위치와 한반도로 부는 바람의 방향을 고려할 때 원전사고로 누출된 방사능은 편서풍에 의해 한반도에 직접적으로 영향을 줄 수 있다. 그곳으로부터 한반도까지 날아오는 바람은 빠르면 반나절, 길어야 3일 이내에 도착한다. 한국이 중국의 동북부 원전의 운영과 건설에 민감할 수밖에 없는 상황인 것이다.

원자력 이슈의 관련 영역과 행위자는 복합적이다(배영자 2012). 원자력 발전은 전통적인 군사안보는 물론 에너지와 환경 이슈가 연계된 복합성을 지니고 있다. 원자력은 군사무기로 출발하여 평화적 이용의 기치 아래 원자력 발전으로 이어졌고 최근 온실가스 감축 논의를 통해 친환경적 관점에서 접근되기도 한다. 원자력 무기와 발전은 국가 주도로 관리되지만 국제기구와 시민단체 등 다양한 행위자가 복합적으로 관련되어 있다. 신흥안보의 개념 역시 안보의 전통적인 행위자인 국가를 넘어 관련 행위자에 테러집단, 시민단체 등의 비국가 행위자는 물론 기술과 같은 비인간 행위자까지 포함한다. 아울러 군사, 경제, 환경 등 다양한 영역을 아우른다는 점에서 기존의 복합안보 개념의 맥을 잇는 것으로 볼 수 있다(민병원 2012).

　원자력 발전 안전 이슈는 기술, 자연, 인간의 행위, 사회제도 등
이 결합되어 발생하는데, 이러한 특성은 행위자 네트워크 이론(Actor
Network Theory, ANT)으로 잘 설명된다(Callon 2986; Latour 2005; 브
루노 라투르 2010). ANT에 따르면, 사회는 인간-비인간의 복합체(col-
lective)이며 인간 행위자와 기술, 자연, 바이러스 등과 같은 비인간 행
위자들로 이루어진 네트워크 안에서 양자의 상호 구성에 의해 형성되
고 변화한다. 행위자 네트워크는 소위 '번역'의 4단계인 문제제기, 이해
관계 부여, 등록하기, 동원하기의 과정을 거치면서 다양한 인간 및 비
인간 행위자들을 동맹으로 끌어들이고 확장해나간다. 원자력 발전에
의해 야기되는 위협은 ANT에서 제시하듯이 방사능과 자연 등 비인간
행위자와 인간 및 사회제도의 결합(collective)에 의해 발생하는데, 그
결합은 기본적으로 네트워크 형태를 띤다. 인간과 비인간 행위자의 결
합체가 소위 성공적인 번역 과정을 통해 동맹을 확장하고 세력을 모으
면서(지진해일과 같은 자연재해나 관리체계의 문제점, 인간의 실수) 방사
능이 유출되고 확산되며 실제적인 위협이 되고 안보 의제로 부상한다.

　원자력 발전의 안전 문제는 원자력 기술의 발전으로 인해 야기된
다. 기존에도 존재했지만 많은 국가들이 원자력 발전을 점점 더 활용
하면서 위협의 정도와 범위가 증대되어왔다. 아울러 신흥안보의 관점
에서 강조하듯이 원자력 발전은 특성상 해안가나 암벽지질대에 위치
하는데 기후변화 등으로 인해 더욱 잦아진 해일, 폭풍, 지진 등의 자연
재해 혹은 정치적 목적의 고의적인 테러와 결합되면서 위협이 더욱 증
대되고 있다. 원자력 발전의 위협에는 방사능이라는 비인간 행위자의
역할이 두드러진다. 위협은 방사능의 급속한 물리적 확산이라는 형태
로 진행되는 것을 주요 특징으로 하고 사회적으로 구성된 국경의 범위
를 쉽게 넘기 때문에 국가 간의 문제로 비화되기도 한다.

전통적인 안보 논의에서 기술과 시스템의 우위는 공격 및 방어 능력의 향상을 위한 중요한 조건이었다. 하지만 새로운 기술적·물리적 환경에서는 공격과 방어 능력의 심각한 비대칭성으로 인해 상대적으로 발전된 기술 및 사회 체계를 가진 국가도 위협에 대해 효과적으로 방어하기가 매우 어렵다는 난점이 있다. 원자력 발전 역시 기술 수준이 높은 국가가 위협에 더 많이 노출되는 특성을 가진다. 원자력 발전 안전에 대응하기 위해 일상적인 안전 관리는 물론 다양한 차원의 새로운 방어 전략의 구축이 요구되고 있다. 원자력 발전의 위협은 일단 발생하면 대형사고가 되기 쉽기 때문에 사전예방과 더불어 유사시에 빠르고 적절하게 대응할 수 있는 체제를 구축하는 것이 필요하다. 원자력 안전사고가 확산되는 것을 조기에 발견하기는 쉽지 않고 자연재해나 사이버 공격과 원자력 발전이 연계될 때 예측되는 피해를 미리 관리하는 것도 어렵다. 원자력 발전이 안보 이슈로 발전할 잠재력이 상대적으로 매우 높은 상황에서 보다 다층적으로 예방하고 관리할 수 있는 체제 구축에 대한 논의가 활성화되어야 한다.

현재 원자력 발전의 안전한 관리는 주로 국가와 국제기구에 의해 주도되고 있다. 원전의 안전 관리는 원칙적으로 개별 국가가 수행하되 국제원자력기구(IAEA)가 감독해왔다. IAEA의 원자력안전협약(Convention on Nuclear Safety, CNS)과 사용후 핵연료 및 방사성 폐기물 관리의 안전에 관한 공동협약(Joint Convention on the Safety of Spent Fuel Management and on the Safety of Radioactive Waste Management)은 원자력 안전 거버넌스의 구심점이었다. 그러나 체르노빌에 이어 후쿠시마 원전 사고에 이르기까지 원자력 안전 거버넌스의 한계가 노정되면서 이에 대한 많은 비판이 제기되었고 원자력 발전의 안전을 증진시키기 위한 노력의 필요성이 제기되었다. 특히 원전 안전이 국가 간의 안보 문제로 연결될 수 있다는 신흥안보의 관점에서 원전 안전을 담보할 수 있는 방안에 대해 보다 활발한 논의가 요구되고 있다.

원자력 발전 안전 거버넌스는 국경에 구애받지 않고 확산되며 공격과 방어 능력의 비대칭이라는 원자력과 방사능의 기술적 특성을 고려하는 한편, 자연재해나 사이버 공격과 같은 인간의 행위와 결합될 가능성을 염두에 두고, 현재 원전의 운영과 관리가 국가 주도로 이루어지는 가운데 지역기구나 국제기구가 관여하고 있다는 점을 인식하면서 마련되어야 한다.

이 장에서는 현재와 같이 원전 안전의 중요한 축이 개별 국가와 IAEA로 형성되어 있는 상황에서 개별 국가 차원의 원전 안전 거버넌스와 글로벌 및 지역 차원의 원전 안전 거버넌스를 중심으로 동북아 원전 안전 거버넌스의 현황과 문제점을 살펴본다. 또한 동북아 원전 안전 거버넌스가 어떻게 진화해나가야 할지에 대해 생각해보고자 한다.

III. 한·중·일 원자력 발전 안전 거버넌스

1. 원자력 발전의 현황

2018년 현재 세계 30개국이 원자력 발전을 위해 454기의 원자로를 가동하고 있다(IAEA PRIS). 전체 발전 용량을 기준으로 미국은 전 세계 원자력 발전의 30%를 차지하는 원자력 대국이며, 프랑스, 일본, 러시아, 한국이 전 세계 원자력 발전의 4분의 3을 차지하고 있다. 프랑스, 러시아, 한국, 캐나다, 중국 등 많은 국가들은 후쿠시마 원전 사고 이후에도 현실적으로 원전을 대체할 만한 적절한 에너지 공급원이 마땅

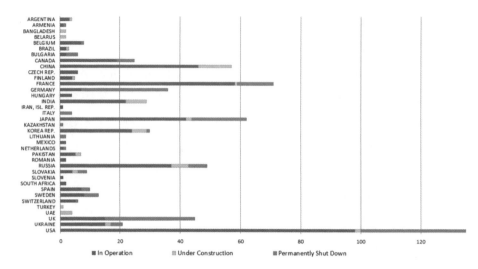

출처: IAEA 홈페이지 https://pris.iaea.org/PRIS/CountryStatistics/CountryStatisticsLandingPage.aspx

그림 3-1. 국가별 원자력 발전의 가동·건설·폐지 현황

치 않다고 주장하면서 원전의 유지 및 확대를 고수하고 있다. 아울러 터키, 아랍에미리트, 방글라데시, 벨라루스 등은 원전을 신규 건설하면서 원자력 발전의 가동을 준비하고 있다. 이 외에 이집트, 베트남, 인도네시아 등도 신규 진입을 계획하고 있다.

독일, 이탈리아 등 일부 유럽 국가들과 미국에서 원전 건설이 중지 및 소강상태인 반면, 현재 건설 중인 54기 원자로 가운데 중국이 11기, 인도가 7기, 러시아가 6기, 한국이 5기, 일본이 2기로 아시아 지역에 집중되어 있다. 특히 중국, 한국, 일본 등 동북아 지역에서 원자력 발전이 적극적으로 활용되고 있는 상황이다.

한국, 중국, 일본 등 동북아 지역에서 현재 가동 중인 원자로는 총 112기, 건설 중인 원자로는 18기로, 가동과 건설 모두 활발하게 이루어지고 있다. 후쿠시마 원전 사고 이후 일본은 원전 가동을 중단했다

가 다시 가동하기 시작했고 향후 증대될 것으로 예측된다. 한국의 원
자력 발전은 후쿠시마 원전 사고 이후 잠시 주춤하다가 최근 탈핵 논
의가 진행 중이지만 대규모 감축이나 중단에 현실적 어려움을 겪고 있
다. 중국은 급증하는 에너지 수요를 감당하고 석탄과 석유와 같은 화
석에너지 의존도를 줄이기 위해 원자력 발전을 매우 빠르게 증가시키
고 있다. 한·중·일 등 동북아 지역에서 세계 다른 어느 지역보다 가동
과 건설 원자로의 비중이 높고 향후 지속적으로 증가할 것이라고 예측
되는 상황에서 한·중·일 각 국가들이 안전관리체제를 어떻게 구축해
왔는지를 점검해볼 필요가 있다.

표 3-1. 한·중·일 원전 현황(IAEA PRIS)

	원자로 가동	원자로 건설	원자로 폐쇄	원전 총량(GW)	원전 비중(%)
한국	24	5	1	141K	27.12
중국	46	11	0	247K	3.94
일본	42	2	18	29K	3.61

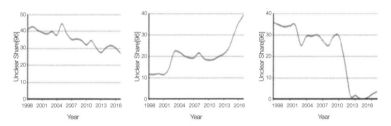

그림 3-2. 한·중·일 원자력 발전의 비중 추이(IAEA PRIS)

2. 한·중·일 원자력 발전 안전 및 규제 기관의 위상

원자력 안전 규제는 구체적으로 정부가 원자력 이용에 따른 방사능 재

해로부터 국민과 환경을 보호하기 위해 원자력산업에 개입하고 이를 실현하기 위해 취하는 제반 법적·제도적·행정적 조치를 의미하는 것으로 이해된다(김길수 2015). 국가 내부에서 원자력의 위험을 효과적으로 규제하기 위해서는 두 가지 과정이 필요하다. 원자력 시설에 적용할 엄격한 안전 기준을 설정하는 것과 원자력 시설의 운영으로부터 독립된 기관이 원전 운영이 안전 기준에 부합하는가를 평가하는 것이다. 특히 원자력산업을 국가가 주도하는 상황에서 대부분의 경우 원자력산업의 진흥과 안전 규제를 담당하는 조직이 혼재되어 있기 때문에 상호 영향을 주고받으면서 안전 규제를 효과적으로 이행하고 있지 못하다는 점이 체르노빌 원전 사고 이후 부각되었다. 원전의 안전성을 위한 다양한 요소 가운데 국내적 차원에서 특히 원전 안전성 관리기구의 독립성 문제가 강조되어왔다.

실제로 원자력안전협약 제8.2조에서는 "각 체약 당사국은 규제기구의 업무와 원자력 진흥이나 활용과 관련된 다른 기구나 조직의 업무를 효과적으로 분리(an effective separation)하는 데 적합한 조치를 취해야 한다."라고 규정하고 있다. 또한 사용후 핵연료 및 방사성 폐기물 관리의 안전에 관한 공동협약 제20.2조에서는 "각 체약 당사국은 (…) 조직이 폐연료 또는 방사능 폐기물의 관리와 규제에 관여하는 기타 기능에서 규제 업무의 효과적인 독립(the effective independence of the regulatory functions)을 보장하는 데 적합한 조치를 취해야 한다."라고 규정하고 있다.

일본의 경우 원자력 발전 전반을 관장하는 원자력위원회와 별도로 1978년에 원자력안전위원회를 설치했다(안선희 2018; 정명운 2015 등). 내각부에 설치된 원자력위원회는 원자력의 연구, 개발, 이용에 관한 행정 운영을 위해 설치된 심의회로, 원자력 정책을 계획적으로 추진하는 것을 목표로 한다. 원자력안전위원회는 원자력의 안전성과 관련된 규제를 통일적으로 평가하고 규제를 외부에서 체크할 목적으로 원자력위원회와 분리되어 설치되었다. 그러나 많은 연구자가 지적하듯이 원자력안전위원회는 독립적으로 운영되지 못했다고 비난받아왔고 후쿠시마 원전 사고 이후에 본격적인 조직 개편이 이루어졌다. 노다(野田) 내각은 후쿠시마 원전 사고 이후에 기존의 원자력안전위원회를 폐지하고 원자력규제위원회(NRA)를 환경성 외국으로 설치했으며 산하에 원자력규제청을 신설하는 조직 개편을 단행했다(안선희 2018). 원자력규제위원회와 원자력규제청은 보다 독립적으로 원전의 안전 규제를 시행한다는 일본 정부의 의지 표명으로 평가된다(전진호 2014).

한국의 경우 2000년대 들어 IAEA가 원자력의 안전 규제에 대한 기준을 설정하고 원자력산업의 진흥과 안전 규제를 분리하도록 권고하면서 원자력안전규제체제에 대한 논의가 진행되었다. 후쿠시마 원전 사고 이후에 기존의 원자력법은 원자력의 이용에 관한 사항을 규정하는 원자력진흥법과 원자력의 안전 규제에 관한 원자력안전법으로 나누어졌고, 원자력안전위원회(NSSC)의 구성을 다루는 「원자력안전위원회의 설치 및 운영에 관한 법률」이 신설되었다. 비상설 자문위원회였던 기존의 원자력안전위원회는 2011년 10월에 대통령 소속 상설 행정위원회(장관급)로 발족되었다가 2013년에 국무총리 산하로 재편되었다. 원자력안전위원회가 독립적으로 조직되어 있지만 국무총리 산하에 원자력진흥위원회와 원자력안전위원회가 동시에 설치되면서 진흥과 규제의 상급기관이 동일해졌기 때문에 양 기능의 완전한 분리가 이루어지지 않고 있다고 평가된다(김길수 2015).

중국의 경우 국무원 산하 공업정보화부(MIIT) 산하의 중국원자력기구(China Atomic Energy Authority, CAEA)가 원자력의 평화적 이용에 관한 정책 수립과 국제협력을 주로 담당하고, 환경보호부(MEP) 산하 국가핵안전국(National Nuclear Safety Administration, NNSA)이 원전의 안전 규제를 담당하고 있다. 1984년에 상업용 원전의 안전규제기관으로 설립된 국가핵안전국은 독립된 원자력안전감독권을 가지고 원전의 안전 및 환경보호에 대한 감독을 수행하고 있다. 국가핵안전국의 주요 업무는 원자력 시설과 핵물질의 허가, 방사성동위원소와 방사선발생장치의 허가, 원자력 수출과 관리의 허가, 환경 평가와 모니터링, 인원의 자질 관리, 원자력 긴급 시 대응이다. 중국은 후쿠시마 원전 사고 이후에 단기적인 측면에서 대대적으로 원자력발전소 및 원전설비의 즉각적인 안전 점검을 실시했다. 또한 국가의 원자력 관리 행정체계를 강화하고 관련 법규를 정비하며 원자력 안전에 대한 기술 개발을 진행했다. 후쿠시마 원전 사고 이후에 안전성 강화 측면에서 법률체계를 재검토하여 기존에 방사능오염방지법, 국가핵안전국 규칙으로 다원화되었던 것을 통합·강화하여 원자력안전법(核安全法)을 제정했다. 원자력안전법은 국가핵안전국이 원자력에 관한 산업 및 에너지 부문을 포함한 안전사항을 관리하도록 규정하고 있다.

한국, 일본, 중국은 각각 후쿠시마 원전 사고 이후에 자국의 원자력 안전을 증대시키기 위한 조치로 원자력 안전규제기관의 독립성 강화, 원자력 안전규제기관의 위상 격상, 원자력 안전관련 법제 정비 등을 진행했다. 현재 3국 모두 표면적으로 원자력 진흥기관과 안전규제기관은 분리되어 있다. 그러나 내용을 들여다보면 원자력 안전기구의 독립성을 위한 과제들이 여전히 많이 남아 있다. 일본의 원자력규제위원회는 행정부처의 영향력을 견제하기 위해 위원장과 위원의 임명에 중의원과 참의원의 동의를 구하도록 규정하고 있다. 한국의 원자력안전위원회 위원장과 위원은 대통령이 임명 혹은 위촉하도록 되어 있고,

중국의 국가핵안전국 역시 국무원 내부조직이어서 각각 행정부처나 공산당의 영향으로부터 자유롭다고 보기 어려운 실정이다. 행정부처의 영향력으로부터의 독립과 함께 원자력산업계로부터의 독립을 확보하는 것도 중요한 과제이다. 예를 들어, 미국의 원자력규제위원회(Nuclear Regulatory Commission, NRC)는 정치적 영향력을 가능한 한 배제하기 위해 독립적인 기구로 설치되었고, 위원회의 결정에 정치적 영향력을 배제하기 위한 여러 가지 견제장치를 두었으며, 일단 내려진 결정은 법원의 판결로만 변경할 수 있도록 되어 있다. 그럼에도 원자력산업계의 이익을 대변한다는 소위 규제 포획(regulatory capture) 논의가 끊임없이 제기되고 있는 실정이다(Kaufmann 2011). 실질적인 독립성을 확보하기 위해서는 조직의 구조 및 구성뿐만 아니라 기술 역량 및 인적·재정적 자원이 중요하다. 한·중·일 3국은 원자력 발전의 안전에 더 많은 관심을 가지고 원자력의 안전 규제 기관의 실질적인 독립성을 증대시키는 방향으로 운영해나가야 하며 3국 간 및 IAEA와의 협력을 통해 이를 지원해야 한다.

IV. 글로벌 및 아시아 지역 원자력 안전 거버넌스의 현황과 문제점

1. 글로벌 및 지역 원전 안전 거버넌스의 현황

20세기 초반에 발견된 원자핵과 핵분열의 폭발적 잠재력은 원자폭탄의 제조로 이어졌다. 미국은 1942년에 세계 최초의 흑연감속원자로(CP-1)를 가동시켜 여기서 생산된 플루토늄으로 원자폭탄을 제조했고 1955년까지 원자로 4기를 추가로 건설하여 플루토늄을 생산했다.[1] 1949년에 소련이 독자적으로 원폭 실험에 성공했고, 뒤이어 1952년에 영국도 핵폭발 실험을 했으며, 벨기에, 프랑스, 이탈리아, 스위스, 스웨덴도 국가적 차원에서 원자력 연구를 적극적으로 추진했다. 미국의 핵 우위가 위협받고 핵확산의 위험성이 증대하는 상황에서 미국은 원자력 정책의 변화를 모색할 수밖에 없게 되었다(Clarfield and Wiesek 1984). 이 과정에서 아이젠하워(Eisenhower) 대통령은 유엔에서의 연설을 통해 원자력의 평화적 이용(Atom for Peace)을 강조했다. 또한 국제기구를 설립하여 원자력의 평화적 이용을 지원하고 국가의 원자력 활동을 감독하는 방법을 찾게 되었다. 여러 차례의 협상을 거친 후인 1957년에 유엔 전문기구로 IAEA가 설립되었다(Scheinman 1987; Fischer 1997; Forland 1997).

　IAEA는 원자력의 평화적 이용을 위한 연구개발 실용화의 장려, 필요한 물자 및 서비스의 제공, 과학기술 정보 교환의 촉진, 핵물질이 군사 목적으로 사용되지 않도록 하는 안전조치의 강구 등을 목표로 활동해왔다. IAEA는 원자력의 평화적 이용, 특히 원자력 발전을 관장하는 구심점으로, 153개국을 회원국으로 거느린 원자력 발전 거버넌스의 핵심 기구이다. 세계의 평화, 보건, 번영을 위해 원자력의 기여를 촉진하고, 원자력이 개발도상국가의 에너지원으로 사용될 수 있도록 연구개발과 활용을 지원하며, 원자력이 군사적으로 전용되는 것을 방지하기 위해 감시와 사찰 기능을 수행하고 있다. 회원국들은 IAEA와 안전협정을 체결해야 하며, IAEA는 회원국들의 핵시설에 대한 감시와 사찰을 수행한다. IAEA는 원자력안전협약, 사용후 핵연료와 방사성

1　원자력 에너지의 발전에 대한 간략한 역사는 미국 에너지부, The History of Nuclear Power를 참조하라(http://www.ne.doe.gov/pdfFiles/History.pdf 2018년 12월 검색).

폐기물 관리의 안전에 관한 공동협약 등을 통해 각국의 안전조치 증대와 국제협력을 끌어내어 원자력 발전의 안전성을 유지하기 위해 노력함을 명시했다(IAEA 1994, 조약 1항).

원자력 발전의 안전성 문제는 원전의 확산과 함께 1970년 이후에 세계정치 무대에 등장했으며 IAEA와 같은 국제기구와 각국 정부, 기업, 시민단체들이 관심을 가지고 참여해왔다. 현재 글로벌 및 아시아 수준에서 원자력 발전의 안전성을 확보하기 위해 마련된 주요한 기구는 다음과 같다.

OECD 원자력기구(Nuclear Energy Agency, NEA)는 1958년 2월에 유럽경제협력기구(Organization for European Economic Coopera-tion, OEEC) 유럽원자력기구(European Nuclear Energy Agency)라는 이름으로 설립되었고 1972년에 현재의 명칭으로 바뀌었다. OECD 회원국 가운데 28개국(한국 포함)이 현재 NEA에 가입한 상태이다. NEA는 국제협력을 통해 회원국 원자력의 과학적·기술적·법적 기반 확보와 이의 지속적인 발전을 돕고 원자력의 평화적 목적에 따른 안전하고 환경 친화적이며 경제적인 이용을 도모하는 것을 주요 목적으로 한다. NEA의 세부 활동 영역은 원자력 관련 활동의 안전 제어 및 규제, 방사성 폐기물 관리, 방사선 방호(radiological protection), 핵연료주기(fuel cycle)에 대한 경제적이고 기술적인 분석, 원자력법과 법적 책임, 정보 공개(public information) 등이다. NEA는 IAEA와 맺은 협력협정을 준수하며 여타 국제원자력기구들과 공조한다.

부시(Bush) 행정부는 2006년 핵비확산과 원자력 이용의 확대라는 목표를 동시에 달성하고자 국제원자력에너지파트너십(Global Nuclear Energy Partnership, GNEP)을 출범시켰다. 이후 오바마 정부가 GNEP의 명칭을 국제원자력협력체제(International Framework for

Nuclear Energy Cooperation, IFNEC)로 변경하고 국제협력에 초점을 맞추면서 IFNEC는 본격적인 다자간 원자력협력체로서의 역할을 수행해오고 있다(최재은 2015). 2018년 현재 34개 회원국과 34개 참관국 및 4개 참관기구(IAEA, GIF, NEA, Euratom)가 참여 중이다. 원자력 운영국과 잠재적 이용국들이 상호 이익을 추구하는 협력 포럼을 지향하면서 활동 중이고, 2015년부터 NEA가 사무국 역할을 수행하고 있다. IFNEC에서는 원자력 에너지의 지속 가능한 이용에 필수적인 인프라 개발의 지원, 사용후 핵연료 문제 및 다자간 핵연료주기 서비스의 제공과 같은 국제협력이 요구되는 정책을 중점적으로 논의한다. 최근에는 신규 원전 도입국 및 원전 이용을 확대하려는 국가는 물론 원자력 공급국의 원전 수주 전략에 있어서도 중요한 사안인 재원조달 문제를 해결하기 위해 세계은행을 비롯한 금융권 및 원자력 분야뿐만 아니라 다양한 분야의 이해관계자들이 함께 논의하는 장이 되고 있다. 원자력의 안전보다는 진흥에 더 강조점을 두고 있으나 원자력의 안전에 관한 논의도 부분적으로 진행하고 있다.

글로벌 수준에서뿐만 아니라 아시아 지역 수준에서도 다양한 기구들이 운영되고 있다. 아태지역협력협정(Regional Cooperative Agreement for Research, RCA)은 아시아 국가들 간의 원자력 발전 협력을 위해 1972년에 IAEA가 주축이 되어 설립되었다. RCA는 IAEA하에 체결된 정부 간 협정으로, 회원국의 상호 협력을 통해 지역 내 원자력의 평화적 이용을 증진하고 지역경제의 발전과 복지 향상에 기여하는 것을 목적으로 하고 있다. 협정문은 지역 내 원자력 관련 기술의 협력과 전파의 기본 골격 및 기준을 제공하며 협력 수행에 필요한 기준과 운영지침 및 절차의 근간으로 활용되고 있다. 원자력의 안전보다는 원자력 발전의 진흥을 위한 협력을 중심으로 하고 있다.

아시아원자력안전네트워크(The Asian Nuclear Safety Network, ANSN)는 IAEA가 2002년 초부터 아시아 지역의 원자력 안전성의 증진을 위해 원자력 규제기관들이 참여하여 원자력 안전 분야의 지식과 경험을 나누는 장으로 운영해왔다. 특히 미국, 프랑스, 일본 등 선진국들이 주도하여 중국, 베트남, 인도네시아 등 아시아 국가들의 안전 규제를 지원하는 데 관심을 가지고 있다.

아시아원자력협력포럼(Forum Nuclear Cooperation in Asia, FNCA)은 일본이 주도하여 설립했다. 일본의 원자력위원회는 아시아 지역에서의 원자력 협력 촉진이라는 공통 과제에 대처하기 위해 1990년부터 매년 도쿄에서 아시아 지역 원자력협력 국제회의를 개최해왔다. 이 국제회의는 1999년에 FNCA로 발전적으로 개편되었고, 아시아 국가들 간의 원자력 발전 및 원전 안전성에 관한 정보를 교환하고 협력하는 장으로 발전해왔다.

일본 정부는 후쿠시마 원전 사고가 발생한 이후에 IAEA 등의 국제기구와 미국에만 사고를 통보하고 인접국과 정보를 공유하거나 최소한의 조치를 취하지 않았다. 이후 한국과 중국을 중심으로 동아시아 인접국들의 안전을 위협하는 원자력 발전의 위협에 대한 역내 협력 강화의 필요성이 제기되었다. 이에 따라 논의가 진전되면서 한·중·일 원자력안전고위규제자회의(Top Regulators' Meeting, TRM)가 발전 및 확대되어 개최되었다.

TRM은 한·중·일 3국 간의 원자력 안전 주요 현안에 대한 의견 및 정보 교환 협의체이다. 동북아 지역의 원자력 안전 능력을 향상시키고 원자력 안전 협력의 추진체제 구축이라는 취지로 시작되었다. 2008년 9월에 도쿄에서 개최된 제1차 회의에는 한국의 교육과학기술부·한국원자력안전기술원, 일본의 원자력안전규제청·원자력안전기

반기구, 중국의 국가핵안전국·핵안전중심이 참여했다. 후쿠시마 원전
사고 이후 2011년 3월에 개최된 제4차 회의에서는 TRM의 효과성 제
고를 목적으로 실무그룹 차원의 TRM을 차관급으로 격상하기로 합의
했다. 각국의 참여기관은 후쿠시마 원전 사고 이후 발족한 신규 규제
기관인 한국의 원자력안전위원회와 일본의 원자력규제위원회로 각각
대체되었다. 한·중·일 3국은 TRM 체제에서 협력의 활성화를 위해 온
라인 정보 교환, 교육 훈련 및 비상대응능력 등 3개 워킹그룹을 운영
중이다.

　중국은 3국의 전문가 기술 교류를 더욱 활성화하기 위해 TRM 본
회의에 이은 워크숍 심포지엄 형태의 한·중·일 원자력안전고위규제
자회의 플러스(Top Regulators' Meeting＋, TRM＋)를 제안했다. 2013
년 11월에 열린 제6차 TRM 본회의에서 TRM＋의 설치가 승인되었
고 제7차 TRM 회의부터 TRM＋를 개최했다. TRM＋에는 한·중·일
이외의 다른 국가 및 국제기구를 발표자 및 참관자로 초청할 수 있다.
2016년 11월에 중국에서 제4차 TRM＋가 워크숍 형태로 개최되었다
(2017년 『원자력연감』).

2. 글로벌 및 지역 수준 원전 안전 거버넌스의 한계

현재 상황에서 판단해보면 IAEA는 원자력안전협약과 사용후 핵연료
와 방사성폐기물 관리의 안전에 관한 공동협약을 통해 글로벌한 수준
에서 원자력 발전의 안정성을 규제하는 구심점이다. 그러나 IAEA 원
자력안전협약의 경우에 서문에서 원자력 발전의 안전은 궁극적으로
시설을 운영하는 개별 정부의 책임임을 언급하고 있다. 현재 원자력
발전 안전 이슈에서 가장 큰 문제는 궁극적으로 개별 국가에 지나치게

의존하고 있다는 점이다. IAEA의 규제는 구속력을 가진다고 보기 어려우며 각국의 원자력발전소를 모니터링하거나 검증하지도 못한다. 협약에는 당사국들이 안전조치와 관련된 의무사항들을 어떻게 이행하고 있는지를 규칙적으로 IAEA에 보고하도록 되어 있다. 그러나 IAEA가 안전성에 대해 강제적인 조치를 취하기는 어렵다. 각 국가의 보고서는 다른 국가들이 함께 볼 수 있지만 전문가나 시민단체들은 볼 수 없다는 점도 문제로 제기되어왔다. 이러한 맥락에서 혹자는 IAEA를 개혁해서 좀 더 투명하게 구속력을 가지는 규제를 집행할 수 있는 기관으로 변화시켜야 한다고 주장하고 있다(Findlay 2011).

유럽의 경우에 글로벌한 수준에서 IAEA의 역할을 보완하기 위해 지역 수준의 원자력 안전 협력기구를 만들어 운영해왔다. 유럽원자력공동체(European Atomic Energy Community, Euratom)는 1957년에 서유럽 6개국이 주도해서 유럽연합과는 별도의 조직으로 출범했고, 초국가적 권한을 가진 사찰단이 회원국의 원자력 발전 시설을 직접 방문하여 독립적으로 사찰하고 규제해왔다. 유럽원자력공동체의 회원국들로 구성된 사찰단은 출신 국가의 이익을 넘어서 유럽의 공동이익을 위해 사찰을 시행했다. 이 초국가적 사찰 방법은 그 선진성을 인정받아 후에 IAEA에도 도입되어 현재까지 시행 중이다. 유럽원자력공동체의 역사적 경험은 동아시아 지역에 끊임없이 영감을 불어넣어서 유사한 제안인 아시아원자력공동체(ASIATOM), 아태원자력공동체(PACATOM), 아시아원자력안전협의체(ANSCO) 등이 다양한 형태로 제기되었으나 현재까지 실행되지 못했다.

1999년에 유럽공동체의 10개 원전 보유국의 규제기관장 주도로 서유럽원자력규제자협의체(Western European Nuclear Regulators Association, WENRA)가 출범했다. WENRA는 원자력 발전의 안전에 관한 주요 현안과 규제에 대해 공동대응 방안을 모색하고 원자력의 안전과 규제를 점검할 수 있는 독립적 역량을 강화하며 주요 규제기관장들이 규제 경험과 정보를 교환하고 중요한 안전 현안에 대해 공동대응할 수 있는 논의의 장을 제공하는 것을 목적으로 했다. 2005년에 워킹 그룹을 구성하여 가동 원전에 대한 회원국 간 원자력 안전 수준의 차이점을 극복하고 조화(Harmonization)가 이루어질 수 있도록 노력했다. 또한 IAEA의 안전 기준을 토대로 18개 안전 현안에 대해 안전 참조 기준(Safety Reference Level)을 설정했다. 각 국가들은 제시된 기준에 따라 자체 평가를 시행하고 참조 기준을 조정하기 시작했다. 또한 후쿠시마 원전 사고 이후에는 유럽 원자력발전소의 안전성을 확인하기 위해 '스트레스 테스트'를 정의하고 각 회원국이 이를 적용하도록 권장했다. 특히 WENRA는 후쿠시마 원전 사고에 대응하여 IAEA에 앞서 원자력 안전의 중요 현안의 방향을 제시하고 안전에 대한 공동 참조 기준을 제시하는 등 국제적으로 원자력 안전 리더십을 발휘해왔다.

현재 동북아 지역에서는 위에 소개된 바와 같이 다양한 수준의 원자력 발전의 안전 관련 기구, 특히 ANSN, 한·중·일 TRM이 존재하지만 IAEA의 역할을 보완하는 기능을 제대로 수행하지 못하고 있다(박성하 2018). ANSN은 IAEA가 주도하는 네트워크로 아시아 개도국과의 원자력 안전 기술협력을 주요 사업으로 시행하고 있어서 서유럽 국가들이 자발적으로 각국의 안전 기준을 조화시키기 위해 만든 WENRA와는 그 역할과 위상이 다르다. 한·중·일 3국의 정부 주도 협의체인 TRM에서는 주로 원자력 안전에 대한 정보 교환, 교육 훈련 및 비상대응능력 향상 등의 노력이 진행되었다. 하지만 원자력 안전을 위한 실질적인 협의가 거의 없으며 사례발표의 장으로 활용되고 있는 실정이

다. 상설기구가 아니고 안전에 대한 공통 기준이 없으며 논의된 사항
에 대한 강제적인 집행력이 없기 때문이다.

한·중·일 3국의 원자력 기술의 차이, 산업의 성숙도와 원자력산
업 기술 수준의 차이 등은 동북아 지역에서 한·중·일 간의 원전 안
전 협력을 더욱 어렵게 하는 요인이다(박성하 2018). 일본은 원자력 발
전 산업의 성숙기여서 운영과 폐로에 관심이 많고, 중국은 원전 확대
정책을 펴고 있기 때문에 원전 건설 기술에 관심이 더 많다. 또한 한·
중·일 3국은 서로 다른 원자력 안전규제체계와 기술체제를 가지고 있
다. 한국은 주로 가압경수로(PWR)를 중심으로 자체 개발한 기술을
가지고 있으며, 일본에는 비등수형경수로(BWR), 가압경수로가 혼재
되어 있다. 중국의 경우에는 자체 개발 기술과 프랑스나 미국의 기술
이 혼재되어 있다.

동아시아 지역에서 TRM을 보다 지속적이고 강제력을 갖는 협력
기구로 발전시키는 것이 가능할지, 아니면 유럽의 경우처럼 독립적인
원자력안전기구, 가칭 동아시아원자력규제자협의체(East Asian Nu-
clear Regulators Association, EANRA)를 발족시키는 것이 가능할지
등에 대해 해당 국가들의 의견을 모으고 실행력 있는 방안을 모색하는
것이 필요하다.

현재 동북아 원전 안전 거버넌스의 또 다른 문제점은 관련 기업과
시민단체의 입장을 반영하고 때로는 견제하기 위한 노력이 상대적으
로 부족하다는 것이다. 원전기업과 원자력 관련 시민단체들은 원자력
발전의 안전에 관심을 가져온 주요한 행위자들이다.

원자력산업은 핵연료의 생산 및 가공, 원전의 가동 및 운영, 사용
후 핵연료의 보관·재처리 및 폐기물 처리로 구성되는 핵연료주기에
따라 우라늄 생산·농축, 핵연료봉 생산, 원자로의 설계 및 건설, 핵발

전소의 관리 및 운영, 핵폐기물 처리, 핵발전소의 분해 및 처분 등으로 이어지는 일련의 연속적인 네트워크로 구성되어 있다(배영자 2012). 각 부문에서 자본, 기술, 규제 등의 진입장벽이 높다. 원자로의 설계 및 건설이 원자력 발전 생산네트워크의 중심이 되며 전체 원자력 발전 시장의 70~80% 정도를 차지한다(강정화 2010; Schneider et al. 2011). 현재 원자력 에너지 산업네트워크는 과점적 구조를 형성하고 있고 소수 기업이 각 부문을 주도하고 있다. 우라늄 생산은 호주, 캐나다, 미국, 남아공의 기업이 이끌고 있고, 연료봉 제조는 프랑스, 러시아, 일본, 미국의 기업이, 원자로 건설은 미국, 프랑스, 러시아, 일본, 캐나다의 기업[웨스팅하우스(Westinghouse), GE, 아레바(AREVA), 도시바, 히타치]이 주도하고 있다. 주요 업체들의 전략적 제휴가 활발하게 이루어져서[2] 아레바-미쓰비시가 전체 원자로 시장의 30%를 점유하고 있고 그 뒤를 GE-히타치, 웨스팅하우스-도시바가 따르고 있다. 이외에 러시아의 아톰스트로이엑스포르트(Atomstroyexport), 중국의 중국핵공업집단공사(Chinese National Nuclear Corporation), 한국의 한국전력공사(Korean Electric Power Corporation, KEPCO)도 원자로 시장에서 중요한 기업이다.

원자력에너지산업에서 정부와 기업의 관계는 정부의 다양한 지원과 핵비확산 및 안전 규제의 준수 확인이라는 틀로 형성되어 있다. 정부와 원전 기업의 밀접한 관계는 원자력 카르텔, 원자력 마피아로 불리기도 한다. 국가에 따라 조금씩 차이가 있지만 원자력산업의 경우에 정부의 적극적인 지원하에 발전했고 정부와 기업은 현재까지 밀접한 관계를 유지하는 가운데 초기의 정부 주도 양상에서 점차로 정부와 기

---

2   원자력산업의 현황에 대해서는 세계원자력산업협회(The World Nuclear Association, www.world-nuclear.org)를 참조하라.

업 간의 수평적 공생 혹은 원전 기업의 정부에 대한 영향력 강화 방향
으로 움직여왔다고 볼 수 있다.

원자력 기업들은 현재 세계원자력협회(World Nuclear Associa-
tion, WNA), 세계원전사업자협회(World Association of Nuclear Op-
erators, WANO) 등의 국제기구를 형성하여 원전 건설의 확대와 안전
조치 이슈에 관해 막대한 영향력을 행사하고 있다. WNA는 1975년에
런던에서 만들어진 우라늄협회(Uranium Institute)가 확대 개편되어
2001년에 출범한 단체로, 세계 원전산업의 90%를 포괄하는 원전산업
계의 이해를 대표한다. WANO는 체르노빌 원전 사고 이후인 1989년
에 원자로의 건설 및 운영 기업들이 주도하여 만든 기구로, 현재 30여
개 국가에서 약 440기의 원자로를 운영하는 기업들을 회원으로 거느
리고 있다. 원전 기업들은 IAEA, 핵안보세계기구(World Institute for
Nuclear Security, WINS) 등에도 적극적으로 참여하며 산업계의 이해
를 대변하고 있다. 원자력 관련 기업들도 체르노빌 원전 사고 이후에
WANO를 통해 원자력 발전의 안전성과 신뢰성을 확보하기 위해 노력
해왔다. 그러나 이들의 안전조치 역시 강제력을 갖지 못하며 해당 국
가의 안전조치에 대한 보고서도 공개되지 않는다.

1960년대의 반핵운동은 핵무기에 초점을 맞추었고 주로 전문 과
학자들이 중심이 되어 활동했다. 원전 도입 국가가 증대하고 반핵운
동이 기존의 환경운동과 만나면서 원자력 발전 이슈가 시민운동의 주
요 의제로 부상했다. 1970년대 후반을 기점으로 반핵운동이 확산되
면서 초기에 원자력 발전에 대해 우호적이었던 사민당, 녹색당 등 유
럽의 중도주의 정당들이 점차로 반핵 입장으로 돌아섰다(Falk 1982;
Smith 2002). 쓰리마일섬, 체르노빌 원전 사고 이후 원자력 발전에 대
한 우려가 증대하면서 반핵운동이 활성화되었고, 핵정보자원서비스

(Nuclear Information and Resource Service, NIRS), 세계에너지정보서
비스(World Information Service on Energy, WISE), 그린피스, 지구의
벗 등 반핵 NGO의 주도로 지역 이슈로 전개되었던 원전 반대가 광범
위한 지역으로 확산되었다. 원전 사고, 핵폐기물 처리, 폐쇄적인 의사
결정 과정 등의 이슈를 중심으로 반핵운동이 지속되었다. 흥미로운 점
은 반핵운동의 확산 과정에서 기존의 전문지식에 대항하는 대안지식
이 형성 및 확산되면서 기존의 지식과 대립각을 세우는 지식정치, 정
체성의 정치가 전개되어 왔다는 것이다(Epstein 1996; Jasanof 1996;
Topcu 2008).

실제로 반핵운동이 전개되는 양상이나 결과는 국내의 정치제도적
환경에 따라 국가마다 차이가 있었다. 그러나 이들은 정부와 전문가에
의해 배타적으로 주도되는 원자력 정책결정 과정에 대해 비판을 제기
하고 독립적인 대안 전문지식을 형성하며 이를 토대로 시민사회의 영
향력을 증대시키기 위해 노력하면서 원자력 발전의 주요한 행위자로
부상했다(Berigan 2010). 국가별 차이에도 불구하고 원전 관리의 위험
성, 방사능 폐기물 처리 문제, 원전 안전사고 등으로 원전에 대한 사회
적 관심이 증대되면서 정부와 소수 전문가만이 배타적으로 참여하는
방식에서 벗어나 정보가 투명하게 공개되고 보다 다양한 행위자들이
함께 참여하는 새로운 원자력 에너지 거버넌스에 대한 요구가 높아지
고 있다(Netzer and Steinhilber 2011).

V. 나가며

현재 동북아 원전 안전 거버넌스는 명백히 취약한 상황이다. 국내 차

원에서 원자력 발전의 안전을 감독하고 규제하는 기관의 실질적인 독립성 확보를 위한 한·중·일 3국의 노력이 지속되어야 한다. 글로벌 및 지역 차원에서 IAEA의 원자력 안전에 대한 구속력 결여, ANNS, TRM과 같은 지역기구들의 제한된 역할, 원자력 발전 안전 거버넌스에서 원전 기업들과 시민사회의 적절한 위상에 대한 논의 부족 등이 현재 동북아 원전 안전 거버넌스의 미비한 점으로 지적될 수 있다.

신흥안보의 관점에서 원자력 발전 안전 거버넌스를 생각할 때 중요하게 고려해야 하는 또 하나의 요소는 원자력과 방사능의 기술적 특성과 사회적 요인의 결합이다. 앞서 지적했듯이 원자력 발전의 안전이 국가 차원의 안보 문제로 확대되는 과정은 기술과 자연이라는 비인간 행위자와 테러, 원자력 안전 규제 등의 사회적 요소의 결합이 진행되고 확산되는 과정이다. 이러한 결합은 국가의 경계를 넘어 쉽게 확장되는데, 이에 대한 관리와 대응은 개별 국가의 책임으로 남아 있는 모순이 현재 원전 안전 거버넌스의 취약점의 중요한 원인이다. 현재 이러한 모순은 원자력은 물론 기후변화, 보건, 사이버 공간 등에서 유사한 형태로 드러나고 있다.

원자력 발전 안전 거버넌스는 국경에 구애받지 않고 확산되며 공격과 방어 능력이 비대칭인 원자력과 방사능의 기술적 특성을 고려하는 데서 출발해야 한다. 여기에 자연재해나 사이버 공격과 같은 인간의 행위와 결합될 가능성을 강조하는 신흥안보적 복합지정학의 관점을 결합하여, 현재 원전의 운영과 관리가 국가 주도로 이루어지는 가운데 지역기구나 국제기구가 관여하고 있다는 점을 인식하면서 원자력 발전 안전 거버넌스를 마련해야 한다. 원자력 발전의 안전에 대한 개별 국가의 주권과 의무는 인정하지만 기술과 자연, 사회의 결합으로 발생하는 매우 위험하고 긴급한 초국경적 문제에 대해 구속력을 가지는 국제기구나 지역기구가 공동대응하고 예방할 수 있는 새로운 방식의 거버넌스로의 진화를 모색하고 실험해야 한다.

참고문헌

김길수(2015), "원자력 안전규제체제의 독립성에 관한 연구", 『한국자치행정학보』, 29(4).
김상배(2016), "신흥안보와 미래전략: 개념적 이론적 이해", 김상배 편, 『신흥안보의
　　미래전략』, 사회평론.
나영주(2015), "중국의 원자력 발전 증가와 원자력 안전에 관한 국제협력", 『국제 정치연구』,
　　18(1).
민병원(2012), "안보담론과 국제정치: 안보개념의 역사적 변화를 중심으로", 『평화연구』,
　　20(2).
박성하(2018) "후쿠시마 원전 사고로 본 동아시아 원자력안전 국제협력 개선방안에 관한
　　연구", 『일본문화연구』, 66.
배영자(2012), "원자력발전과 복합세계정치", 하영선 · 김상배 편, 『복합세계정치론』,
　　한울아카데미.
＿＿＿(2016), "원자력의 복합성과 신흥안보", 김상배 편, 『신흥안보의 미래전략』, 사회평론.
브루노 라투르 외(2010), 『인간 · 사물 · 동맹: 행위자네트워크 이론과 테크노사이언스』,
　　홍성욱 역, 이음.
안상욱(2013), "중국의 에너지정책과 원자력에너지: 프랑스, 독일과의 비교연구", 『중국학』,
　　46.
안선희(2018), "일본 원자력 규제체계의 재편과정 분석", 『한국행정학보』, 52(2).
윤성원 · 한준규 · 김연종(2018), "중국의 원자력 정책 및 연구개발 현황", 『원자력정책 Brief
　　Report』, 46.
장성호 · 박민철 · 고경민(2015), "중국의 원자력 확대 정책과 원자력 안전",
　　『한국위기관리논집』, 11(12).
전진호(2011), "후쿠시마 원전사고의 국제정치", 『국제정치논총』, 51(2).
＿＿＿(2014), "후쿠시마 원전사고 이후 일본 원자력정책의 변화와 한일협력",
　　『한일군사문화연구』, 17.
정명운(2015), "일본 원전 거버넌스의 변화 양상과 전망", 『환경법과 정책』, 14.
차성민(2014), "원자력안전규제기관에 관한 비교 검토: IAEA 규범과 비교를 중심으로",
　　『한국비교정부학보』, 18(3).
한국원자력산업협회(2017), 『원자력연감』.

Bae, Young-Ja(2005), "Environmental Security in East Asia: The Case of Radioactive
　　Waste Management", *Asian Perspective,* Vol. 29, No. 2.
Berigan, Frida(2010), "The New Anti-Nuclear Movement", *The Huffington Post.*
Callon, Michell(1986), "The Sociology of an Actor-Network: The Case of the Electric
　　Vehicle", Callon, Michel, Law, John and Rip, Arie eds., *Mapping the Dynamics of
　　Science and Technology,* Macmillan.

Clarfield, Gerard H. and Wiecek, William M., "Nuclear America: Military and Civilian", *Nuclear Power in the United States, 1940-1980,* New York: Harper & Row.

Epstein, Steven(1996), *Impure Science: AIDS, Activism, and the Politics of Knowledge,* University of California Press.

Falk, James(1982), *Global Fission: The Battle Over Nuclear Power,* Oxford University Press.

Findlay, T.(2011), *Nuclear Energy and Global Governance: Ensuring Safety, Security and Non-proliferation,* Routledge.

_____(2012), "Unleashing the Nuclear Watchdog: Strengthening and Reform of the IAEA", Waterloo: Center for International Governance Innovation.

Fisher, David(1997), *History of the International Atomic Energy Agency: The First Forty Years,* IAEA.

Forland, Astrid(1997), "Negotiating Supranational Rules: The Genesis of the IAEA Safeguards System", University of Bergen.

Jasanof, Shelia(1996), "Knowledge and Distrust: The Dilemma of Environmental Democracy", *Issues in Science and Technology.*

Kaufmann, Daniel(2011), "Preventing Nuclear Meltdown: Assessing Regulatory Failure in Japan and the United States", Brookings.

Latour, Bruno(2005), *Reassembling the Social: An Introduction to Actor-Network Theory,* Oxford University Press.

Netzer, Nina and Steinhilber, Jochen(2011), *The end of nuclear energy? International perspectives after Fukushima,* Friedrich Ebert Stiftung.

Scheinman, Lawrence(1987), *The International Atomic Energy Agency and World Nuclear Order,* Resources for the Future.

Smith, Jennifer ed.(2002), *The Antinuclear Movement,* Cengage Gale.

Topçu, Sezin(2008), "Confronting Nuclear Risks: Counter-Expertise as Politics Within the French Nuclear Energy Debate", *Nature and Culture.*

제2부

신흥 환경안보의 복합지정학

제4장

한중 대기환경 협력의 정치: 미세먼지와 기후변화 비교연구

이태동(연세대학교)

*   이 연구는 이태동·정혜윤(2019), "한중 대기 환경협력의 정치: 미세먼지와 기후변화 비교연구",『국제지역연구』, 23(2), pp.61-86을 수정한 글임을 밝힌다.

대기환경은 국경을 넘나드는 문제이기 때문에 국가들 간의 협력이 필수적이다. 동북아시아의 대기환경 문제 중 기후변화와 미세먼지는 환경과 인간의 삶의 질에 부정적인 영향을 끼치고 있다. 기후변화와 미세먼지 문제는 한국과 중국이 공동으로 해결해야 함에도 불구하고 양국 환경 협력의 구체성은 각 문제에서 큰 차이를 보인다. 왜 국가들의 분야별 환경 협력의 구체성은 다른 양상을 보이는가? 이 장에서는 대기환경 협력을 목적과 목표, 주체, 방안의 구체성이라는 틀로 개념화하고 구체성에 영향을 끼치는 요인에 대해 분석하는 것을 목적으로 한다. 특히 환경 문제의 특성과 범위, 대응의 비용과 편익, 국내 여론의 요소가 환경 협력의 구체성에 미치는 영향을 분석틀로 제시한다. 이를 바탕으로 한중 간의 대기환경 협력을 경험적으로 분석한 결과, 환경 문제의 범위가 넓고 비용이 크며 국내 여론의 지지가 낮은 기후변화 협력에 비해 미세먼지 협력의 구체성이 상대적으로 높은 것으로 나타났다. 이 장에서는 협력의 구체성 개념을 통해 환경정치를 이론화하고 경험적 분석을 통해 환경 협력의 증진을 위한 정책적 함의를 제시한다.

I. 서론

대기환경 문제 중 기후변화 문제와 월경성 대기오염물질인 미세먼지 문제[1]는 인간의 경제행위로 인한 환경의 질 악화가 삶의 질에 부정적 영향을 끼친다는 것을 역설하고 있다. 물리적 분쟁으로 인한 생존과 안보의 문제를 넘어서 대기오염과 같이 일상의 삶과 생존을 위협하는 요소에 대한 안보화와 인간 안보에 대한 관심이 증가하고 있다(추장민 2011). 대기환경 문제 중 기후변화는 인류 공동의 문제로, 그 해결을 위해 지구적, 지역적, 국가적, 개인적 협력과 노력이 요구된다(이태동 2016). 더불어 미세먼지는 시민들의 하루하루의 삶에 큰 영향을 끼치기 때문에 그 원인과 해결책에 대한 국내적인 관심과 더불어 지역적 환경 협력에 대한 관심도 증가하는 추세이다.

---

1 한 지역의 대기질의 저하가 국경을 넘어서 다른 지역과 국가에 부정적 영향을 끼치는 문제를 월경성 대기오염 문제라고 한다. 월경성 대기오염물질에는 황사(yellow dust), 산성비(acid rain), 연무(haze), 미세먼지(particulate matters) 등이 있다. 이 장에서는 월경성 대기오염물질 중 하나이며 일반 대중에게 잘 알려진 미세먼지 문제를 주로 다룬다.

기후변화와 미세먼지로 대표되는 대기오염은 국가 간의 환경 협력을 요구하지만 환경 협력의 구체성에서는 차이를 보인다. 이 장에서는 대기환경 문제에 대해 국가 간의 협력이 필요함에도 불구하고 왜 협력의 구체성이 다른가에 대한 질문에 답하려고 한다. 이를 위해 대기환경 협력의 분석틀로 협력의 구체성을 개념화한 후 조작화한다. 협력의 구체성은 협력의 목적과 목표, 주체, 방안이 문제를 해결하기 위해 어느 정도 구체적으로 설정되어 있는가를 측정하는 것이다. 협력의 구체성에 영향을 끼치는 요인으로는 대기환경 문제 자체의 특성과 범위, 경제적 이익·손해, 여론을 꼽을 수 있다. 이 장에서는 환경 협력의 구체성에 대한 이론적인 논의를 바탕으로 한국과 중국 간의 기후변화 협력과 미세먼지 협력에 대한 경험적 분석을 목표로 한다.

배경과 연구 질문을 제시한 서론에 이어, 2절에서는 연구의 종속변수로 환경 협력의 구체성에 대한 개념화를 다룬다. 3절에서는 환경 협력의 구체성에 영향을 끼치는 요인으로 문제 자체의 특성과 범주, 경제적 이익, 여론을 논의한다. 4절에서는 한중 간 기후변화와 미세먼지 협력의 구체성을 경험적으로 분석하고 이에 영향을 끼치는 요인들을 설명한다. 마지막으로 결론에서는 연구 결과를 요약하고 함의와 한계를 밝힌다.

II. 국제와 국가 간 환경 협력의 구체성

1. 동북아 국제 환경 협력에 대한 기존 연구

환경 문제는 특정 국가의 영토를 벗어난 국가 영토와 환경 문제의 영향 사이의 불일치라는 특성을 갖는다. 대기오염물질은 바람을 타고 사람들이 인위적으로 설정해놓은 국경을 무시하면서 이동한다(이태동 2017). 이와 같은 환경 문제의 월경성은 국가 간의 갈등을 유발하기 때문에 문제를 해결하기 위해서는 국가 간의 협력이 요구된다(홍금우 2002). 이에 동북아 지역에서도 예외 없이 국제 환경 협력에 대한 논의가 이루어져왔다(예종영 2010; 이수철 2017).

기존에는 환경 협력사업의 성과를 평가하거나 대기 분야 협력의 문제점을 지적하는 연구들이 주를 이루었다(문광주 외 2017; 안제노 외 2016). 동북아 환경 협력을 비판적으로 고찰한 홍익표(2012)는 생태적 결손 국가, 취약한 시민사회, 신자유주의적 세계화의 압력이라는 요인이 이 지역의 환경 협력의 걸림돌로 작용한다고 지적했다. 최정진 (2008)의 경우에는 다자 환경 거버넌스의 조정 주체의 부재, 국가 중심 협력 노력의 한계, 부족한 재원, 국내 이행 확보의 문제를 동북아 환경 협력의 문제점으로 지적했다. 이에 더해 원동욱(2008)은 환경 문제에 필연적으로 수반되는 과학적 불확실성이 환경 협력과 적절한 정책대응 수단을 판단하고 이해관계를 설정하는 데 장애물로 작용하고 있음을 밝혔다. 기존의 연구들은 동북아 환경 협력 전체를 고찰하고 있다는 측면에서 긍정적인 기여를 하고 있으나 다른 대기환경 분야에서 환경 협력 정도의 차이를 설명하는 데는 한계를 보였다. 또한 동북아 대기환경 협력의 구체성과 그 요인을 분석한 연구는 드물었다. 이 장에서는 기후변화와 미세먼지라는 두 대기환경 협력의 구체성을 분석하고 이에 영향을 끼치는 요인들을 경험적으로 분석함으로써 기존의 연구에 이론적, 경험적, 정책적 기여를 하려고 한다.

2. 국가 간 환경 협력의 구체성

국경을 넘는 월경성 대기오염 문제를 해결하기 위해서는 국가 간 환경 협력이 필수적이지만, 지리적으로 인접해 있는 국가들 사이에서 협력은 수많은 도전에 직면하기도 한다(정장훈 2012). 특히 대기환경 문제와 같이 그 경계와 원인, 결과를 명확히 파악하기 힘든 경우에는 협력이 구체적으로 이루어지기보다는 협력을 해야 한다는 당위적이고 명목적인 선언에 그칠 때도 있다(안형기 2011).

국가 간 환경 협력을 실질적으로 진행하기 위해서는 협력의 목적과 목표, 주체와 방안이 구체적일 필요가 있다. 이 장에서는 환경 협력의 구체성을 협력의 구체적인 목적과 목표에 대한 공유를 통해 구체적인 협력 주체들이 구체적인 방안을 논의하고 실행하는 것이라고 정의한다. 환경 협력의 구체성은 추상적이고 규범적인 선언을 넘어서 실질적인 협력 주체가 실현 가능한 방안을 논의하여 문제해결의 방안을 모색하고 시행하기 위해 필요하다.

〈표 4-1〉에서는 환경 협력의 구체성의 구성요소와 각 내용을 요약했다. 환경 협력이 실효성을 가지기 위해서는 협력의 주체가 공유된 목적을 가져야 한다(손효동 외 2017). 이 목적은 종합적인 비전을 제시하는 동시에 이를 실현하기 위한 구체적인 목표를 제시한다. 구체적인 목적이란 협력의 성과가 측정될 수 있는 목표로 제시되고 그 기한이 명시됨을 의미한다. 협력의 기한이 정해지지 않으면 환경 협력이 언제까지 성취되어야 한다는 것이 불명확해지고 협력이 실질적으로 진행되지 못하는 결과를 낳을 수 있다. 또한 협력의 구체적인 성과가 측정 가능해야 한다. 협력의 목적과 목표는 측정 가능한 성과가 일정한 기한 내에 실현될 수 있도록 명시적으로 합의될 때 구체성을 가진다고

할 수 있다(Ha et al. 2015).

환경 협력의 구체성의 두 번째 구성요소는 계획과 시행 주체의 구체성이다. 누가 어떻게 협력 계획을 세우고 방안을 실행할 것인가에 대한 구체적인 결정이 필요하다. 협력 주체의 역할, 권한, 책임을 명확히 함으로써 협력 과정에서의 책임 전가와 추진 주체의 혼란을 막을 수 있다(안형기 2011). 명확하고 구체적으로 제시된 협력 주체는 합의된 협력 목적을 실질적으로 실현시킬 수 있다.

환경 협력 방안의 구체성은 목적과 목표, 주체의 구체성을 확보한 후에 이루어지는 협력의 단계, 예산, 방안, 제도화, 모니터링과 평가의 구체성을 의미한다(Kim 2007). 환경 협력의 모든 것은 한 번에 이루어지지 않는다. 어떠한 단계를 거쳐서 공유된 목표를 달성할 것인지에 대한 구체적인 합의가 있어야 한다. 이를 위해 협력을 위한 예산은 필수적이다. 예산의 구체성은 예산의 규모뿐만 아니라 출처와 조달 방법, 협력사업에의 사용처가 구체적임을 의미한다. 예산을 바탕으로 협력의 각 방안들이 논의되고 구체화되어야만 제도화될 수 있다. 또한

표 4-1. 환경 협력의 구체성의 구성요소와 내용

구성요소	내용
목적과 목표의 구체성	– 환경 협력에서 공유된 구체적인 목적(purpose) 의 제시 – 기한이 정해진 목표(target with timeline) – 측정 가능한 목표(measurable target)
계획과 시행 주체의 구체성	– 협력 계획 주체의 구체성 – 협력 방안 실행 주체의 구체성 – 주체의 역할, 권한, 책임의 구체성
협력 방안의 구체성	– 협력 단계의 구체성 – 협력 예산의 구체성(출처와 조달 방법, 사용처) – 협력 방안의 구체성 – 협력 제도화의 구체성 – 평가와 피드백 방안의 구체성

제도와 방안들이 목표를 달성하는 데 효과적이고 효율적이었는지에 대한 구체적인 모니터링과 평가, 피드백이 필요하다.

III. 구체성에 미치는 요인: 문제의 범위, 경제적 이익, 여론

1. 문제의 범위(Scope)

일반적으로 국가들은 서로 상이한 이해관계를 가지고 있기 때문에 문제의 지리적 범위가 크면 클수록 구체성의 농도가 옅고 반대로 작을수록 농도가 짙다고 할 수 있을 것이다. 지리적 범위가 크다는 것은 그만큼 다양한 국가들을 포함한다는 것이고, 지리적 범위가 작다는 것은 적은 수의 국가들을 포함한다는 것이다. 특히 환경 문제에서 지리적 범위는 크게 국제적(global), 지역적(regional), 소지역적(local) 수준으로 나누어볼 수 있다(안제노 외 2016). 범위에 따라 나타나는 문제가 다르기 때문에 문제에 대한 처방 역시 달라질 수밖에 없다. 이를 〈표 4-2〉와 같이 정리할 수 있다.

국제적인 수준에서 나타나는 환경 문제로는 기후변화와 온실가스

표 4-2. 대기환경 문제의 범위, 위험, 처방

범위	위험	처방
국제적 수준 (Global Level)	기후변화와 온실가스 배출	감축(Mitigation)
지역적 수준 (Regional Level)	월경성 대기오염	지역적 합의 (Regional Agreement)
소지역적 수준 (Local Level)	기후변화 재난 및 재해	적응(Adaptation)

(greenhouse gas) 배출 문제가 있으며, 이에 대한 처방으로 감축(miti-gation)을 들 수 있다. 국제적 수준의 기후변화 문제는 전형적인 공유지의 비극의 특성을 띤다(Mitchell 2010). 즉, 각 국가 혹은 개인이 이익을 추구하는 행위가 비배제성과 경합성을 가진 공유지의 파괴를 가져온다는 것이다. 화석연료를 기반으로 한 경제를 발전시킬수록 지구 대기라는 공유지의 온실가스는 증가할 수밖에 없다. 이에 반해 미세먼지와 같은 월경성 오염물질은 전형적인 상류(upstream)·하류(down-stream)의 오염물질 이동의 문제이다. 즉, 중력이나 바람의 방향과 같은 자연의 흐름에 따라 상류에서 하류로 이동하는 오염물질이 하류 지역에 부정적인 외부효과 피해를 가져다준다(Mitchell 2010).

지역적 수준에서는 월경성 대기오염과 같은 문제가 나타나고 있으며, 지역적 합의를 통한 해결이 요구된다(방민석 2018). 소지역적 수준에서 나타나는 문제로는 기후변화 재난이 있으며, 이에 대한 적응(adaptation)이 방안으로 논의되고 있다. 이 장에서 초점을 맞추고 있는 문제는 기후변화와 미세먼지이기 때문에 국제적 수준과 지역적 수준에 초점을 맞추어 전개해나갈 것이다. 문제의 범위가 지구적으로 넓어질수록 협력의 구체적인 목적이나 목표가 설정되는 데 어려움이 따를 것이다. 또한 구체적인 방안과 주체를 설정할 때에도 도전에 직면할 수 있다. 즉, 국제적 수준에서 다루어지는 문제로 그 범위가 방대한 기후변화의 경우에 미세먼지 협력보다 구체성이 낮아질 가능성이 높다.

2. 경제적 이익

국제체제는 무정부상태이기 때문에 국가 간의 협력이 발생하기 힘들다는 현실주의 학파의 주장에도 불구하고(Carr 1946; Mearsheimer

1994; Morgenthau 1948; Waltz 1979), 자유주의 학자들은 현실주의 학자들의 핵심 가정을 수용하면서도 국가 간의 협력이 발생한다는 것을 입증했다(Axelrod et al. 1981; Keohane 1984; Keohane et al. 1977; Krasner 1983; Oye 1985; Stein 1982). 국가의 생존을 중시하는 현실주의 관점에서는 국가들이 상대 국가와 협력을 하지 않을 때 가장 큰 효용이 있다고 본다. 하지만 자유주의적 제도주의자들은 국가 간의 상호협력이 합리적이기 때문에 국가들은 협력을 할 것이라고 주장했다. 이와 같은 맥락에서 윌리엄 롱(William Long)은 국제체제 내에서 경제적 유인(economic incentives)이 국가의 행동을 구성하는 요소이기 때문에 경제적 유인을 통해 국가 간 양자 협력을 증진시킬 수 있다고 보았다(1996). 이러한 주장은 환경 문제에도 적용될 수 있다. 환경 협력의 경제적 유인 혹은 이익이 크면 클수록 국가들은 협력할 가능성이 커질 것이다.

이산화탄소, 메탄 등으로 구성된 온실가스는 지구 온난화를 일으키는 주범으로 지속적으로 축적될 때 기후변화 현상이 발생하게 된다. 따라서 각 국가들은 기후변화 문제를 해결하기 위해 온실가스의 감축을 우선적 목표로 설정하여 이를 실행하고 있다. 온실가스를 다량으로 배출하는 국가일수록 온실가스의 감축 비용은 높을 수밖에 없다. 물론 비용 문제에도 불구하고 비용 대비 효과가 크다면 국가들은 주저 없이 감축정책을 실시할 것이다. 하지만 국가들이 온실가스의 감축을 위해 투입하는 비용은 즉각적인 반면에 비용에 대한 효과는 최대 50년 이상 가시적인 성과를 내지 못하는 특징을 갖고 있다(Nordhaus 2007). 온실가스의 감축에 대한 국제조약인 교토의정서(Kyoto Protocol)가 실패한 조약이라고 평가되는 요인 중의 하나도 바로 이와 같은 비용에 대한 효과의 문제에서 발생했다. 투입되는 비용에 비해 그 효과는 미미한 수준에 그쳤으며, 이는 온실가스의 감축을 위한 동기를 감소시키는 또 다른 문제를 야기하여 국가 간 협력을 어렵게 하고 있다. 비용에 대한 문제가 민감한 또 다른 이유는 선출직 정치인이 감축에 관한 조약에 서명하고 비준하기 때문이다. 선출직 정치인의 경우에 다음 임기를 위한 재선에 신경을 쓸 수밖에 없기 때문에 장기적인 효과보다는 단기적으로 투입되는 비용에 민감하다(Sandler 2017).

미세먼지 문제는 기상조건 등에 따라 인접국의 영향을 다소 받기 때문에 효과에 대한 불확실성 문제가 제기되고 있지만(최유진 2017), 투입되는 비용에 대한 효과가 온실가스에 비해 비교적 짧은 기간 내에 나타나는 특징을 보였다. 한국에서 미세먼지의 감축을 위해 충남 지역의 노후 화전(火電)을 한 달간 중단한 뒤에 미세먼지 농도를 조사한 결과 약 15% 정도 감소한 것으로 나타났다(김대우 2017). 즉, 미세먼지는 비용에 대한 효과가 상대적으로 크기 때문에 국가 간 협력이 발생할 수 있는 가능성이 높다고 할 수 있다.

투입되는 자원에 비해 경제적 이익이 불명확하거나 자원을 투입해도 명확하고 즉시적인 이익이 보장되지 않는 경우에 환경 협력의 동기부여가 적게 될 가능성이 있다. 즉, 장기적인 문제로 자원이 지속적으로 투입되어야 하는 기후변화 문제의 경우에는 환경 협력 방안의 구체성이 낮아질 것으로 예상된다.

3. 여론

여론은 이슈에 대한 지식이 부족하고 불안정하며 변하기 쉽기 때문에 정책결정 과정에서 경시되어왔다(Herman et al. 1988). 하지만 이러한 견해는 여론이 정책결정 과정에 다양한 방식으로 영향을 미친다는 반

박에 직면하게 되었다. 물론 정책결정 과정에 대한 여론의 영향력을
측정하는 것에는 어려움이 뒤따른다. 하지만 여론은 직접적으로나 간
접적으로 정책 형성에 영향을 미치고 있다(Risse-Kappen 1991).

여론의 영향력을 긍정적으로 평가하는 학자들은 다음과 같은 여
론의 요소들을 지적하고 있다. 이들은 돈이나 시간과 같은 기여(con-
tribution), 선거에서의 투표와 청원과 같은 정치적인 지원(political
support)을 여론의 중요한 요소로 꼽고 있으며, 설문조사나 비공식적
인 투표를 통한 여론 역시 정책 과정에서 필수적인 요소라고 주장한
다. 그중에서도 공공복지와 관련된 정책은 여론의 지지에 따라 성패
가 좌우된다고 할 수 있다(Dunlap 1995). 특히 1960년대 중반 이후에
환경 문제의 위협이 언론과 정책입안자, 그리고 여론으로부터 주목을
받기 시작하면서 환경 문제가 주요 의제로 자리 잡게 되었다. 게다가
환경 문제에 대한 국가의 역할을 강조하는 여론이 증가하면서(Bloom
1995) 이에 대한 정책적 수요 역시 증가하게 되었다(Trop et al. 1971).

환경 문제에 대한 여론의 관심은 이슈마다 다르기 때문에 정부의
대응도 달라질 수 있다. 예를 들어, 기후변화 문제의 해결에 대한 여론
의 강도가 높으면 높을수록 정부는 이에 민감하게 반응할 것이다. 반
대로 여론의 강도가 낮을수록 정부의 관심은 줄어들 것이다. 여기에
서는 기후변화와 미세먼지에 대한 여론의 관심 정도에 따라 국제 환경
협력의 구체성에 차이가 있을 것이라는 가설을 가지고 이를 분석하고
자 한다.

예를 들어, 중국 내에서 급속한 경제성장으로 인한 환경 문제
가 곳곳에 나타나자 그 해결에 대한 여론의 비판 목소리가 높아졌다.
2017년 중국의 국가 설문조사(national survey)에 따르면, 응답자의
94.9%는 기후변화가 일어나고 있다고 답했으며 66%는 기후변화가 인

간에 의한 것이라고 답했다. 게다가 중국의 iGDP(Innovative Green Development Program)의 설문조사에 따르면, 응답자들은 기후변화 문제에 대해 정부가 책임을 져야 한다고 답하기도 했다. 중국 정부 역시 기후변화 문제의 주범인 온실가스 배출과 경제성장을 분리하기 위한 에너지 절감 법령과 같은 일련의 정책을 시행하고 있다(Jing 2018).

중국에서 환경 문제, 특히 미세먼지 문제에 대한 관심은 베이징 올림픽을 계기로 중국 내의 대기오염 문제에 관심이 쏠리면서 증가했다. 당시 중국 언론에서는 대기오염에 관한 보도가 증가했고 이로 인해 문제해결에 대한 인식이 퍼졌다. 대기오염에 대한 중국 여론의 관심 증가로 인해 결국 중국 당국은 관련법을 개정하면서 미세먼지의 해결을 위한 정책을 추진하게 되었다. 한국 역시 1990년대부터 현재까지 미세먼지에 대한 보도가 증가했고 여론의 관심도 자연스레 증가하는 모습을 보이고 있다(김상규 외 2018). 양국 미세먼지에 대한 여론의 관심 증가는 함께 협력할 수 있는 요인을 제공하게 되었다.

한국의 경우에 여론의 관심은 기후변화보다는 미세먼지 문제에서 월등히 높다. 미세먼지 문제가 악화되면서 뉴스의 기상예보에서는 미세먼지 농도를 따로 다루기도 하고, 미세먼지가 많은 날이면 각종 포털 사이트에 미세먼지가 인기 검색어에 올라 있는 것을 볼 수 있다. 게다가 청와대 국민청원 게시판에는 미세먼지 관련 청원 글이 5천여 건에 이른다(송이라 2018).

미세먼지에 대한 한국 여론의 특징은 미세먼지의 원인이 중국에 있기 때문에 중국에 책임을 물어야 한다는 것이다. 물론 환경 문제에 대한 관심의 증가로 인해 국민의 인식이 전환된다는 측면은 긍정적이다. 하지만 문제에 대한 책임을 중국에 전가함으로써 환경 협력의 주요 당사자인 중국에 대한 부정적 인식이 증가하고 있는 실정이다. 이

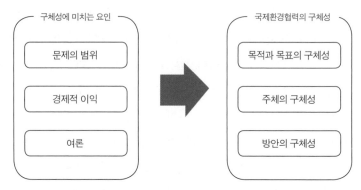

그림 4-1. 한·중·일 원자력 발전의 비중 추이(IAEA PRIS)

와 같은 특징은 양국 간의 관계에 악영향을 끼칠 수 있고 이에 따라 미세먼지 문제의 해결 속도 역시 더뎌질 수 있다(김상규 외 2018).

　　정리하면, 중국과 한국에서는 모두 미세먼지 문제에 대한 여론의 관심 정도가 높게 나타나고 있다. 한국의 경우에 미세먼지 문제에 대한 책임을 중국에 돌리고 있다는 특징이 나타난다. 이와 같이 양국에서 미세먼지에 대한 관심과 여론이 높기 때문에 기후변화 협력보다는 미세먼지 협력의 구체성이 높을 수 있다.

　　〈그림 4-1〉에 나와 있듯이 문제의 범위, 경제적 이익, 여론이라는 변수가 목적과 목표, 주체, 방안의 구체성에 영향을 미치고 있다는 분석틀을 설정할 수 있다.

IV. 사례: 한중 대기환경 협력의 구체성 분석에 미치는 요인 분석

국제 환경 협력이라는 국제적 흐름에 맞추어 동북아시아 국가들 또한

1990년대 초반부터 역내 환경 협력을 시작했다. 동북아시아 내의 대표적인 다자간 협력으로는 동북아환경협력회의(the Northeast Asian Conference on Environmental Cooperation, NEAC), 동북아환경협력고위급회의(North East Asian Subregional Programme of Environmental Cooperation, NEASPEC), 북서태평양보전실천계획(Northwest Pacific Action Plan, NOWPAP), 한·중·일의 3국환경장관회의(the Tripartite Environment Ministers Meeting, TEMM), 동아시아산성비모니터링네트워크(Acid Deposision Monitoring Network in East Asia, EANET) 등이 있다. 특히 매년 개최되고 있는 한·중·일 TEMM은 진행되고 있는 다자간 협력 가운데 기후변화 이슈에 대한 이 국가들 간의 긴밀한 협력을 전개시키기 위한 경험으로 활용될 수 있는 여지가 있다는 점에서 중요한 회의로 손꼽히고 있다.

하지만 이와 같은 노력에도 불구하고 기후변화의 저감과 적응을 위한 동북아 환경 협력은 미미한 수준에 머물러 있다. 대표적으로 한국, 중국, 일본은 역내에서 가장 많은 에너지를 소비하고 탄소를 배출하는 국가들임에도 불구하고 기후변화에 대한 구체적인 협력에 어려움을 겪고 있다.

1. 협력의 목적과 목표가 구체적인가?

한국과 중국은 1993년에 '대한민국 정부와 중화인민공화국 정부 간의 환경 협력에 관한 협정'을 시작으로 다양한 분야에서 협력 증진을 위해 노력해온 바 있다. 특히 2003년의 양국 정부부처 간 환경 협력에 관한 양해각서가 2014년의 양해각서로 대체되는 등 양국 간의 환경 협력은 지속성을 가지고 있다고 평가할 수 있다.

2014년에 개정된 환경 협력에 관한 양해각서를 계기로 2015년에 구성된 한중 공동연구단은 2017년부터 '대기질 공동관측 연구 프로젝트'를 실시해온 바 있다. 2015년의 대기질 공동연구단 협력 양해각서에서는 "대기 분야에서의 협력을 강화하기 위해 대기오염물질을 측정하고 대기질 예보모델을 개선하며 각종 정보를 공유하는 것"과 더불어 상호 간의 협력을 도모하는 것을 목적으로 명시하고 있다. 더불어 공동연구단은 미세먼지 대책을 마련하기 위해 그 영향을 규명하고 중·장기적 개선 대책의 마련을 위한 연구를 진행하고 있다(국립환경과학원 외 2015).

이와 같은 내용을 더욱 발전시킨 형태가 바로 '한중환경협력계획 (2018~2022년)'이라고 할 수 있다. 이를 통해 협력 계획에 대한 서명과 더불어 '한중환경협력센터'를 공동으로 설치 및 운영하기로 했다. 한중환경협력센터는 한국과 중국이 협력하고 있는 분야를 감독하고 조율하는 등의 업무를 수행한다. 이 센터의 주요한 업무 중 하나는 '대기질 공동연구단'과 '환경기술실증지원센터'를 종합적으로 관리하고 환경 협력의 컨트롤타워로서의 역할을 수행하는 것이다(환경부 2017). 또한 그 명칭에서 볼 수 있듯이 2022년까지 협력을 수행하기로 한 바 있어 어느 정도 목적과 목표에 대한 구체성을 보인다고 할 수 있다.

2015년의 '대한민국 정부와 중화인민공화국 정부 간의 기후변화 협력에 관한 협정'에서 양국은 기후변화 문제를 해결하기 위한 의지를 공동으로 도출하고 협력의 필요성을 인식한 바 있다(외교부 2015). 환경 문제를 포괄적으로 다루었던 이전의 협력들과는 달리 명칭에서부터 기후변화에 초점을 두고 협력을 진행한다는 차별성을 두었다고 할 수 있다. 2015년부터 5년간 유효한 이 협정에서는 "양국 간의 협력을 강화하고 공동 협력사업을 추진하며 이를 위해 파트너십의 구축을 적극적으로 이행한다."는 것을 목적으로 명시하고 있다.

또한 이 협정에 기반하여 2016년에는 '한중기후변화협력공동위원회'를 개최한 바 있다. 2018년까지 총 세 차례의 회의가 개최되었으며, 논의 내용은 기후변화 문제에 관한 양국의 포괄적인 협력에 대한 것이었다. 2018년 제3차 한중기후변화협력공동위원회에서 양국은 "기후변화 협상 현황, 국가별 결정기여(Nationally Determined Contribution, NDC)나 적응 등에 관한 의견과 향후 계획을 공유했으며 파리협정의 이행 지침이 도출될 수 있도록 적극 협력하기로 합의"한 바 있다. 하지만 중국 측은 구체적인 추진 방안을 지속적으로 협의해나가자는 언급을 하는 데 그쳤으며, 한국 측은 동북아 국가 간의 대기오염 저감 협력 강화를 위한 중국 측의 협조를 당부하는 데 그쳤다(외교부 2016, 2018). 즉, 양국은 목적과 목표에 대해 어느 정도 합의를 이루었지만 협력의 기한과 측정 가능한 목표에서는 구체적인 합의를 이끌어내지 못했다고 평가할 수 있다. 또한 양국 간의 기후변화 문제에 대한 대응이 대기오염, 즉 미세먼지 문제에 대한 대응과 따로 분리되지 않은 채 함께 다루어지고 있고 이에 대한 구체적인 방안도 전무하다.

양국의 미세먼지 문제와 기후변화 문제에서의 협력이 자료 공유나 공동연구 등에 치중되어 있다는 문제점이 제기되고 있고, 정책 분야의 협력사업도 부족한 상황이다(추장민 외 2017). 비록 미세먼지와 월경성 대기오염에 대한 독립된 협정은 존재하지 않지만, 초기의 한중 환경 협력에 관한 양해각서에서부터 최근의 한중 환경협력계획(2017)에 이르기까지는 대기 분야의 협력에 대한 논의가 주를 이루었다. 특히 한중 환경협력계획에서는 "대기 분야에서의 협력 프로그램을 통해 환경 질의 향상"을 협력의 목적으로 합의했다. 이러한 목적을 달성하기 위해 미세먼지에 대한 환경 협력이 대기질의 공동연구에 집중되어 있다. 그러나 얼마만큼의 미세먼지를 언제까지 줄이도록 협력하겠다는 기한과 측정 가능한 목표가 설정되어 있지 않다. 기후변화 협력에서도 "기후변화에 대처하기 위한 공동 협력사업을 추진한다."는 목적에 대한 합의는 이루었지만 구체적인 협력 목표와 기한이 정해져 있지 않다(환경부 2017). 상대방에 대한 협조를 당부하는 차원에 그치고 있기 때문에 측정 가능한 목표에 대한 합의는 이끌어내지 못했음을 알 수 있다. 즉, 결과적으로 공동연구에 대한 목표를 구체화하고 있다는 점에서 미세먼지 협력의 목적과 목표가 기후변화 협력에 비해 상대적으로 구체성을 보이고 있다고 평가할 수 있다.

2. 협력의 주체가 구체적인가?

양국 간의 환경 협력에서 우선적으로 각 정부의 부처, 즉 한국은 환경부, 중국은 환경보호부가 최종 권한을 가진 기관으로서 책임 주체의 역할을 담당하고 있으며, 환경부뿐만 아니라 각국의 외교부 또한 중요한 역할을 하고 있는 것으로 나타났다. 또한 각국의 환경부는 산하의 다양한 기관들을 통해 사업을 시행하고 추진한다. 예를 들어 2005년의 '한중 황사 관측과 정보 공유를 위한 약정'을 살펴보면, 한국의 환경부가 데이터를 처리하기 위한 소프트웨어를 개발하거나 훈련을 지원하는 등 전반적인 이행을 지원한다. 프로젝트의 이행기관인 중국의 국가환경감측총참(CNEMC), 한국의 환경관리공동(EMC)이 업무를 수행한다(환경부 외 2005).

2014년의 양해각서의 경우에도 한국 측에서는 환경부가, 중국 측에서는 환경보호부가 연락담당기관으로서 양해각서에 명시되어 있는 역할을 수행한다. 또한 기존의 '한중환경협력공동위원회'를 최대한 활용하고, 양국 간의 협력 추진을 위해 "한국의 국립환경과학원과 중국의 국가모니터링센터 및 중국환경과학연구원이 협력사업의 책임기관으로서 협력사업을 실행"한다(환경부 외 2014).

미세먼지의 발생 원인 규명과 예보모델의 개선과 더불어 양국 간의 협력을 견고하게 하기 위해 설립된 '한중 대기질 공동연구단'은 한국의 국립환경과학원과 중국의 환경과학연구원이 연구책임기관으로 지정한 조직이다. 연구단은 '각국의 책임연구자 1인씩 총 2인과 전문가 8인을 합해 총 10명'으로 구성되고, 연구단장은 양국에서 매년 순환하여 맡기로 되어 있다(국립환경과학원 외 2015; 환경부 2015).

최근의 '한중환경협력계획(2018~2022년)'에 따르면, "양국의 환경장관이 협력의 발전과 실적을 감독"하도록 명시되어 있다. 또한 계획의 실질적인 이행을 위해 '한중환경협력센터'를 구성하여 이행을 지원한다. '한중환경협력센터'는 2014년에 양국이 합의한 양해각서와 환경협력계획에서 협의된 사업을 실행할 때 사무국으로서의 역할을 수행하며 양국의 이행기관이 일상적으로 협의하고 원활한 커뮤니케이션을 할 수 있도록 지원한다. '한중환경협력센터'의 운영위원회의 경우 "양국 환경부의 국장급 공무원이 공동으로 의장을 맡아 기관의 구상, 업무 또는 실적 등을 정기적으로 평가"한다(환경부 2017).

기후변화 문제의 해결을 위해 설립된 '한중기후변화공동위원회'의 1차 위원회에는 한국 외교부의 기후변화 대사와 중국 국가발전개혁위원회(National Development and Reform Commission, NDRC)의 국장이 수석대표로 참가한 바 있으며, 2차 위원회에는 한국 측의 기후변화 대사, 중국 측의 기후변화 특별대표(장관급)가 수석대표로 참석했다. 3차 위원회에는 한국의 기후변화 대사, 중국의 생태환경부 기후변화 국장이 참석한 바 있다(외교부 2016, 2017, 2018). 공동위원회에서는 "한국 측에서는 외교부를 주축으로 환경부, 산업통상자원부, 미래창조과학부, 그리고 국무조정실과 전문가들, 중국 측에서는 기후변화 문제를 담당하는 국가발전개혁위원회를 중심으로 논의가 진행"된다(외교부 2016). 게다가 최근에는 양국의 지방자치단체가 기후변화에 대한 공동선언문을 채택하여 기후변화 대응에 대한 교류협력을 강화하기로 했다(박형수 2018). 하지만 기후변화 문제가 단일한 문제로 다루어지기보다는 전반적인 환경 문제들 중의 하나로 간주되면서 미세먼지 대응 문제와 구별되지 않아서 이에 대한 심도 깊은 논의가 부족하고 그 내용이나 산하 기관에 대한 합의가 부재한 상태이다.

즉, 각 문제에 대한 책임 주체는 분명하게 명시되어 있으나 협력 방안의 실행에서 미세먼지와 기후변화 문제는 차이를 보이고 있다. 특히 기후변화 문제의 경우에 논의가 부족해서 주체의 역할이나 권한 또는 책임의 구체성이 미세먼지 문제에 비해 상대적으로 낮다고 평가할 수 있다.

환경 문제의 주체로서 어느 국가가 환경 문제의 주 오염원 국가이고 어느 국가가 피해 국가인지를 아는 것 또한 환경 협력의 중요한 조건이 될 수 있다. 협력이 가장 잘 일어나는 조건 중의 하나는 환경 문제의 원인으로 지목되는 국가가 동시에 주 피해 국가여야 한다는 것이다. 왜냐하면 협력할 유인(incentive)이 증가하기 때문이다. 주 오염원 국가가 환경오염으로 인한 피해를 거의 받지 않는 경우에는 반대로 협력이 가장 안 일어나는데, 이 경우에는 협력할 유인이 가장 적기 때문이다(Sunstein 2007).

3. 방안이 구체적인가?

미세먼지 문제를 분명하게 명시하고 있지는 않지만 대기오염 문제를 명시하고 있는 2014년의 양해각서를 살펴보면, 협력의 형태를 제3조[2]에서 언급하고 있고 제6조를 통해 양국의 대기오염물질에 관한 협력을 강조하고는 있다. 하지만 협력 단계에 대한 구체적인 언급은 협정의 내용에 없다. 다만 이후에 '한중 대기질 공동연구단'이 '한중 환경협력 양해각서' 제6조 제2항[3]에 따라 구성되었음을 2015년의 '중국 환경과학연구원과 한국 국립환경과학원 간의 대기질 공동연구를 위한 양해각서'에 명시하고 있기 때문에, 2014년의 양해각서에서는 단계에 있어서 어느 정도 구체성을 보인다고 평가할 수 있다.

양해각서에 따른 예산은 "각국에서 책정한 금액과 기타 자원 및 각국의 국내법 규정의 적용을 받는다."라고 규정하고 있다. 양해각서 내용의 대부분은 양국 간의 협력을 강화해야 한다는 것에 치중된 모습을 보인다. 하지만 제5조의 "황사와 사막화를 완화하기 위한 협력을 강화"하고 제6조의 "월경성 대기오염물질을 저감"한다는 내용을 통해 미약하지만 협력 방안을 확인할 수 있다. 하지만 양해각서의 내용 중 제도화나 평가 혹은 피드백에 대한 내용이 부재하기 때문에 2014년의 양해각서의 경우 양국 간 협력의 구체성이 낮은 수준이라고 평가할 수

---

2   제3조 본 양해각서하의 협력 활동은 아래와 같은 형태를 포함한다. 1. 환경보호를 위한 정책, 활동, 조치에 관한 자료와 정보의 교환 및 공유, 2. 상호 합의에 기초한 환경보호에 관한 공동조사 및 정보, 기술, 통계의 교환, 3. 환경 전문가 및 공무원의 연수 및 교환, 4. 일반 또는 특정 환경 문제에 관한 공동 세미나, 설명회, 전시회의 조직, 5. 환경 영향평가 방법론에 관한 공동연구를 포함하여 상호 관심 분야의 공동연구 수행, 6. 당사자가 합의하는 민간 부문 수행 공동사업, 7. 기타 상호 합의된 협력 형태.

3   한중 환경협력 양해각서' 제6조 제2항은 다음과 같다. "한중은 대기오염 예보모델 및 대기오염물질 발생원인 규명 등에 대한 공동연구를 실시한다."

있다(환경부 2014).

2015년에 구성된 '한중 간 대기질 공동연구단 양해각서'는 앞서 언급했듯이 2014년의 한중 간 양해각서를 바탕으로 만들어졌다. "양 국은 협력 강화를 위해 매년 정기회의를 개최하고 차년도 연구계획 과 일정을 공유하며 이를 가결한다. 또한 연구단의 운영을 위해 '공동 연구단 운영위원회'가 연차 수행 보고서를 작성"한다(고려대학교 외 2016). 즉, 협력 단계의 구체성은 갖추었다고 할 수 있다. 예산의 경우 에 "관리 비용은 함께 부담하지만 합의에 따라 변동이 가능하며, 각 측에서 쓰이는 비용은 각자가 부담하고 공동예산은 합의를 통해 집행" 한다. 양해각서의 전문을 살펴보면, "대기오염의 개선과 월경성 대기 오염물질의 관리를 위해 긴밀히 협력한다."는 내용을 통해 대기 내 유 해물질을 저감하기 위한 방안으로 공동연구단이 구성된 것을 알 수 있 다. 다만 구체적인 제도화 방안과 결과에 대한 평가나 피드백이 부재 하며 결과보고서가 단지 양국 정부에 제출되기만 한다는 점에서는 구 체성이 부족하다.

2018년에 서명된 '한중환경협력계획'은 이행기구인 '한중환경협 력센터' 구성의 바탕이 되고 '대기질 공동연구단'과 '환경기술실증지 원센터'의 컨트롤타워로서 업무를 실행한다는 점에서 단계의 구체성 을 확인할 수 있다. 또한 "센터의 준비를 위한 실무그룹 또한 구성 및 운용"하기로 합의하여 이 부분에서도 단계의 구체성을 갖추었다. 예 산은 양국의 상황을 고려하여 양국이 공동으로 기부한다는 점에서 구 체성의 정도가 높지는 않은 것으로 드러났다. 환경협력계획에서는 주 로 양국 간의 협력 강화를 집중적으로 다루기 때문에, 예를 들어 대기 오염물질의 저감, 환경 재난에 대한 적응은 다루지 않아서 방안에 대 한 구체성은 높지 않다. 환경협력계획의 부속서인 '한중환경협력센터 운영 규정' 또한 운영 방안에 대한 내용이 주를 이룬다. 제도화 부분에 있어서 역시 구체적인 법령과 같은 방안이 부재하기 때문에 제도화의 구체성은 낮다. 대신에 한국의 환경부와 중국의 환경보호부가 워크숍을 개최하여 양국 간 환경 협력의 현황을 평가하고 협력 활동을 위한 피드백을 할 수 있도록 계획에 명시하고 있다. 게다가 환경협력계획의 이행기구인 환경협력센터의 운영위원회가 업무를 평가하고 점검하는 등의 업무를 수행한다(환경부 2017; 환경부 외 2017).

기후변화와 관련된 2015년의 기후변화협력에 관한 협정을 살펴보면, "협정의 이행을 추진하기 위해 '기후변화협력 공동위원회'를 설치한다."고 명시하고 있다는 점에서 후속 단계에 대한 구체성을 띠고 있다. 위원회의 구체적인 기능에 대한 내용도 언급하고 있어서 단계의 구체성을 확인할 수 있다. 발생하는 비용에 관해서는 각 당사자가 국내법에 따라 부담하며 원활한 협력을 위해 필요시에 적절한 지원을 이바지할 수 있도록 명시하고 있다. 다만 협정의 내용에서 양국 간의 협력을 강조하면서도 이에 따른 세부 내용의 구축을 장려하는 것에 그친다는 점에서 방안의 구체성은 떨어진다. 협력에서의 제도화 방안이나 평가와 피드백 방안의 구체성 또한 협정에서 찾아볼 수 없다.

2015년의 기후변화협력에 관한 협정을 바탕으로 구성된 '기후변화협력 공동위원회'에는 협정이나 양해각서의 형태로 구체적인 내용을 명시한 문서가 따로 없기 때문에 구체성을 확인하는 데 어려움을 겪었다. 양국 간의 공동위원회는 화석연료의 사용을 줄이고 배출권거래제에 대한 협력, 파리협정에 대한 이행으로 온실가스를 저감하겠다는 내용을 통해 방안의 구체성을 확인할 수 있었다. 하지만 그 외에 협력 단계, 예산, 제도화 방안, 평가와 피드백 방안의 구체성은 명시되어 있지 않은 것으로 드러났다(외교부 2016, 2017, 2018).

표 4-3. 한중 기후변화와 미세먼지 협력의 구체성 비교

	미세먼지	기후변화
목적과 목표의 구체성	- 2015년 대기질 공동연구단 협력 양해각서는 "대기 분야에서의 협력 강화를 위해 대기오염물질을 측정하고 대기질 예보모델을 개선하며 각종 정보를 공유"하여 상호 협력을 증진하는 것을 목적으로 명시 - '한중환경협력계획(2018~2022년)'을 통해 '한중환경협력센터'를 설치, 센터는 '한중 대기질 공동연구단'과 '환경기술실증지원센터' 간의 컨트롤타워 역할을 수행 - 미세먼지와 월경성 대기오염에 대한 독립된 협정은 부재하지만, 초기의 환경협력 양해각서부터 최근의 환경협력계획까지 대기 분야 협력에 대한 논의가 주를 이룸 - 그러나 대기질 공동연구에 집중되어 있다 보니 측정 가능한 목표와 목표 달성 기한이 설정되어 있지 않음	- '대한민국 정부와 중화인민공화국 정부 간의 기후변화협력에 관한 협정'에서 기후변화 문제의 해결 의지를 공동으로 도출, 2015년부터 5년간 유효 - '한중 기후변화협력 공동위원회'에서 양국은 기후변화 협상 현황, 상호 간의 의견과 향후 계획과 더불어 파리협정의 이행지침이 도출될 수 있도록 협력하기로 합의 - 양측은 서로 협조를 당부하거나 지속적으로 협의해나가자고 언급한 데 그침 - 목적에 대한 합의는 이루었지만 구체적인 협력의 목표와 기한이 정해져 있지 않음 - 상대방에 대한 협조를 당부하는 것에 그쳐서 측정 가능한 목표에 대한 합의는 이끌어내지 못했다고 평가할 수 있음
계획과 시행 주체의 구체성	- 2005년 '한중 황사 관측과 정보 공유를 위한 약정'에서는 환경부가 프로젝트를 지원, 그 이행은 환경관리공단(EMC)이 담당 - 2014년 양국 간의 환경협력 양해각서의 경우, 한국 측은 환경부가, 중국 측은 환경보호부가 연락 담당기관으로 역할을 수행. 또한 협력 추진을 위한 책임기관으로 한국의 국립환경과학원과 중국의 국가모니터링센터 및 중국환경과학연구원이 명시됨 - 2015년에 구성된 '한중 대기질 공동연구단'에서는 한국의 국립환경과학원과 중국의 환경과학연구원이 책임기관으로 지정됨 - '한중환경협력계획(2018~2022년)'에서는 양국의 환경장관이 협력을 감독하고 '한중환경협력센터'를 구성하여 이행을 담당하게 함 - '한중환경협력센터'의 위원회는 "양국 환경부의 국장급 공무원이 공동으로 의장을 맡아 역할을 수행"	- '한중 기후변화협력 공동위원회'의 1차 위원회에는 한국 외교부의 기후변화 대사, 중국 국가발전개혁위원회(NDRC)의 국장이 수석대표로, 2차 위원회에는 한국 측의 기후변화 대사, 중국 측의 기후변화 특별대표(장관급)가 수석대표 자격으로 참석, 3차 위원회에는 한국 측에서 기후변화 대사, 중국 측에서 생태환경부 기후변화 국장이 참석 - 공동위원회에서 한국 측은 외교부를 주축으로 환경부, 산업통상자원부, 미래창조과학부, 그리고 국무조정실과 전문가들이, 중국 측은 기후변화를 총괄하는 국가발전개혁위원회(NDRC)를 중심으로 하는 대표단이 문제를 논의 - 협력 방안의 실행에 대한 논의가 부족하여 구체적인 산하기관이 부재한 상태

| 방안의 구체성 | - 2014년의 양해각서의 내용 중에는 협력 단계의 내용이 부족하지만 이후 '한중 대기질 공동연구단'이 발족하는 데 바탕이 되었으므로 단계의 구체성이 나타나고 있음. 예산도 양해각서에 규정되어 있으며 방안의 구체성 또한 확인이 가능함. 그러나 제도화나 평가 혹은 피드백에 대한 구체성이 부족함
- 2015년 공동연구단의 양해각서에서 협력 단계와 예산에 대한 구체성, 그리고 방안에 대한 구체성은 확인이 가능하지만 제도화나 결과에 대한 평가 또는 피드백이 부재함
- 2018년의 환경협력계획에서는 협력 단계, 예산의 구체성을 확인할 수 있지만 방안과 제도화의 구체성은 낮음. 그러나 양국 간의 평가 및 피드백에 대한 내용이 명시되어 있어 이에 대한 구체성이 나타나고 있음 | - 2015년의 기후변화협력에 관한 협정에서는 단계와 예산에 대한 구체성을 확인할 수 있지만, 협력 방안, 제도화 방안, 그리고 평가 및 피드백 방안의 구체성을 확인할 수 없음
- 기후변화협력에 관한 협정을 바탕으로 구성된 '기후변화협력 공동위원회'에는 협정이나 양해각서의 형태로 구체적인 내용을 담고 있는 문서가 없어 구체성을 확인하는 데 어려움을 겪음. 다만 양국 간의 공동위원회가 온실가스를 저감하겠다는 내용을 논의하여 방안의 구체성은 확인할 수 있지만, 그 외에 협력 단계, 예산, 제도화 방안, 평가와 피드백 방안의 구체성은 명시되지 않음 |

　　기후변화와 미세먼지에 대한 한중 환경 협력의 구체성 정도를 표로 정리하면 〈표 4-3〉과 같다.

V. 결론

기후변화는 실제로 발생하고 있으며, 그 원인은 산업혁명 이후 인간의 경제활동임이 밝혀졌다. 기후변화는 빙하의 감소, 해수면의 상승과 해류의 변화, 극단적 자연재해, 생태계의 변화, 농업과 식량 공급의 불안정성, 질병의 확산에 영향을 주고 있다. 인간이 기후변화에 취약한 정도는 자연과 생태계의 혜택에 얼마나 의존하는지, 취약성에 대응하기 위해 얼마나 준비되어 있는지에 따라 달라진다. 즉, 기후변화로 인한 자연의 변화의 경제적 토대, 효과적인 정책결정 과정, 공공서비스 등의 유무와 정도가 적응의 가능성에 영향을 미친다는 것이다. 기후변화 문제에 대한 대응의 시급성에도 불구하고 동북아와 한중 간의 기후변화 대응은 아직 초기 단계이다. 따라서 환경 협력의 목적과 목표, 주체, 방안의 구체성이 낮은 편이다. 이는 문제의 원인과 결과가 지구적이고, 협력으로 인한 경제적 이익과 손해가 불명확하며, 환경 협력의 여론이 높지 않음에 기인한 것으로 보인다. 연구에 따르면, 기후변화 대응을 위해 지구적 협약뿐만 아니라 구체적이고 현실적인 지역적인 협력이 온실가스의 저감에 효과적일 수 있다(Asheim et al. 2006). 즉, 동북아에서 양자적·지역적으로 작동하는 기후변화 대응의 메커니즘을 만들고 제도화하며 서로의 정책을 배우고 공유할 때 저감의 효과를 향상시킬 수 있다는 점을 인식해야 한다. 기후변화 문제는 그 원인과 결과가 지구적 범위에 걸쳐 있고 문제해결에 드는 비용에 비해 결과와 효용이 장기간에 걸쳐 눈에 띄지 않는다는 특성을 갖는다. 또한 지구적 환경 문제로 대응하자는 여론이 있긴 하지만 긴급하게 정부 간의 협력이 필요한 문제로 여겨지지는 않는다. 그러나 기후변화에 대한 양자간 협력이 불가능하거나 불필요한 것은 아니다. 기후변화에 대한 대응으로 인한 국가별·지역별 이익이 비용보다 클 수 있음을 공동으로 인식하고 이를 통해 국민의 기후변화에 대한 관심사를 높일 수 있다. 또한 전 지구적 기후변화에 공동 대응하기 위해 양국 간에 기후변화의 저감과 적응 방안, 기술 협력을 증진시키는 것을 협력의 목적으로 설정할 수 있다. 파리협정의 국가결정기여의 목표와 기한을 존중하고 이행하되 감축 목표를 달성하기 위한 양국의 구체적 방안을 공유할 수 있다. 특히 기후변화의 영향이 지역별로 다르게 나타나는 문제에 대한 적응의 문제는 재해에 대한 협력이라는 측면에서 협력의 구체성을 확보할 수 있다. 기후변화의 원인은 지구적이지만 그 부정적 결과는 지역적임을 인식하고 기후변화의 적응에 대한 공동 대응이 필요하다. 이를 통해 기후변화에 대한 지역 협력의 목적과 목표를 구체화하고 누가 무엇을 어떻게 협력해야 하는지에 대한 주체와 방안에서의 구체성을 확보할 수 있다.

월경성 대기오염의 경우에 사람과 사람이 만든 경계, 특히 국경을 넘나드는 월경성 대기오염물질에 대한 공동의 노력이 필요함을 인식하고 협력을 진행해왔다. 그러나 대기오염물질의 경우에 그 원인이 다양하고 다수의 지역에서 발생하기 때문에 원인을 특정하여 대책을 세우기가 힘들다. 동북아 지역 중 중국과 같이 인구가 빨리 증가하며 산업화가 진행될수록 월경성 대기오염물질이 늘어날 가능성이 크다. 우리나라는 중국의 풍하지역에 위치하고 있어서 여름철을 제외하고 사계절 내내 중국에서 배출되는 대기 중 미세먼지의 영향을 지속적으로 받고 있다.특히 수도권의 경우에 국지적인 배출과 함께 중국의 영향으로 인한 미세먼지에 대한 노출이 심각하다. 중국발 미세먼지의 부정적인 영향이 악화되고 있음에도 현재 한국이 확보할 수 있는 중국의 미세먼지에 대한 정보는 희박한 상황이다(한국환경공단 2015).

지역환경의 효율적인 관리를 통해 국제협력의 추가적인 경제적 이익을 창출할 수 있다. 지역국가 간의 정보 공유는 학습 효과를 창출할 수 있고 환경보호에 대한 전반적인 비용을 감소시킬 수 있기 때문이다. 미세먼지를 비롯한 월경성 대기오염 문제에 대한 협력은 전형적인 상류·하류의 문제이다. 특히 상류의 오염원이 패권국(혹은 강대국)인 경우에 협력에 대한 인센티브가 낮아지는 모습을 보인다. 이는 지역적인 문제로 지구적인 문제보다는 범위가 좁으나 갈등의 요소가 있다는 점에서 협력의 저해요소도 상존한다. 그렇지만 미세먼지 대응에 대한 경제적(보건적) 이익이 기후변화보다는 가시적일 수 있다는 측면에서는 협력의 가능성이 존재한다. 또한 미세먼지 협력에 대한 피해국(한국)의 여론이 높기 때문에 한국 주도의 협력 방안이 논의되고 모색될 가능성도 있다. 이에 앞으로 월경성 대기오염 협력의 구체성을 담보할 필요가 있다. 이를 위해 이전에 월경성 대기오염 문제에 대한 지역적 협력체를 만들었던 유럽과 아세안의 사례를 면밀히 비교분석할 필요가 있다. 이를 바탕으로 어느 정도의 기한 내에 얼마만큼의 월경성 대기오염물질을 저감할지에 대한 구체적 방안을 모색하고 합의해야 한다.

대기환경 협력이 문제해결 수준까지 이루어지지 않고 있지만 협력의 목적에 대해서는 공감이 이루어지고 있다고 판단된다. 그러나 여전히 성취해야 할 목표와 기한이 구체적으로 합의되지 않았다. 또한 한중 간의 월경성 대기오염물질에 대한 협력 주체는 양국의 환경부로 구체성을 가지고 있지만, 한국 정부에 비해 중국의 경우에는 협력에 대한 지지를 찾아보기 힘들다는 한계가 있다. 그럼에도 불구하고 오랜 기간 동안의 협력 노력 덕분에 협력의 단계를 더디게나마 순차적으로 진행해오고 있다. 특히 최근 한중환경협력센터의 설립과 한중환경협력계획의 수립은 주체와 계획의 구체성을 확보하는 방안으로 보인다. 물론 어떻게 이를 시행하고 어떻게 협력 목표의 달성을 평가할 수 있는가는 과제로 남아 있다. 기후변화 문제와 비교해서 월경성 대기오염 문제의 경우에 문제의 범위가 지역적이라는 점과 협력의 이익 혹은 비협력의 불이익이 크다는 점이 협력의 구체성을 증진하는 데 도움이 되었다고 판단된다. 또한 일상생활에 부정적인 영향을 끼치는 중국발 미세먼지에 대한 부정적인 여론은 한중 월경성 대기 오염물질의 구체성을 추동하는 요인으로 작용하고 있다. 중국발 월경성 대기오염물질에 대한 부정적 여론이 주로 한국에 국한된다는 한계는 존재한다. 하지만 중국 또한 몽골과 내륙 지역으로부터의 월경성 대기오염물질에 대한 우려가 높다는 점을 감안한다면, 이 문제를 동북아 지역의 협력을 통해서 해결할 수밖에 없음을 강조해야 할 것이다.

대기환경 협력의 구체성은 환경오염으로 인한 문제해결에 필수적이다. 이 장에서는 문제의 범위, 경제적 이익, 여론에 따라 환경 협력의 목적과 목표, 주체, 방안의 구체성이 달라질 수 있음을 밝히고 있다. 특히 기후변화 문제와 같이 범위가 지구적이고 장기적인데다 즉시적인 경제적 이익이 없는 경우에 환경 협력의 구체성이 명목적으로 설정되고 있음을 보여준다. 월경성 대기오염물질의 해결을 위해 더 심도 깊은 협력이 필요하기는 하지만, 기후변화 문제에 비해 문제의 범위가 지역적이고 자원을 투입하지 않은 경우에 즉시적인 사회경제적 불이익이 나타나는 문제는 환경 협력의 목적과 주체에 있어 어느 정도의 구체성을 나타내고 있다. 미세먼지를 비롯한 월경성 대기오염물질에 대한 협력 방안의 구체성을 증진시키는 것이 중요하다. 아울러 전 지구적인 문제이자 지역적으로 다른 위험을 가져다줄 수 있는 기후변화 적응 문제에 대한 환경 협력의 구체성도 확보할 필요가 있다.

참고문헌

고려대학교한국환경공단(2016), 『한·중 월경성 미세먼지 저감을 위한 공동연구(II)』,
　　국립환경과학원.
국립환경과학원·중국환경과학연구원(2015), "중국 환경과학연구원과 한국 국립환경과학원
　　간 대기질 공동연구를 위한 양해각서", 국립환경과학원.
김대우(2017), "노후 석탄화전 한달 멈췄더니 미세먼지 15%나 줄어". http://biz.heraldcorp.
　　com/common_prog/newsprint.php?ud=20170725000700(검색일: 2018. 12. 1).
김상규·김동연(2018), "월경성 환경오염문제에 관한 한·중 인식 차이와 협력 분석: 평화적
　　갈등 해결 논의를 중심으로", 『평화학연구』, 19(1), pp.253-277.
문광주·채혁기Yang, XiaoyangMeng Fan전권호박현주장임석김정수(2017), "중국
　　초미세먼지 현황 및 정책에 관한 연구", 『한국대기환경학회 학술대회논문집』, 164.
박형수(2018), "중국 간 박원순, 리커창과 면담 '환경 문제 등 지방 교류 강화하겠다'".
　　https://news.joins.com/article/23160844(검색일: 2018. 12. 9).
손효동·이태동(2016), "거버넌스 다중이해당사자의 목적 합치성과 참여 도시 에너지 전환
　　'에누리' 사례를 중심으로", 『공간과 사회』, 58, pp.159-189.
송이라(2018), "미세먼지 재난으로 지정 추진…체계적 재난대응 나선다". http://www.
　　edaily.co.kr/news/read?newsId=01298886619410640&mediaCodeNo=257(검
　　색일: 2018. 12. 9)
안제노·박은주(2016), "동북아지역 환경거버넌스를 통한 평화협력체제 구축 가능성 연구:
　　월경성(transnational) 대기오염 사례를 중심으로", 『세계지역연구논총』, 34(3), pp.75-
　　95.
안형기(2011), "동북아 지역환경협력레짐의 구축―황사문제를 중심으로",
　　『한국비교정부학보』, 15(2), pp.103-128.
예종영(2010), "동북아 환경협력의 현재와 미래", 『국제관계연구』, 15(1), pp.137-164.
외교부(2015), "대한민국 정부와 중화인민공화국 정부 간의 기후변화협력에 관한 협정",
　　외교부.
＿＿＿(2016), "제1차 한·중 기후변화협력 공동위원회 개최―한·중 기후변화 협력협정에
　　기반한 포괄적 협력 논의 개시", 외교부.
＿＿＿(2017), "제2차 한·중 기후변화 공동위원회 개최―파리협정 이행 의지 확인 및
　　기후변화 대응 공동 협력 강화 합의", 외교부.
＿＿＿(2018), "'제3차 한·중 기후변화협력 공동위' 개최―기후변화 협상 진전 및 미세먼지
　　등 양자협력 확대 방안 논의", 외교부.
원동욱(2008), "과학적 불확실성과 동북아 환경협력의 딜레마", 『한국정치학회보』, 42(4),
　　pp.367-385.
이수철(2017), "일본의 미세먼지 대책과 미세먼지 저감을 위한 한중일 협력",
　　『자원·환경경제연구』, 26(1), pp.57-83.

이태동(2017), 『토론으로 배우는 환경-에너지 정치』, 청송미디어.

정장훈(2012), "국제환경협력 참여의 결정요인—생태계 보호를 위한 람사협약을 중심으로", 『한국정책학회보』, 21(1), pp.155-189.

최정진(2008), "동북아 환경협력체제의 문제점과 대응-전략", 『OUGHTOPIA』, 23(1), pp.141-166.

추장민(2011), "중국 환경정책의 동향과 한중협력 발전방향", 『국토』, 9월호, pp.23-29.

추장민·공성용·이승민·정성운·董戰峰(2017), "한·중 권역별 대기오염 저감정책 비교 및 협력방안 연구—고정오염원 관리 대책을 중심으로", 『연구보고서』, pp.1-242.

홍금우(2002), "동북아지역의 환경협력방안에 관한 연구", 『한국동북아논총』, 23, pp.23-39.

홍익표(2012), "동북아 환경협력에 대한 비판적 고찰", 『국제정치논총』, 52(3), pp.171-200.

환경부(2015), "미세먼지 저감 연구 본격 착수를 위한 한·중 미세먼지 공동연구단 발족", 환경부.

_____(2017), "(참고) 정상회담 계기 '한·중 환경협력계획' 서명", 환경부.

환경부·중국환경보호부(2014), "대한민국 환경부와 중화인민공화국 환경보호부 간 환경협력에 관한 양해각서", 환경부 편, 『(2015 현행) 환경협력 협정 및 양해각서[개정증보판](2015. 7)』, 환경부, pp.184-203.

_____(2017), "2018-2022 한·중 환경협력계획 합의문", 환경부.

환경부·중국환경보호총국(2005), "한·중 황사관측과 정보공유를 위한 약정", 환경부 편, 『(2015 현행) 환경협력 협정 및 양해각서[개정증보판](2015. 7)』, 환경부, pp.147-158.

Asheim, Geir B., Camilla Bretteville Froyn, Jon Hovi and Fredric C. Menz(2006), "Regional versus global cooperation for climate control", *Journal of Environmental Economics and Management,* 51(1), pp.93-109.

Axelrod, Robert and William Donald Hamilton(1981), "The evolution of cooperation", *science,* 211, Issue 4489, pp.1390-1396.

Bloom, David E.(1995), "International public opinion on the environment", *science,* 269, Issue 5222, pp.354-358.

Carr, Edward H.(2001), The Twenty Years' *Crisis, 1919-1939: An Introduction to the Study of International Relations,* New York: Perennial.

Dunlap, Riley E.(1995), "Public opinion and environmental policy", Lester, James P. eds., *Environmental politics and policy: theory and evidence,* North Carolina: Duke University Press, pp.63-114.

Ha, Soojin and Taedong Lee(2015), "Assessing the effectiveness of marine environmental regimes in East Asia", *Ewha Journal of Social Sciences,* 31(1), pp.5-39.

Herman, Edward S and Noam Chomsky(1988), *Manufacturing Consent: The Political economy of the mass media,* London: Vintage.

Jing, Li(2018), "Does the Chinese public care about climate change?", https://www.chinadialogue.net/article/show/single/en/10831-Does-the-Chinese-public-care-about-climate-change-(검색일: 2018. 11. 30).

Keohane, Robert O. (1984), *After Hegemony: Cooperation and Discord in the World Political Economy,* Princeton: Princeton University Press.

Keohane, Robert O and Joseph S. Nye (1977), *Power and Interdependence: World Politics in Transition,* Boston, MA: Little, Brown and Company.

Kim, Inkyoung (2007), "Environmental cooperation of Northeast Asia: transboundary air pollution", *International Relations of the Asia-Pacific,* 7(3), pp.439–462.

Krasner, Stephen D. (1983), *International regimes,* Cornell University Press.

Long, William J. (1996), "Trade and Technology Incentives and Bilateral Cooperation", *International Studies Quarterly,* 40(1), pp.77–106.

Mearsheimer, John J. (1994), "The False Promise of International Institutions", *International Security,* 19(3), pp.5–49.

Mitchell, Ronald B. (2010), *International Politics and the Environment,* London: Sage Publications.

Morgenthau, Hans J. (1948), *Politics Among Nations: The Struggle for Power and Peace,* New York: Alfred A. Knopf.

Nordhaus, William D. (2007), "A review of the Stern Review on the Economics of Climate Chage", *Journal of Economic Literature,* 45(3), pp.686–702.

Oye, Kenneth A. (1985), "Explaining cooperation under anarchy: Hypotheses and strategies", *World Politics,* 38(1), pp.1–24.

Risse-Kappen, Thomas (1991), "Public Opinion, Domestic Structure, and Foreign Policy in Liberal Democracies", *World Politics,* 43(4), pp.479–512.

Sandler, Todd (2017), "Environmental cooperation: contrasting international environmental agreements", *Oxford Economic Papers,* 69(2), pp.345–364.

Stein, Arthur A. (1982), "Coordination and Collaboration: Regimes in an Anarchic World", *International Organization,* 36(2), pp.299–324.

Sunstein, Cass R. (2007), "Of Montreal and Kyoto: a tale of two protocols", *Havard Environmental Law Review,* 31(1), pp.1–65.

Trop, Cecile and Leslie L. Roos, Jr. (1971), "Public opinion and the environment", Roos, Jr, Leslie L. eds., *The Politics of Ecosuicide,* New York: Holt, Rinehart and Winston, pp.52–63.

Waltz, Kenneth N. (1979), *Theory of International Politics,* New York: Random House.

제5장

동북아 에너지국제정치와 지역 협력

신범식(서울대학교)

에너지안보에

대한 전통적 사고를 넘어 신흥안보로서 에너지안보를 파악하게 되는 상황을 검토한다. 그리고 이러한 도전과 그 결과로 야기된 에너지국제정치의 과제들이 동북아에서 어떻게 발현되고 있는가를 밝히고, 이러한 과제의 설정이 어떤 협력과 경쟁의 에너지국제정치를 전개하고 있는지 검토한다. 특히 동북아 에너지국제정치가 추구하고 있는 지역적 협력의 시도들에 대해서도 검토하여 안보와 경제의 통합적 효과가 현실적으로 얼마나 실현될 가능성이 있으며 이것이 한반도와 남북관계에 가져올 수 있는 효과가 무엇인지 예측해본다.

한국은 세계 8위의 에너지소비국이며 10대 온실가스 배출국으로, 에너지안보와 에너지전환에 특별한 관심을 기울여야 한다. 95%의 에너지를 수입하고 있는 한국은 에너지안보가 매우 취약하기 때문에 에너지원 및 도입처를 다변화해야 하고, 신기후체제 대응을 위한 저탄소경제체제로 전환해야 하며, 미세먼지와 지진 등 대기오염 및 원전 안전 문제에 대응해야 한다. 하지만 한국의 기후변화 대응 노력은 세계 최하위권이며, 에너지전환을 위한 신재생에너지 기반 경제의 구축에 이르기까지 갈 길이 멀다. 당장 천연가스(LNG, LPG) 발전은 석탄 발전 및 원자력 발전을 대체하면서 신재생에너지 경제로 넘어가는 가교에너지원으로서 더 큰 역할을 해야 한다. 기존의 도입안정성 위주의 경직적 계약구조를 넘어 유연한 시장을 형성하고 적응해야 하며, 동북아 시장을 둘러싼 국제적 경쟁에서 자기 이익과 기회를 실현해야 한다. 이에 성공하지 못할 경우 기존의 한국의 국제경쟁력은 심각한 도전에 직면하게 될 수 있다. 또한 뒤처진 경제를 개발하려는 체제전환국인 북한에도 에너지 문제는 핵심적 과제일 수밖에 없다. 에너지의 경제-안보 넥서스(nexus)로서의 양가적 속성을 잘 활용하면 에너지 협력을 통해 북한의 체제전환을 성공적으로 견인할 수 있을 것이다. 다만 이를 남북 양자간의 과제로만 환원해서는 안 되고 지역적 협력의 틀 속에서 녹여내야 한다. 이 같은 국제적 틀 속에서 남북 간의 반(半)직접적 연계가 북한의 변화를 안정적으로 유도하는 온건한 해법의 기본틀이 될 수 있을 것이다.

동북아의 에너지국제정치에서는 경제와 안보를 선후 및 위계의 문제로 파악하기보다는 혼합되어 있는 영역으로 이해하는 접근법이 필요하다. 에너지국제정치에서 안보와 경제 문제는 구분되어 있기보다는 동시적으로 긴밀히 연결되어 작용하는 혼합 이슈의 영역에서 벌어지는 현상이다. 이런 점에서 국가별 및 지역적 에너지안보의 증진을 통해 평화와 번영을 동시에 달성하기 위한 방안으로 동북아 에너지 협력 논의에 주목해야 한다.

I. 서론

국제정치학에는 지역 내의 평화와 경쟁을 이해하려는 다양한 시각이 존재한다. 현실주의 시각에서는 힘에 의한 안보와 세력 균형에 기초한 평화와 협력을 추구하며, 자유주의 시각에서는 시민 평화나 시장 평화와 같은 수평적 관계에 대한 관심으로부터 평화와 경쟁을 이해하려고 한다. 문제는 이 양자가 시각의 차이에 그치지 않고 협력과 평화를 달성하는 데 대한 방법상의 이견, 나아가 정책적 입장의 대립을 야기하고 있다는 것이다. 그 결과 정책적으로 안보가 보장되어야 경제적 번영을 위한 협력이 시작될 수 있다는 '선(先)안보 후(後)경제'의 접근과 경제적 협력이 안보의 증진으로 연결될 수 있다는 '선경제 후안보'의 접근이 강하게 대립하고 있다.

사실 이 같은 시각상의 차이는 유럽의 지역통합 경험을 해석하는 데에서 잘 드러난다. '기능주의' 및 '신기능주의' 이론 진영에서는 경제적 협력의 점진적인 전이 효과(spill-over effect)에 대한 가정이 유럽 통합을 설명하는 중요한 축이다. 하지만 다른 한편에서는 '정부 간 협상주의'와 같이 국가 간의 기본적인 이익의 조정을 가능하게 하는 협상이 가장 기본적인 안보 문제의 해결에서 가능했다는 해석을 강하게 지지하고 있다. 이 같은 시각상의 대립은 동북아시아에서 냉전 이래로 해소되지 않고 있는 대립 혹은 대결 구도의 존속과 함께 동북아 지역의 협력을 저해하는 중요한 인식상의 장애물로 작용하고 있다. 이 장애물이 미중 경쟁의 고조와 '지정학의 귀환'을 표방하는 시대적 분위기와 더불어 지역의 협력과 통합을 위한 노력을 더욱 난망하게 만들고 있다.

그런데 지역적 통합과 협력에 대한 이 같은 양대 접근법은 그 관점이 명료히 구분되는 것이 사실이다. 하지만 현실에서 이 두 관점이 조망하는 것처럼 협력과 경쟁이 철저히 구분되어 존재하는 것만은 아니라는 점에 대해서는 많은 사람들이 동의할 것이다. 이러한 구분은 어쩌면 안보와 경제가 분리되어 존재하면서 어느 한 편이 다른 편에 대해 더 우월한 영향력을 지닌다는 확증되지 않은 전제에서 기인하는 것이 아닌가 하는 의문을 제기해볼 수 있다. 사실 우리가 살고 있는 세계에서는 안보와 경제 영역이 독립적으로 존재하기보다는 상호 긴밀히 연계되어 있기 때문에 이를 종합적으로 파악해야 한다는 사고가 점차 폭넓은 지지를 획득해가고 있다. 따라서 우리는 경제와 안보를 선후 및 위계의 문제로 파악하기보다는 혼합(nexus)되어 있는 영역으로 이해할 필요가 있다.[1] 바로 이런 점에서 에너지국제정치를 안보와 경제의 문제가 구분되는 현상이 아니라 동시적으로 긴밀히 연결되어 작용하는 혼합이슈의 영역에서 벌어지는 현상으로 파악하는 것이 옳을 것이다.

이미 지적한 바와 같이 에너지국제정치는 안보 우선 시각과 경제 우선 시각을 관통하여 안보와 정치가 혼합되는 현상으로 이해할 필요가 있다. 에너지는 경제의 기초이지만 안보의 기초도 되기 때문이다. 그래서 에너지자원은 '정치화된 재화'로서 경제와 안보가 혼합된 사회적 가치로서의 성격을 갖게 된다. 따라서 에너지국제정치는 현실주의적 평화와 자유주의적 평화를 아우르는 개념의 영역 속에서 취급해야 한다. 이러한 점에서 동북아에서 에너지 협력을 논의하는 것은 국가 및 지역적 에너지안보의 증진을 통해 평화와 번영을 동시에 달성하기 위한 방안으로 주목할 필요가 있다.

한편 국제협력에 대한 시각 차이와 더불어 동아시아 지역이 지니는 특수성에 대한 숙명론적 비관론을 경계할 필요가 있다. 이러한 생각은 주로 유럽의 경험이 동아시아에 그대로 적용되기에는 큰 한계가 있다는 주장과 맥을 같이한다. 근대의 오랜 경험 속에서 자신만의 탈근대적 지역질서를 모색해가는 유럽의 경험이 지닌 특수성은 다시 보편적 이해의 틀로 분석되고 이해되어야 한다. 근대와 탈근대가 혼합되어 복잡한 동학을 발생시키고 있는 동아시아의 지역 협력과 통합에 대해 지니는 적확한 의미를 밝히는 일을 포기해서는 안 된다. 따라서 특

---

1   이 같은 안보와 경제 등의 복합에 대한 국내의 논의로는 이승주(2015), 손열(2017)을 참조하라.

히 동북아시아의 지역 협력과 통합에 대한 숙명론적 비관주의를 경계하는 것과 더불어 동(북)아시아의 신지역주의적 특성을 유럽의 특수성 및 지구정치의 보편성이라는 맥락에서 이해하고 분석함으로써 이 지역의 경험에 기초한 창조적이며 지역친화적인 협력의 가능성을 탐구하는 것이 계속되어야 할 것이다.

지난 박근혜 정부의 동북아평화협력구상이나 문재인 정부의 동북아플러스책임공동체구상이 한국의 지역적 평화와 공영을 위한 구상으로 계속해서 시도되어온 바 있다. 물론 이 정책적 노력에도 전술한 지역 협력에 대한 시각 및 방법에 대한 차이가 반영되고 있다. 연성 이슈로 시작하여 경성 이슈로 가려고 했던 동북아평화협력구상의 한계를 좀 더 적극적인 방식으로 타개하려는 현 정부의 노력은 다양한 정책적 시도를 통해 동북아플러스책임공동체구상에 반영되고 있다. 이 구상은 평화의 축과 번영의 축을 동시에 강화해나가자는 것인데, 이를 위해서 북핵 문제의 해결과 한반도신경제지도구상 및 그와 연결된 신북방정책–신남방정책의 추진은 안보와 경제의 넥서스를 실현해보려는 시도라고 볼 수 있다. 이같이 변화하는 정세하에서 정책적인 조정을 거치면서도 한국이 시도하는 지역의 평화 협력을 증진시키려는 노력은 지속적으로 경주되어야 한다. 이 과정에서 얻게 되는 경험지를 바탕으로 주변의 신뢰와 지지를 획득하면서 창조적인 진전을 이끌어갈 필요가 있다. 바로 이러한 노력과 관련하여 한국 정부와 동북아 국가들이 주목해야 할 부분으로 부상하고 있는 협력 분야가 에너지이다.

이에 이 장에서는 에너지안보에 대한 전통적인 사고를 넘어 신흥안보로서 에너지안보를 파악하게 되는 상황을 검토한다. 그리고 이러한 도전과 그 결과로 야기된 에너지국제정치의 과제들이 동북아에서 어떻게 발현되고 있는가를 밝히고, 이렇게 변화된 문제와 과제의 설정이 어떤 협력과 경쟁의 에너지국제정치를 창출하고 있는가를 검토하려고 한다. 특히 동북아 에너지국제정치가 추구하고 있는 지역적 협력의 시도에 대해 검토함으로써 안보와 경제의 통합적 효과가 얼마나 현실적으로 실현될 가능성이 있으며 이것이 한반도와 남북관계에 가져올 수 있는 효과가 무엇인지 예측해보려고 한다. 이를 위해 먼저 신기후체제의 도래에 따른 신흥 에너지안보의 도전을 이해하고 이러한 변화가 동북아 에너지국제정치의 환경을 어떻게 변화시키고 있는지 살펴본다. 또한 이에 대한 지역적 대응으로 어떤 대책들이 논의되고 시도되고 있는지 알아본다. 이를 바탕으로 이러한 시도들이 향후 동북아와 한반도에 대해 지니는 의미와 과제가 무엇인지도 살펴본다.

II. 신흥 에너지안보의 도전과 대응

에너지국제정치의 환경은 지난 한 세기 동안 크게 변화해왔으며, 이러한 변화는 에너지안보의 성격을 빠르게 변화시키고 있다. 에너지안보는 전통적으로 고전지정학적 사고에 부합되는 틀 속에서 정의되어온 것이 사실이다. 전통적 에너지안보는 에너지자원에 대한 접근과 개발을 둘러싼 권리와 생산된 에너지자원을 안전하게 운송하여 충분한 양의 에너지를 적절한 가격에 공급한다는 차원에서 정의되었다.[2] 이러한 에너지안보 개념은 국가의 매우 높은 정책적 우선순위와 연관되는데, 이에 국가안보의 관점에서 접근하는 것이 당연시되었다.

이처럼 에너지안보를 국가중심적이며 안보중심적으로 이해하는

---

2   에너지안보의 개념에 대해서는 Kalicki and Goldwyn(2005)을 참조하라.

것은 2차 세계대전에서 절정을 이루었다. 미국은 일본과의 심화되는 대립 속에서 일본에 대해 석유금수조치를 취함으로써 일본의 무력 공격을 촉발했다. 따라서 전후 세계질서를 구축하는 과정에서 석유가 차지했던 의미는 경제의 단순한 에너지원일 뿐만 아니라 안보적으로 민감한 재화였다고 할 수 있다. 특히 중동 전쟁과 오일쇼크 이후에 에너지 문제는 지구적 문제로 인식되기 시작했고, 세계를 경영하는 미국의 입장에서 에너지안보는 외교안보적 고려의 중요한 우선순위로 취급되었다. 이 과정에서 에너지안보를 달성하는 해법은 여전히 국가중심주의적 사고에서 벗어나지 못했던 것도 사실이다.

하지만 최근 들어 변화하는 에너지 및 환경 분야의 국제정치적 상황은 에너지안보의 문제를 국제정치적인 접근을 통해서 풀어가야 할 필요성을 더욱 고조시키고 있다. 이른바 에너지안보의 '신흥안보화' 현상이 나타나고 있는 것이다(Smil 2003).

이러한 에너지안보의 신흥안보화는 파리협정의 발효로 인해 지구적인 에너지전환의 문제가 중요한 과제로 등장하면서 더욱 확실해졌다. 주지하다시피 지구 온난화는 인류의 생존을 위협하는 중요한 도전이 되었고, 이에 대응하기 위해 2015년 12월에 체결된 파리협정에 기초해서 출범한 신기후체제는 저탄소화와 탈탄소화를 통해 새로운 산업적·문명적 패러다임을 구축하는 거대한 흐름을 형성해가고 있다. 물론 트럼프 행정부의 파리협정 탈퇴 선언에도 불구하고 신기후체제를 구축하기 위한 흐름은 지구정치 과정의 중요한 흐름으로 자리 잡게될 것으로 보인다.

에너지안보의 신흥안보화 과정에서 신기후체제의 출범과 함께 고려해야 할 또 다른 중요한 요소는 4차 산업혁명의 도래이다. 4차 산업혁명은 고도화된 컴퓨터 및 인공지능의 발전에 의존하는 바가 크다.

이를 충족시키기 위해 필요한 에너지수요의 산술적 계산에 따르면, 현재의 에너지 생산 및 소비 체제에서 감당하기 어려울 정도로 거대한 양의 새로운 에너지수요가 창출될 것이라는 예측이 힘을 얻고 있다. 이는 에너지안보의 관점에서 볼 때 거대한 도전이 될 것이다. 하지만 이러한 도전적 요인만큼이나 중요한 점은 4차 산업혁명을 통한 새로운 기술의 발전이 새로운 에너지원을 발굴하고 에너지소비의 고효율화를 유도함으로써 새로운 수요를 상쇄해갈 것이라는 예측이 동시에 제시되고 있다는 것이다(신범식 2017).

이처럼 신기후체제의 출범과 4차 산업혁명의 도래는 에너지안보의 신흥안보화에 따른 새로운 사고의 전환을 요청하고 있다. 이는 기존의 전통적인 지정학적 사고틀 속에서 에너지안보를 정의하던 것을 넘어 신지정학적 내지 복합지정학적 사고틀 속에서 에너지안보를 보장해야 한다는 점에서 에너지안보 환경의 새로운 변화를 추동하고 있다고 할 수 있다. 신지정학적 사고는 전통적인 지정학이 작동하는 동시에 새로운 지역과 세계의 협력적 동학을 함께 고려하는 복합적인 지정학이 작동하는 상황과 관련되어 있다. 즉, 기후변화의 도전과 4차 산업혁명의 기회와 도전은 에너지안보의 문제를 일국중심적 사고로 풀어갈 수 없게 한다. 유럽은 물론이고 세계 곳곳의 지방, 소지역, 지역, 광역지역 수준에서 다양한 에너지협력체제를 시도하고 있으며 에너지안보의 새로운 지역적 패러다임이 등장하고 있다. 가령 유럽에서 시도되었던 '데저텍 프로젝트(Desertec Project)'는 태양열, 지열, 풍력, 바이오매스, 수력 등의 재생에너지를 활용한 광역 슈퍼그리드(Super-Grid) 구축 사업으로, 에너지안보를 지역적 수준에서 풀어가려는 노력의 대표적인 예이다(Desertec Foundation 2009). 물론 이 프로젝트가 천문학적 예산이 소요되고 범위가 너무 넓어서 전적으로 성

공하기 어려운 사업이기는 하지만, 협역, 중역, 광역에 따른 지역 수준
에서의 에너지안보 달성을 위한 노력을 다양하게 구상하고 실천할 수
있음을 보여준다. 이를 통해 에너지국제정치에서 지구적 및 지역적 협
력의 중요성이 날로 증대하고 있음을 알 수 있다. 또한 다른 한편으로
새로운 위협과 도전이 제기되고 있는 가운데 에너지안보 문제는 복합
지정학적 사고를 요하는 과제로 변화하고 있음을 강변한다.

　이 같은 신흥 에너지안보의 도전과 관련하여 제기되는 가장 핵심
적인 과제는 '에너지전환' 문제이다. 현재 에너지전환 문제는 세계 주
요 국가에서 핵심적 에너지안보의 과제로 인식하고 있으며 이에 대한
대책 마련에 부심하고 있다. 그렇지만 에너지전환은 단기간에 급속히
달성할 수 있는 과정이라기보다는 중·장기적인 전환 과정이라고 할
수 있다. 따라서 이 과정에서는 장기적인 전환의 목표를 설정하는 것
못지않게 에너지전환기(energy transition period)를 관리할 수 있는
다양한 에너지안보 달성 모델을 실험하고 갱신하려는 지속적인 노력
이 중요해질 것으로 보인다. 이러한 노력들 가운데 특히 주목되는 것
은 그동안 일국중심적으로 사고하면서 에너지안보를 달성하려던 노력
을 넘어서 점차 지역적 수준에서 에너지안보 거버넌스를 형성하려는
노력이다. 물론 지역 에너지안보 체제가 중심적인 축이 되거나 유일한
축이 되기에는 한계가 있는 것이 사실이다. 이 같은 지역적 협력의 시
도는 동시에 에너지 강대국의 고전 지정학적 도전을 함께 수반하면서
그 과정이 복합적 성격을 지니는 에너지안보 게임으로서의 성격을 띠
면서 전개될 가능성이 높아 보인다.

　이 같은 에너지전환과 관련하여 신흥 에너지안보 이슈가 동북아
에서 전개되는 것에서 주목해야 할 분야로 첫째, 화석연료 시대로부터
탈화석연료 시대로의 에너지전환의 과정 중에 나타나는 갭을 메워줄

'가교에너지(bridging energy)'로 불리는 천연가스 분야에서의 협력과 경쟁, 둘째, 신(新)전기시대가 도래하는 과정에서 지역적 필요에 따라 고조되고 있는 전력 슈퍼그리드 구축의 필요성과 이를 둘러싼 협력과 경쟁, 셋째, 신재생에너지 분야를 둘러싼 협력과 경쟁을 들 수 있다.

우선 천연가스 분야에서의 경쟁과 협력에서 중·장기적인 동(북)아시아 천연가스 시장의 형성은 가장 중요한 협력 과제로 부각되고 있다. 그런데 지역 천연가스 시장의 형성을 위해서는 파이프라인망의 구축과 트레이딩 허브(Trading Hub)의 형성, 그리고 지역 가격지표의 형성이 필수적이다. 그래서 이 분야에서의 우위를 점하기 위한 역내 국가들 사이의 경쟁적 측면이 얽히게 될 수 있다. 또한 세계에서 가장 커다란 가스 시장인 동북아 시장을 점유하기 위해서 유라시아 가스와 해양 가스, 미국의 셰일가스(shale gas), 러시아의 액화천연가스(LNG) 및 파이프라인가스(PNG) 등이 동북아 소비국들을 두고 각축하는 양상이 전통적인 지정학적 경쟁의 성격을 더하게 될 가능성도 배제할 수 없다. 하지만 이러한 전통적인 지정학적 구도를 넘어 지역 협력 구도에 기초한 동북아 천연가스 시장의 형성은 동북아 지역정치의 새로운 장을 여는 계기가 될 수 있다.

다음으로 신전기시대의 도래에 따라 다양한 필요성에 의거한 전력 분야에서의 경쟁과 협력이 중요해질 것이다. 전력 분야에서는 네트워크화의 이점을 극대화할 수 있는 동북아시아 전력 슈퍼그리드의 구축을 둘러싼 협력과 경쟁의 문제가 핵심적인 의제가 될 것으로 보인다. 현재 한·중·일 3국 간의 전력망 연계에 대한 논의가 진행되고 있는데, 이는 몽골과 러시아 등 동북아 전역의 전력망을 포괄하고 북한까지 연결하는 구도로 확대될 가능성이 커지고 있다. 하지만 이러한 협력의 구상도 동북아의 전통적인 지정학적 이슈에 의해 방해받게 될

가능성이 상존하고 있기 때문에 이 부분을 관리하면서 지역 협력 구도
를 창출하는 것이 중요한 관건이 될 것이다.

　　그리고 신재생에너지 분야에서의 협력과 경쟁도 중요하다. 에너
지전환이 추진되는 과정에서 신재생에너지 사용의 점진적 내지 급진
적 확대는 필연적인 것으로, 그 속도의 완급은 있겠지만 지속될 것으
로 예상된다. 하지만 이 경우에 기술의 개발과 보급을 둘러싼 경쟁은
여전히 중요한 국가 간의 주요 경쟁과 협력 이슈로 남게 될 것으로 보
인다.

　　이런 분야들 못지않게 주목해야 할 것은 에너지효율화의 문제이
다. 이는 스마트에너지 시대로 진입하기 위한 필수적인 과정으로 이해
할 필요가 있다. 새로운 에너지원의 발굴 못지않게 효율화되고 적정
화된 에너지소비의 패턴과 구조를 창출하는 것은 미래를 위해서뿐만
아니라 에너지전환을 위해서도 대단히 중요한 과제이다. 이와 관련하
여 스마트그리드(Smart Grid)의 구축과 전기차 및 수소차의 개발과 보
급 등 다양한 프로젝트들이 시도되고 있는데, 이 경우에 기술의 공유
와 보급은 매우 중요한 조건이 될 것이다. 따라서 오바마 행정부 말기
에 동(북)아시아 국가들이 대거 참여한 '미션 이노베이션(Mission In-
novation, http://mission-innovation.net)'과 같은 시도는 에너지효율
화와 에너지전환을 위한 중요한 협력의 장으로 검토될 필요가 있다.

　　이상의 검토를 통해 전통적인 에너지안보의 시각은 기후변화나 4
차 산업혁명과 같은 새로운 에너지환경의 변동에 따라 중대한 도전에
직면했으며 에너지안보의 신흥안보화가 진행되면서 다양한 대응책이
궁구되고 있다는 것을 알 수 있었다. 따라서 이 전환의 시기에 등장한
신흥 에너지안보를 보장하기 위해 역내 국가들은 국가중심적 사고에
서 지역중심적 사고로 전환하여 공동의 노력을 경주해나감으로써 안

보와 경제를 관통하는 지역 협력의 모델을 창출하고 동북아 지역 협력의 중요한 동력을 추동하는 계기로 만들어갈 지혜를 모아야 할 것이다.

III. 국제 에너지시장의 환경 변화와 동북아 에너지국제정치

1. 국제 에너지시장의 소비와 공급의 주요 동향

국제 에너지시장의 소비 변동을 살펴보면, 2016년 에너지소비 추이는 1% 정도 증가한 것으로 추산된다. 이는 2014년 1%, 2015년 0.9%와 비슷한 수준이며, 지난 10년간 연간 평균 소비량 증가치인 1.8%보다 낮은 수준이었다(BP 2017, 2). 각 항목별 증가치를 살펴보면, 석유 1.6%, 천연가스 1.5%, 석탄 −1.5%, 재생가능에너지 14.1%, 원자력 1.9%, 수력 2.8%였다. 석유는 전체 소비량의 3분의 1을 차지하는데, 1999~2014년의 소비량은 감소세를 보이다가 2015년과 2016년 2년간에는 저유가에 힘입어 반등했다. 이러한 효과는 천연가스의 소비량이 1.5%(63bcm) 증가하는 데 그친 결과를 가져왔는데, 이는 지난 10년 동안의 평균 증가치인 2.3%보다 낮다. 하지만 석탄의 소비량은 1.7%(53mtoe) 감소하면서 2년간 하락세를 보였다. 수력을 포함한 재생가능에너지는 2016년에 14.1% 성장했는데, 이는 지난 10년간의 평균 성장률보다 낮은 수치이다. 결국 저유가의 기조가 가교에너지와 대체에너지의 성장에 부정적인 영향을 미친 것으로 보인다.

하지만 2017년의 국제 에너지수요는 2.1% 증가했는데(IEA 2017a), 이는 2016년에 1% 증가한 것에 비해 두 배에 달하는 수치이

다. 대부분의 에너지수요 증가는 높은 경제성장 및 인구성장과 더불어
시장에 판매된 에너지에 대한 접근성이 높아진 비OECD 회원국에서
비롯된 것으로 나타났다. 2015~2040년 비OECD 회원국의 에너지소
비량은 41%, OECD 회원국의 에너지소비량은 9% 증가할 것으로 추
정되고 있다(IEA 2017b, 10).

향후 국제적인 에너지믹스의 변화에 대한 국제에너지기구(IEA)
의 중·장기적 전망은 〈그림 5-1〉에서 확인해볼 수 있다. 세계적인 에
너지소비 추세를 보면, 석유에 대한 의존의 증가세가 완만히 감소하
는 가운데 석탄에 대한 의존의 증가세는 억제될 것이며 원자력에 대
한 의존의 증가세도 제한될 것으로 예측되고 있다. 특히 주목되는 부
분은 천연가스에 대한 의존이 지속해서 증가하고 있으며 신재생에너
지에 대한 의존도 비교적 빠르게 증가할 것으로 예상되고 있다는 점이
다. 이는 파리협약 이후에 출범한 신기후체제의 영향이 전반적으로 확
대되어가는 상황과 맞물려 나타나는 추세이다. 트럼프 행정부가 기후

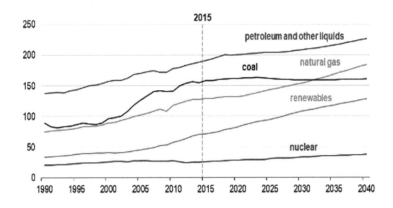

출처: IEA(2017), *International Energy Outlook*.

그림 5-1. 에너지원별 세계 에너지소비량

변화 대응체제로부터 탈퇴한다고 선언했음에도 불구하고 지구적 에너
지전환의 추세가 계속 진행될 것이라는 예측과 궤를 같이하고 있다는
점에서 특징적이다.

특히 주목받고 있는 부분은 LNG 소비가 높아지는 추세라는 점이
다. 이는 전통에너지 시대에서 신에너지 시대로 전환되어가는 과도기
에 천연가스, 특히 LNG가 '가교원료(bridging resource)'로서 갖는 가
치에 주목해야 할 필요가 있음을 보여준다. 천연가스가 지니고 있는
상대적으로 청정한 화석에너지로서의 특성과 더불어 셰일혁명 이후
그 풍부한 매장량이 주는 높은 공급 가능성이 이 같은 예측에 더욱 힘
을 실어주고 있다.

세계 에너지시장에서 수요와 공급을 담당하는 측은 세계의 열강
과 개발도상국이다. 구체적으로 석유시장의 공급 측은 석유수출국기
구(OPEC), 러시아, 미국(shale)이고, 수요 측은 대표적으로 인도와 중
국이다. 천연가스시장의 주요 공급자는 호주, 미국, 카타르, 러시아이
고, 수요자는 일본과 한국(Japan Korea Marker, JKM) 및 인도와 중국
을 들 수 있다(S&P 2017, 이하의 주요 내용은 이 글을 참조했다).

그런데 이들 에너지 소비국과 공급국에서 벌어지는 다양한 정세
는 에너지안보에 직접적인 영향을 미칠 수 있다. 상당한 양의 석유와
가스가 오가는 이들 국가에 에너지 수입과 수출은 국가 에너지안보의
달성을 좌우하는 주요 요소로, 이 에너지 흐름의 안정성이야말로 에너
지안보의 중요한 부분이다. 하지만 주요국들의 수급을 결정짓는 국제
정세는 갈수록 요동치고 있다. 2017년 6월에 사우디아라비아, 아랍에
미리트, 바레인, 이집트, 예멘 등 아랍 7개국은 가스 주요 공급국인 카
타르와 단교를 선언했다. 외교적 단절은 단순한 선언이 아니라 카타르
를 향한 국경 폐쇄는 물론 모든 교통편의 중단을 의미했다. 에너지 수

송에 차질이 생길 수 있게 된 것이다.

또 다른 측면도 있다. 미국의 셰일가스 LNG와 호주의 탄층가스(coal-bed methane) LNG 프로젝트의 본격적인 추진은 공급과잉으로 이어졌다. 막대한 생산량으로 인해 신규 LNG 생산 용량은 2020년까지 1.2억 톤 수준이 될 것으로 예상되고 이 공급과잉 상태는 2020년대 중반까지도 계속될 전망이다. 반면 세계 LNG 소비의 60% 이상을 차지하는 동북아 수요의 증가세는 저유가 덕분에 당분간 정체될 것으로 보인다. 과거에 아시아 프리미엄을 지불하면서 수입에 열을 올렸던 동아시아의 모습과는 다르다.

러시아의 에너지기업은 저유가와 금융위기로 타격을 받았다. 금융위기의 파급 효과는 차례로 러시아의 에너지수요 감소, 가격 하락, 외화수입 감소, 재정수지 및 국영기업 재무구조 악화를 가져왔다. 이로 인해 전략적으로 중요한 사업은 계획대로 추진할 예정이지만 전반적인 불확실성이 증가되고 있다. 특히 동시베리아 자원개발 사업에 차질이 생겼다. 우크라이나 사태와 그에 따른 서방의 대러 제재는 러시아에 또 다른 영향을 미쳤는데, 러시아의 가스 수출에서 탈유럽화 현상을 촉발하면서 러시아가 아시아 지역으로의 진출을 확대하도록 만들었다.

한국의 상황은 조금 더 복잡하다. 세계 2위의 LNG 수입국이지만 수입국으로서의 목소리를 안정적으로 내기 위해서는 위험요소를 넘어야 하는 상황에 처해 있다. 북핵 문제에 따른 한반도의 정세 변화가 에너지 수급과 트레이딩에서 하나의 위험으로 작동할 것이기 때문이다. 북핵 문제가 해결된다고 하더라도 평화체제의 수립과 북미 및 북일 외교관계의 수립, 북한 체제보장과 핵확산금지조약(NPT) 재가입 등의 난제가 산적해 있다는 점에서 한반도의 지정학적 리스크가 에너지시장에서 한국의 발목을 잡을 수 있는 가능성은 항존하고 있다고 보는 것이 옳다.

물론 공급 측만 불안정한 것은 아니다. 수요 측에서는 국제정세 외에도 움직임을 보이고 있다. 아시아태평양 국가들은 기존의 장기계약에서 비롯되는 경직성에서 벗어나고자 현물거래 혹은 단기계약 거래의 비중을 점진적으로 늘리고 있다. 시장이 자신에게 유리한 방향으로 바뀌도록 기존의 판을 흔들려는 노력을 하는 것이다. 2025년에 계약이 종료되는 물량의 경우에 신규계약 과정에서 '도착지 조항'의 폐지를 포함하여 아시아에만 적용되었던 불리한 조건들이 개정될 것이고, 새로운 공급자를 물색하는 과정도 변동될 것으로 예상된다. 이는 그간 공급자 우위였던 시장이 구매자 우위 시장으로 전환될 수 있음을 의미하는 것이기도 하다. 전환되는 상황을 세부적으로 살펴보면, 계약 기간의 단축, 도착지 조항의 철폐 혹은 완화, 거래 단위의 축소 등 계약 내용이 변경될 것으로 보인다. 또한 LNG 가격결정 공식에서 원유 가격 이외에 헨리허브(Henry hub) 가격지표, NBP, 아시아 신규 가격지표 등과 같은 다양한 지표들이 활용될 가능성도 높아지고 있다.

전반적으로 세계 에너지공급의 증가로 최근 에너지 가격이 과거보다 떨어져서 안정된 것으로 인식될 수도 있으나, 실제로 에너지 가격은 요동치고 있는 것으로 보인다. 최근의 석유 가격 변동과 천연가스 가격 변동을 보면 최근의 가격 변동 폭이 과거보다 훨씬 크다는 것이 확인된다. LNG의 교역 가격 및 현물 가격을 통해 가격 변화 추이를 자세히 살펴보면 10년 동안 세계 가스 가격은 안정된 적이 없었음을 확인할 수 있다. 이는 세계 2위의 LNG 수입국인 한국이 이 같은 가격 변동에 대응하는 방법을 찾아야 한다는 뜻이기도 하다(에너지경제연구원).

긍정적인 측면도 있다. 아시아와 미주, 그리고 기타 천연가스시장에서의 가스 가격은 교역 가격의 측면에서든 현물거래 가격의 측면에서든 각 지표 간의 차이가 현저하게 줄어들고 있다. 특히 교역 가격의 경우에 더욱 뚜렷한 경향으로 자리 잡고 있다. 따라서 이는 가스 가격의 시장 간 격차가 점차 줄어들면서 새로운 가격 균형에 도달하고 있다는 것을 뜻한다. 따라서 한국의 입장에서는 동아시아 가스시장 가격의 형성과 관련된 여러 가지 고려를 통해 대응책을 마련할 수 있는 가능성이 높아졌다.

이 같은 국제 에너지시장과 가스시장이 저유가 상황에서 탈피할 가능성과 그에 따른 변동성이 커지는 상황에서 천연가스가 지닌 위상에 대한 고려가 점점 더 중요해지고 있다. 2016년을 기준으로 세계 천연가스의 총 생산량은 3,538.6bcm이고 총 거래량은 1,042.4bcm이다. 이 중 PNG의 거래량은 전체의 67.5%를 차지하고 LNG의 거래량은 32.5%로 나머지를 차지한다. 세계 LNG의 총 거래량이 263.6mtpa인데, 아시아의 거래량이 191.6mtpa를 차지한다. 이는 전체 거래량의 72.7%이다. 특히 동북아 3국(한국, 중국, 일본)이 차지하는 거래량은 144.9mtpa로 세계 총 거래량의 55.0%에 해당한다. 여기서 주목해야 할 점은 세계 LNG 거래 중 스팟 및 단기거래 비중이 28.3%(세계 단기거래 총량의 17.5% 수준)에 불과하다는 것이다. 세계 총 거래량에서 절반 이상을 차지하는 동북아가 63.2%의 단기거래 비중을 차지하는 미주 지역에 뒤처지고 있는 것이다. 그나마 다행인 점은 과거에 아시아 밖의 지역과 비교할 때 아시아의 단기거래 가격이 두 배 이상이었던 것과 달리 현재는 세계 평균에 가까워진 상태라는 것이다. 이는 가스의 세계적 공급과잉 현상 때문이다. 동시에 주목해야 할 점은 동아시아에서도 스팟 물량의 비중이 점진적으로 증가하는 추세를 보이고 있다는 것이다.

2011년에 IEA는 「우리는 가스 황금기에 진입하는가?(Are we entering a golden age of gas?)」라는 특별보고서를 발표했다. 이 보고서에 따르면, 2035년에는 [세계에너지전망(WEO) 2010년 시나리오를 기반으로] 에너지믹스 중 가스의 비중이 25%가 될 것이다. 보고서에서는 러시아가 증가하는 수요를 맞추기 위해 생산량을 3배 늘릴 것이고 비전통 가스의 40%를 차지할 것이며 생산의 주축은 미국, 중국, 호주가 될 것이라고 예상했다. 대부분의 수요 증가는 개발도상국을 포함한 국가들의 발전 때문에 발생할 터인데, 가스 발전으로의 일부 전환과 산업, 수송, 빌딩 영역에서의 가스 사용 확대가 그 이유로 지목되었다 (김연규 2017). 그러나 보고서에서의 예측과 달리 천연가스의 황금기는 제대로 오지 않았다. 2012~2013년에 전 세계적인 LNG 수요 감소와 공급 초과 현상이 나타났고 2014~2015년의 저유가체제하에서 이러한 현상은 더욱 심화되었다. 가령 2015~2016년의 상황을 보면, 일본의 LNG 수입량은 85mtpa에서 79.6mtpa로 감소했고 중국의 수요 증가는 충분치 않았다. 이 같은 상황에서 한국 정부의 경우 가스 가격에 아시아 프리미엄이 붙은 조건하에서 LNG 확대 정책을 펼칠 수 있는 상황이 아니었다.

　하지만 2017년 이후 상황이 변화하고 있다. 일본에서는 이미 추진되어온 에너지사업자의 자유화와 시장화가 상당한 진전을 이루고 있으며, 한국에서는 전기사업법 개정안이 국회를 통과하면서 공급 측면에서도 비전통 천연가스의 시장 진입이 확대됨에 따라 아시아 프리미엄을 더 이상 강요할 수 없는 분위기가 고조되고 있다. 2017년 이후에 가스시장의 움직임이 불확실하다는 점은 여전히 존재한다. 하지만 석유 시대로부터 새로운 에너지 패러다임으로 이전하는 중·장기적 기간에 걸쳐서 천연가스는 석유를 보조하면서 새로운 청정에너지로의 변화를 추동하는 '가교에너지'로서의 역할을 담당하게 될 것으로 보인다.

이 같은 주장의 근거로 동북아시아 및 개발도상국을 중심으로 발전 수요가 증대되고 있다는 점을 들 수 있는데, 이 중 신기후체제의 영향에 따라 가스 발전이 증대될 것이라는 전망이 우세하다. 특히 동북아 국가들의 대기오염과 관련된 민감도가 높아지면서 이 같은 예측은 더욱 힘을 얻고 있다. 또한 공급 패러다임이 변화하여 세계 천연가스 시장에서 LNG의 역할이 중요해지면서 LNG 중심의 가스시장이 강화되는 추세이다. 이뿐만 아니라 그에 따른 계약 조건이 아시아 시장에 유리해지고 있으며 점진적인 유동적 재화로서의 가스의 성격이 강화되고 있다는 점도 이와 같은 주장에 힘을 실어주는 근거가 될 수 있다.

예단하기는 어렵지만 저유가 시대가 점차 막을 내리는 추세가 강화되는 이 시기에 만약 유가 상승이 전제가 된다면 천연가스 스팟시장이 활성화될 것이며 향후 4~5년 사이에 가스의 시장화가 급속히 진행될 가능성이 높다고 전망하는 것은 전혀 무리가 아니다. 이 과정에서 러시아와 미국의 경쟁이 점차 중요해질 것이고 두 에너지 열강이 동북아 시장에 미치는 영향도 커질 것이 분명하다.

이러한 상황에서 2017년에 시작된 문재인 정부의 에너지정책 전환은 가스의 수요를 증대시킬 가능성이 높아서 새로운 수요를 어떻게 충당할 것인가와 그에 대한 포트폴리오는 어떤 식으로 구성할 것인가가 중요한 과제로 부상하고 있다.

2. 동북아 주요국의 에너지정책

동북아의 에너지시장에 참가하는 주요 행위자들은 변화하는 에너지국제정치의 환경에 적극적으로 대응하기 위해서 자국의 이익과 입지를 강화하기 위한 에너지정책과 외교정책의 결합에 부심하고 있다.

셰일혁명 이후 세계적인 에너지수출국으로 부상한 미국은 2017
년 6월의 파리협정 탈퇴로 상징되는 것처럼 탄소 배출이나 신재생에
너지를 우선시하기보다는 셰일혁명으로 확보된 경쟁력을 바탕으로 석
탄, 가스 등의 화석연료를 개발하고 사용하며 수출하는 에너지정책을
우선시하고 있다.

2009년 이후 본격화된 미국 내 셰일가스 생산의 증가로 미국 내
액화석유가스(LPG) 공급의 과잉이 초래되고 있다. 미국 에너지국
(EIA)의 통계에 따르면, 2010~2015년에 가스처리 플랜트에서 생산
된 LPG의 비중이 2010년 58%에서 2015년 75%로 17%나 증가했다.
이로 미루어보건대 미국 LPG의 생산 증가는 이 기간에 집중된 미국
내 셰일가스전의 개발에 의한 것이 분명하다. 미국 내 가스전의 집중
개발과 액상천연가스(NGLs) 분류시설의 확충으로 LPG 공급량이 증
가한 것이다. LPG의 과잉공급에도 불구하고 상대적으로 저렴한 세계
시장의 천연가스 가격으로 인해 LPG 수요는 더 증가하지 않았다. 도
리어 과잉공급된 미국 내 LPG를 수출함으로써 세계 시장에서의 LPG
교역량이 현격히 증가했는데, 석유화학 및 정유 분야에서 LPG, 특히
프로판가스의 수요가 증가하고 있다. 아직 큰 비중을 차지하지는 않지
만 최근 5년간 동북아에도 미국산 LPG가 수출되어 그 비중이 빠른 속
도로 증가하고 있다.

이러한 상황에서 트럼프 대통령은 수입 철강과 알루미늄에 각각
25%, 10%의 관세를 부과하는 행정명령에 서명(2018. 3. 8.)했다. 이
러한 관세율은 현재 시행되고 있는 관세에 추가로 부과된 것이다. 이
와 관련하여 미국 산업단체(Trade Leadership Coalition, TLC)는 미국
내 천연가스 개발 생산 프로젝트에 사용되는 대부분의 철강제품은 수
입에 의존하고 있는데 수입 철강에 대한 고관세율 부과는 향후 천연가

스 개발 비용의 증가에 영향을 미쳐서 미국 천연가스 산업의 경쟁력 약화를 초래할 것이라는 예측을 내놓기도 했다. 천연가스 프로젝트에 필요한 직경 26인치 강관이 미국에서 생산되지 않는 상황에서, 미국은 강관에 75%의 반덤핑관세를 부과하기도 했다(『조선비즈』 2018. 4. 13.). 이러한 조치는 국가안보 및 미국 내 산업을 약화시킬 수 있으며, 개발 초기 단계에 있는 미국의 LNG 수출 산업에도 부정적인 영향을 미칠 것으로 전망된다. 미국은 과잉생산된 천연가스 문제를 해결하기 위해 LNG 수출 터미널 건설에 주력하고 있는데, 관세부과 조치로 인한 건설비의 증가는 LNG 플랜트 건설에 차질을 빚고 미국의 천연가스 수출을 감소시킬 것이라는 우려도 있다(EIA's today in energy 2017. 12. 7, 2018. 3. 7.). 하지만 아직 가격경쟁력에서 우위에 있다고 판단되는 미국의 셰일가스와 여타 지역 가스의 본격적인 경쟁이 시작되지 않은 상황에서 이러한 우려는 미국이 취할 수 있는 정책적 선택의 범위 안에 들어 있다고 판단할 수 있다.

한편 2015년 9월에 미국산 원유의 수출금지정책이 전면적으로 해제된 이후에 2016년 미국의 원유 수출량은 전년 대비 27% 증가했으며 2017년에는 전년 대비 두 배 가까이 증가했다. 미국의 최대 원유 수출국은 캐나다이지만 미국산 원유에 대한 캐나다 수출 비중은 지속적으로 감소하는 추세인 반면 대 중국 수출 비중은 증가하고 있는 것으로 알려졌다. 이 외에도 영국, 네덜란드, 이탈리아, 프랑스, 스페인 등 유럽 국가들은 미국산 원유의 주요 수출 대상국이며 인도는 2017년에 처음으로 미국산 원유를 수입했다. 미국의 원유 수출이 증가하고 있는 이유는 우선 미국 내 원유 생산량이 증가하고 있기 때문이다. 미국의 원유 생산량은 2017년에 전년 대비 0.5MMb/d 증가했고 2018년에는 2017년 대비 1.4MMb/d 증가하면서 지속적으로 가파른 증가세를 유지하고 있는 것으로 알려졌다. 또한 미국 에너지법을 통해 수출을 허가한 이후에 미 걸프만 연안의 코퍼스크리스티, 텍사스의 휴스턴이나 루이지애나의 미시시피강 연안 항구에 대규모 원유수출시설이 증설되었다. 텍사스와 뉴멕시코의 퍼미언 분지에서 걸프만 연안까지 3개의 송유관이 증설되어 가동 중이며 2017년 이후에는 신규 송유관의 건설 및 증설이 진행되고 있다.

일본 정부는 보통 3년에 한 번씩 에너지계획을 검토하여 수정하는데, 2014년에 수립된 '에너지 기본계획'의 수정작업을 진행하여 2018년의 각의에서 새로운 에너지계획을 결정했다. 이 새로운 계획에 따르면, 2030년까지 재생에너지 비중을 22~24%까지 확대한다는 목표가 설정되었다. 재생에너지원별로 비중을 살펴보면, 수력 8.8~9.2%, 태양광 7.0%, 풍력 1.7%, 바이오매스 3.7~4.6%, 지열 1.0~1.1% 등이다. 이처럼 기본적으로 재생에너지의 비중을 비교적 신속히 늘려가는 정책을 수립했지만, 일본으로서는 역시 화석연료 부문에서의 에너지믹스가 더욱 중요한 관심사일 것이다.

기본적으로 일본은 미국에서의 화석연료 수입을 대거 늘리는 방향으로 정책 전환을 할 것으로 보인다. 2017년 1월에 미국의 사빈패스에서 도입한 LNG가 일본의 조에쓰 LNG 터미널에 도착했으며, 이후 도쿄가스와 오사카가스 등의 가스 회사들이 미국산 LNG를 수입할 계획을 세워 미국산 LNG 수입이 확대될 것으로 전망된다. 도쿄전력과 추부전력을 합병한 일본신시대에너지사(JERA)는 향후 미국산 LNG의 수입량을 확대하여 중동산 LNG 가격의 인상에 대비하면서 중동산 LNG에 대한 의존도를 낮추는 방향을 기본 전략으로 채택하기도 했다. 일본은 2018년에 미국에서 연간 400만 톤의 LNG를 수입하여 전체 수입 예정량의 약 10%를 충당할 계획을 세우고 실행했다. 도쿄가스는 2017년 말부터 연간 조달량의 10%인 LNG 140만 톤을 미국에서 수입하고 있으며, 오사카가스는 2018년 이후 연간 조달량의 20%인 LNG 220만 톤을 미국에서 수입할 계획이다. 셰일가스 시추 규제완화 공약을 내걸고 출범한 트럼프 정부는 미국산 LNG 도입을 확대해나가는 일본에 호의적이며 미국 가스 가격의 하락으로 일본의 LNG 수입 가격이 하락함으로써 이익을 보고 있는 상황이다.

2015년 기준으로 일본은 LNG 수입의 약 80%를 중동, 동남아시아, 호주에 의존하고 있는 상황인데, 미주로의 수입시장의 확대는 향후 중동 등 공급선과의 가격 협상에 유리한 입지를 제공할 것이다. 기존에 일본이 수입하던 LNG 가격은 유가에 연동되는 반면 미국산 LNG 가격은 주로 미국 헨리허브 가격에 따라 결정되므로 유가변동에 따른 가격 리스크를 분산시킬 수 있을 것으로 전망된다. 특히 미국산 LNG 계약에는 목적지 제한 조항이 없으므로 미국산 LNG 수입 비중의 증가는 아시아 LNG시장에 영향을 미칠 것이 분명하다. 아시아 천연가스시장에 미국산 LNG가 다량으로 공급될 경우에 풍부한 물량으로 인해 점차 소비자 우위의 시장 조건이 형성될 것이라고 예상해볼 수 있다. 또한 일본은 목적지 제한 조항이 없는 변화된 조건을 활용하여 트레이딩 사업을 확대하고 미국산 LNG를 유럽에 판매하려는 구상을 하고 있는 것으로 알려졌다(『마이니치신문』 2017. 1. 7.;『아사히신문』 2017. 1. 7.).

한편 경제성장과 함께 당분간 에너지수요가 지속적으로 증가할 것으로 전망되어온 중국은 최근 에너지소비의 성장세가 다소 둔화되고 있지만 여전히 세계 최대의 에너지소비국이다. 중국은 심각한 환경오염에 직면하여 오염물질의 배출이 많은 석탄과 석유보다는 상대적으로 친환경적인 천연가스와 신재생에너지, 그리고 중국에서만 신에너지로 분류되는 원자력의 이용을 확대함으로써 에너지 소비구조를 개선하는 동시에 에너지 절약과 에너지 효율의 제고를 병행함으로써 신창타이(新常態) 시대를 맞이한 중국 경제의 성장을 유지하고자 할 것이다.

중국이 2016년 11월 7일에 발표한 '전력부문 13차 5개년계획 (2016~2020년)'에는 중국의 전력공급 능력의 확보, 전원 구성의 개선, 전력망의 개발, 에너지 절약 및 오염 배출의 저감, 국민 전력 사용의 보장, 종합적 조절 능력 등 6개 발전전략 추진 계획이 담겨 있다. 이 문건에 따르면, 중국 정부는 2020년까지 1차 에너지소비에서 비화석에너지 비중을 15%까지 확대한다는 목표를 설정하고 비화석에너지 발전설비의 비중을 증대시키고 석탄화력 발전의 설비 용량을 전체 발전설비 비중에서 약 55%까지 감축시키려고 계획한 것으로 알려졌다. 이를 위해 수력 발전, 신생에너지 개발, 에너지원의 다원화, 원자력발전소 운영 등이 주요 과제로 제시되었다. 1990년대에 5~7%에 불과하던 원자력 및 신재생에너지에 의한 전력생산 비중은 2015년에 14.5%까지 증가했다. 특히 후진타오(胡錦濤) 2기부터 적극적인 에너지외교를 추진하여 원유와 천연가스의 수입이 지속적으로 증가했으며 LPG 역시 2010년을 기점으로 증가하고 있다. 이 외에 석탄과 바이오매스, 석탄과 태양에너지를 함께 사용하는 복합발전소를 시범적으로 가동하고 있으며, 해양에너지, 풍력, 태양에너지 등의 재생에너지발전소를 건설하고 재생에너지발전소 간의 상호 보완이 가능한 마이크로그리드 프로젝트도 시범적으로 추진하고 있다.

중국으로서는 무엇보다도 수요 부문의 합리화를 위한 노력의 지속이 중요한데, 이를 위해 에너지소비의 합리화 및 수요 통제를 강화하는 정책을 지속적으로 추진해가고 있다. 2014년 11월에 발표된 '에너지발전전략 행동계획(2014~2020년)', 2017년 1월에 채택된 '에너지발전 13차 5개년계획', 2017년 4월에 발표된 '에너지 생산과 소비혁명 전략(2016~2030년)' 등은 중국이 에너지믹스에서 화석에너지의 비중을 줄이고 청정에너지로 대체하겠다는 목표와 구체적 수치가 제시되었다는 점에서 고무적이다. 또한 이를 달성하기 위해 소비 부문의 개선과 에너지믹스의 변화가 추진되고 있는 것으로 평가해볼 수 있다.

동북아 에너지시장에서 새로운 존재감을 과시하고 있는 행위자는 역시 러시아이다. 2012년 말에 푸틴(Putin) 대통령은 에너지부의 '에너지전략 2030'의 수립을 통해 '동부 가스프로그램'을 진행하기로 결정했다. 이는 특히 아시아태평양 지역의 가스시장을 선점하기 위해 동시베리아 및 극동 지역의 가스전을 개발하고 기존에 건설한 동시베리아-태평양(ESPO) 송유관에 더해 동방가스수송망을 건설하여 아시아태평양 지역에 러시아 가스를 공급하려는 계획이었다. 그리고 이에 공급할 LNG의 생산 능력 확대 등을 조속히 추진할 것을 지시했다(류지철 2014; Bushuyev et al. 2017).

하지만 우크라이나 사태를 전후한 서방의 대러시아 제재는 러시아의 에너지 수출을 중국에 집중되도록 하는 효과를 가져왔다. 러시아는 중국이라는 석유·가스시장을 확보하여 안정적인 수요처를 만드는 동시에 동시베리아와 극동 지역의 석유·가스 상류 부문 개발의 새로운 파트너로 중국을 참여시켰다. 러시아는 중국이 지분에 참여하는 방식을 통해 중국이 러시아 외의 국가로부터 수입하는 석유와 가스를 러시아에서 생산·공급하는 석유와 가스로 대체하도록 유도하는 데 성공했다. 러시아의 로스네프트(Rosneft)와 중국의 시노펙(Sinopec)은 2013년에 25년간 2,700억 달러에 상당하는 원유를 중국에 공급하는 계약을 체결했고, 2014년 5월에 '시베리아의 힘' 가스관을 건설하여 380억㎥의 가스를 중국에 공급하는 770억 달러의 계약을 성사시켜 2019년에 공급을 시작할 예정이다. 또한 중국석유천연가스총공사(CNPC)는 2017년에 러시아의 민간 가스기업인 노바텍(Novatek)과 북극 LNG(야말 LNG)로부터 향후 20년간 매년 300만 톤의 LNG를 공급받는 구매 계약을 체결했다(에너지경제연구원 2017). 이로써 러시아는 아시아 지역의 석유 및 천연가스(LNG 및 LPG)의 주요 공급자로서의 위상을 확보하게 되었다.

하지만 러시아는 이에 그치지 않고 남·북·러 가스관의 건설을 통해 북한과 한국에 대한 가스 공급 및 일본으로의 LNG 수출을 확대하기 위한 노력을 기울임으로써 미국의 셰일가스와의 동북아 에너지시장에서의 경쟁에 적극적으로 대응하기 위한 노력을 지속적으로 경주하고 있다.

3. 에너지전환과 동북아 에너지 협력

이처럼 개별 국가의 에너지정책은 자국의 이익을 추구하는 일국중심적 특성을 가지고 진행되고 있다. 하지만 표면적으로 드러나는 정책의 이면에 에너지안보의 신흥안보화에 대한 고려가 있음은 부정할 수 없다. 이러한 측면은 동북아 소비국들의 에너지전환에 대한 필요로 수렴되고 있는 한·중·일의 공통된 고민에 비교적 잘 드러난다. 온실가스를 감축하거나 대기오염을 줄여나가는 과제는 일국의 문제가 아니라 역내 국가들이 함께 협력하여 해결할 수밖에 없는 문제이기 때문이다. 한 나라가 에너지전환의 과제를 고민하는 과정이 어떻게 지역 협력의 문제와 연관되는지를 이해하기 위해서 한국의 에너지전환의 과제를 사례로 다루어 추적해보려고 한다.

한국 정부가 입안한 '제8차 전략수급 기본계획'에 따르면, 2017년 대한민국의 전력생산에서 LNG의 구성비는 16.9%였으나 2030년에는 18.8%로, 실효용량을 기준으로 할 때는 2017년에 34.7%에서 2030년에는 38.6%로 증가할 것으로 예상된다. 이러한 가운데 LNG 소비의 비중을 높이는 정책을 충분치는 않지만 확대하려는 의도가 엿보인다. 이는 원자력(2017년 30.3% → 2030년 23.9%)이 차지하던 전력생산의 적지 않은 부분을 LNG로 대체할 필요가 있음을 의미한다. 특히 전력 부문에서 신재생에너지 발전의 비율을 증대시키기 위해서 공급의 간헐성 문제 등을 해소하고 안정적인 전력 공급원으로 자리 잡게 되기까지 걸리는 시간이 적지 않게 소요될 것이라는 점을 고려해보면, 천연가스가 중요한 '버퍼 원료'로서 기능해야 한다는 점에 대해서는 한국도 다른 나라와 다르지 않다.

현실적으로 북한 문제가 해결되기 전까지 PNG를 공급받기는 어렵다는 점에서 천연가스를 활용한 발전(發電)의 현실적인 대안은 LNG 발전을 확대하는 것이다. 이 정책의 실현을 위해서는 LNG 물량의 확보가 중요하다고 할 수 있다. 우리나라는 LNG를 해외에서 전량 수입하는 실정인데 더불어 가격 변동성까지 부가된다면 차후 LNG 수급을 국가 에너지안보의 측면에서 사활이 걸린 사안으로 인식할 필요가 있다. 따라서 천연가스의 주요 생산국과의 다방면에 걸친 연계가 절실히 필요하다. 특히 수출 여력을 충분히 확보한 생산국과의 연계가 중요한데, 생산량은 많으나 대부분 자국의 소비로 연결되는 국가는 수출 여력이 부족하기 때문이다.

이 같은 신흥 에너지안보의 요청에 대해 세계 에너지믹스의 변환을 면밀히 관찰한 정부는 적극적인 에너지전환 정책을 표방하고 나섰다. 탈원전 및 신재생에너지의 확대를 목표로 천연가스와 신재생에너지의 사용을 확대하는 과제가 중요한 정책으로 부각되었다. 정부는 원전의 수명 연장을 금지하고 신규 원전의 건설 계획을 백지화하는 등 탈원전정책을 본격화하고 있으며, 2022년까지 노후 화력발전소 7기를 조기 폐지하고 석탄발전설비의 추가적인 진입을 금지하는 방침을 확정했다.

한편 정부는 2017년 12월에 발표된 '재생에너지 3020'에 따라서 2030년까지 재생에너지 발전량의 비중을 20%로 확대한다는 목표를 설정했다. 해당 계획에 따르면, 신규 전력설비 중 95%를 태양광과 풍력 등 청정에너지 관련 분야에 공급하는 것을 목표로 하고 국민의 참여와 대규모 프로젝트를 통해 이를 달성하는 방안을 수립하고 있다. 이는 기존의 에너지안보체제를 벗어나 신기후체제에 적극적으로 대응하고 미세먼지 문제 등 주요 환경 문제를 해결하기 위해 친환경 에너지정책 기조로의 정책적 전환을 의미하는 것으로 이해될 수 있다.

하지만 이미 지적한 바와 같이 신재생에너지 발전의 간헐성 문제로 인한 전력의 불안정성 등의 약점이 극복되어야 한다. 신재생에너지 발전량의 비중을 20%로 달성하기 위해서는 상당한 시간이 소요될 수밖에 없다는 것은 심각한 도전거리임에 분명하다. 따라서 당분간 새로운 에너지전환체제를 위해서는 안정적이며 상대적으로 청정한 천연가스에 의한 발전 능력을 확보해갈 필요가 있다.

'제8차 전력수급 기본계획'에서는 적정 설비예비율을 22%(최소 예비율 13%, 불확실대응 예비율 6~9% 등의 합)로 확정했다. 너무 높은 예비율은 비용에 부담이 될 수 있고 낮은 예비율은 제한송전 사태라는 에너지정책의 실패를 불러올 수 있기 때문에 예비율의 설정과 조정은 매우 예민한 문제이다. 전반적으로 전력소비 변동성이 높아지는 여름과 겨울을 위해 보다 높은 예비율을 확보해야 한다는 의견이 많아지고 있다. 탈원전 및 탈석탄 발전으로 인한 예비율 저하의 부담을 보충하기 위해서 전력생산의 유연성이 높은 전력생산체제의 필요성이 제기되었고, 그에 대한 다양한 대안이 모색되고 있다. 특히 대기오염 문제가 심각해지면서 상대적으로 청정하면서 수급의 안정성이 높아지고 있는 천연가스 발전에 대한 관심이 많아질 수밖에 없는 것은 자연스러운 현상이다.

하지만 급격한 에너지전환정책에 대한 비판도 제기되고 있다. 신재생에너지의 급격한 확대와 관련된 다양한 비판이 제기되고 있으며, 2030년까지 발전의 20%를 신재생에너지로 충당하는 것이 비현실적이라는 주장도 만만치 않다. 상대적으로 발전 단가가 저렴한 석탄 발전과 원자력 발전의 비중을 줄일 경우에 예상되는 전력의 부족분을 적정한 발전 단가로 보충해야 하는 복합적 과제가 대두되고 있다. 이러한 가운데 국내 전기요금체계의 부적절성에 대한 논란도 더해가고 있다. 동시에 재생에너지 전원의 간헐성을 보완하는 유연성을 갖춘 백업 전력설비의 보강이라는 과제도 대두되고 있다. 물론 에너지전환에 따르는 수많은 과제를 해결하는 데 소요되는 비용의 문제나 추가적인 비용이 소비자에게 전가되는 문제 등에 대한 우려도 적지 않다. 하지만 새 정부의 에너지전환에 대한 강력한 정책 지향과 급속한 에너지전환에 대한 우려와 비판 사이에서 적정한 대책을 찾아가는 것이 한국 에너지정책의 당면한 과제임에 분명하다. 장기적으로 신재생에너지 발전의 확대를 목표로 에너지전환을 추진해가야 하겠지만, 그 목표에 도달하게 되기까지 상대적으로 청정하고 안정적 공급이 가능한 천연가스를 가교에너지로 활용해야 한다는 견해가 점차 힘을 얻어가고 있다.

한국 정부가 에너지전환정책을 추진하기 위해서 펼친 정책적 수단을 정리해보면, 가교에너지로서 천연가스 등의 사용을 확대하고 4

차 산업혁명의 틀 속에서 기술혁신을 통해 에너지 하베스팅(energy harvesting)이나 스마트그리드 등과 같은 에너지 사용의 효율화를 추진하며 에너지 신산업을 육성하는 것이다. 하지만 이러한 노력이 한계를 갖고 있는 것은 사실이다. 이러한 개별적인 노력에 더해 국제적이며 지역적인 에너지 분야에서의 협력을 통해 공동의 에너지안보를 강화해가려는 노력이 필요하다.

이와 관련하여 한국은 아시아태평양 지역의 주요 에너지공급국으로 부상하고 있는 미국과 러시아와의 협력을 전략적으로 잘 활용할 필요가 있다. 우선 세계적으로 천연가스의 주요 수출국인 러시아는 2016년 말 기준으로 가스 매장량이 세계 2위(32.3tcm, 17.3%)이면서 생산량 역시 2위(579.4Bcm, 16.3%)를 차지하고 있는 에너지 강국이다(BP 2017). 러시아 천연가스의 주요 고객은 유럽이다. 유럽연합(EU)은 러시아의 천연가스에 대한 수입 의존도가 높지만 점차 줄여나간다는 의향을 밝힌 바 있다. 하지만 유럽이 천연가스와 관련해서 러시아 가스 사용 체제를 획기적으로 감축하려는 변화는 아직 현실적으로 구체화되지 못하고 있다. 신흥 에너지안보 과제를 위해 급격하게 변환하기가 쉽지 않을 뿐만 아니라 지역적 협력 체제의 붕괴는 유럽뿐만 아니라 국제 에너지시장에도 악영향을 끼칠 수 있기 때문이다. 미국은 러시아의 천연가스가 위축되고 있는 유럽 시장에 파고들어 셰일가스를 수출하고자 한다. 하지만 러시아의 에너지부 장관은 CNBC와의 인터뷰에서 미국의 대유럽연합 수출이 아직 러시아와 경쟁할 수 있는 수준에는 미치지 못한다고 평가했다.[3]

---

3   CNBC(2017), "Russia wasn't surprised by US shale spike, energy minister says", November 30. https://www.cnbc.com/2017/11/30/russia-energy-minister-alexander-novak-on-us-shale-oil-increase.html(검색일 2018. 5. 28).

최근에 들어서는 미국의 동북아시아에 대한 LNG 수출이 급증하고 있는데, 이는 미국의 LNG 수출시장으로서 아시아태평양 지역이 지니는 중요성을 보여준다. 유럽 시장에서 강력한 도전에 직면한 러시아는 여러 잠재적 도전요소들에 적절히 대응함과 동시에 자국의 동부 영토의 개발과 발전, 그리고 에너지자원의 수출 시장을 넓히고자 아시아로의 진출을 확대하는 정책을 강력히 펼치고 있다. 특히 2017년 12월부터 북극 야말-1 프로젝트에서 생산되는 LNG가 아시아 시장에 수출되기 시작함으로써 러시아가 이 지역에서 자원 공급자로서의 입지를 강화하는 데 기여할 것으로 예상된다. 계획 중인 야말-2 프로젝트의 실현은 이러한 경향을 더욱 가속화할 것으로 보인다.

앞서 살펴보았듯이 한국 정부는 원자력에 대한 의존 비중을 점진적으로 줄이고 LNG와 신재생에너지의 사용을 통해 전력 공급을 확대하고자 한다. 이러한 가운데 한국의 에너지믹스의 변화와 러시아의 아시아 에너지시장으로의 진출이라는 양국의 목표는 '한러 에너지 분야의 전략적 협력'을 통해 서로 이익이 되는 방향으로 달성될 수 있을 것이라는 기대가 고조되고 있다. 특히 천연가스에 의한 발전 동력을 구비하는 것은 신재생에너지의 백업 전원으로서 의미를 가질 뿐만 아니라 신기후체제하에서 한국의 온실가스 배출 감축을 위해서도 긴요한 과제라는 점에서 더욱 주목을 받을 만하다. 나아가 한러 양국의 에너지 협력은 이 분야 이외의 다른 분야로 확대되어 정부가 추진하고 있는 북방경제협력의 중요한 플랫폼을 형성함으로써 양국 관계의 획기적 발전을 통해 시너지 효과를 일으키는 출발점이 될 수 있다. 하지만 이 같은 한러 에너지 협력에 따른 러시아와 미국의 경쟁에 대한 고려도 중요하다. 또한 미국으로부터 제기될 수 있는 유형·무형의 압력에 대해 적절한 대비책을 마련해둘 필요도 있다.

이처럼 미국과 러시아가 동북아 시장을 자국 LNG의 중요한 판매처로 상정하고 있는 만큼 한국은 이 같은 소비자 우위의 조건을 현실화시킬 수 있는 기회를 잘 살려나갈 필요가 있다. 중국 및 일본 등과 협력하면서 소비국의 이점을 협력적으로 잘 살려서 동북아 천연가스 시장을 소비국이 주도하는 시장으로 발전시켜나가야 할 것이다.

러시아나 미국과의 에너지 협력 문제는 한국 정부의 에너지전환에 대해 일국의 틀을 넘어서는 정책적 수단을 제공할 수 있다는 점에서도 주목할 필요가 있다. 특히 최근 변화하는 남북관계와 북미회담 프로세스가 진행되고 있는 상황이 향후 북핵 문제가 타결될 가능성과 불씨를 살리고 있는 가운데, 그간 논외로 취급되었던 러시아산 PNG의 도입과 관련된 논의를 새롭게 활성화할 수도 있다(에너지경제연구원 2018). 러시아산 PNG의 도입은 한반도 평화체제의 구축 과정에서 북한의 에너지 문제를 해결하고 동북아의 지역 협력을 촉진시킬 수 있는 유망한 정책 수단이 될 수 있다. 또한 한반도 주변 정세의 변화에 따른 신전기시대의 도래는 동북아에서 국가 간 전력망을 연결하는 슈퍼그리드 구축에 대한 논의를 더욱 활성화할 수 있을 것으로 기대된다.

이상의 검토를 통해 '신에너지안보'의 달성을 위해 가장 핵심적인 과제는 에너지전환의 문제임과 현재 에너지전환의 과제는 국가별 핵심적인 에너지안보의 과제로 인지되어 그 대책 마련에 부심하고 있음을 살펴보았다. 에너지전환은 단기간에 급속히 일어나는 과정이라기보다는 중·장기적인 과정으로 이해할 수 있다. 이 전환 기간을 관리하기 위해서 다양한 에너지안보 대책이 마련되고 실험될 것으로 보인다. 특히 일국주의적 발상을 넘어서 지역 에너지안보 거버넌스의 형성이나 지역 에너지 협력을 위한 노력이 시도될 가능성이 높아지고 있다. 하지만 이 같은 시도는 동시에 에너지 강대국의 고전지정학적 도전을 함께 수반하는 게임으로 복합적 성격을 지니면서 전개될 가능성이 높다. 따라서 다음 절에서는 지역 에너지안보의 달성을 위한 협력의 증진이라는 관점에서 동북아에서 시도되고 있는 대표적인 노력으로 역내 전력 슈퍼그리드의 구축, 동북아 천연가스시장의 형성, 동북아 천연가스망의 구축 등을 차례로 검토해볼 것이다.

IV. 동북아 에너지안보를 위한 협력과 경쟁의 주요 분야[4]

1. 동북아 전력 슈퍼그리드의 구축

동북아 전력 슈퍼그리드는 러시아, 중국, 몽골, 한국, 일본 등 동북아시아 국가 간의 전력망을 연계하는 사업에 대한 구상이다. 몽골과 중국의 풍부한 풍력과 태양광 에너지를 한·중·일의 전력망과 연계해서 공동으로 활용하는 가로축과 러시아 극동지역의 수력, 천연가스 등 청정에너지를 활용하는 세로축으로 구성된다. 몽골 고비사막의 재생에너지 활용 잠재량은 풍력이 연간 1,110Twh, 태양광이 1,500Twh로 추정되고 러시아 극동 지역의 수력은 연간 1,139Twh여서 이를 활용한다는 방침이다(『연합뉴스』 2018. 5. 5.). 동북아의 전력망 연계는 2016년 3월에 한국전력공사와 일본의 소프트뱅크, 그리고 중국전력회사 간의 양해각서를 바탕으로 진행된 한·중·일 전력연계사업의 예비타당성조사 결과 경제적·기술적 타당성이 검증되면서 주목을 받았다. 하지만 이는 북한까지 연결하는 구상은 아니었다. 도리어 2006년

---

4   이 절의 내용은 신범식(2018, 109-116)의 내용을 수정·보완한 것이다.

에 한국과 러시아가 한러 전력협력 합의각서를 교환하고 2009년부터 2016년 사이에 세 차례의 공동연구를 통해 남·북·러 전력망 연계사업의 가능성을 타진한 것이 북한과 직접적인 관련이 있다. 공동연구에서는 남·북·러 3-Terminal 고전압송전방식 연계망의 구축 등 다양한 계획안이 검토되었다. 해당 계획의 요점은 블라디보스토크와 평양, 서울에 변전소를 설치하여 1,000km 내외의 다단자망 고전압직류송전(HVDC) 체제를 구축하는 것이다. 이러한 구상들이 합쳐지면서 동서축과 남북 축이 동시에 고려되는 동북아 전력 슈퍼그리드 구상은 더욱 지역 통합적 성격을 띤 프로젝트로 발전해가고 있다고 할 수 있다.

한국의 입장에서는 동북아 전력 협력의 기본 축을 슈퍼그리드의 구축에 두고 한국의 역할을 강화할 수 있는 기회가 생길 수 있다. 최근 한반도 정세의 변화와 더불어 고전압직류송전 기술의 발전은 동북아 슈퍼그리드 구축의 현실성을 높여가고 있다. 이러한 가운데 동북아 전력시장을 형성하기 위해 노력하는 동시에 남북한 및 동북아 전력협력 사업을 병행해서 동북아 에너지 허브 국가로 도약할 수 있다는 주장도 나오고 있다(『에너지데일리』 2018. 7. 9.).

최근 러시아를 방문한 문재인 대통령은 푸틴 대통령과의 회담을 통해 가스관과 전력망 분야에서의 협력을 위한 연구를 제안했다. 이는 북한을 포함하는 남·북·러 3각 협력의 중심축으로 부상할 가능성이 높아 보인다. 이를 실현하기 위해 한국전력공사와 러시아 전력회사인 로세티(ROSSETI)는 양해각서를 체결하고 공동연구를 추진하기로 했다. 또한 경제사절단의 일원으로 참가한 한러 양국 관계자들은 러시아의 천연자원을 공동으로 개발·활용하고 한러 간의 전력계통을 연계하기 위해 양국 간의 전력망 연결에 대한 예비타당성조사를 공동으로 시행하기로 했다. 이러한 논의들을 발전시키면 동북아 슈퍼그리드를 구축하는 과정에서 남·북·러 전력망을 연결하는 것도 가능할 것이다. 남·북·러 전력망은 초고전압·광역·대용량 송전망을 설치하여 북한을 경유하는 형태로 구축될 수 있다. 러시아에 발전소를 건설하여 러시아 내에서 생산된 석탄과 가스로 전력을 생산하고 송전선을 통해 한국에 전달하여 다시 북한으로 공급하는 전력망 구조의 구축이 가능할 것이다.[5]

향후 동북아 지역 내의 전력 협력을 구체화하기 위해서는 먼저 전력망을 운영할 역내 협의기구를 설립해야 할 것이다. 동북아 6개국은 해당 기구를 통해 국가별 전력 협력과 관련된 정보와 이익을 조정하고 규범을 구축해야 한다. 한국은 협의기구 내에서 북한과 중국, 일본을 포섭할 수 있도록 적극적이고 주도적인 역할을 수행할 필요가 있다. 협의기구의 구조나 역할은 현재 유럽연합이나 유엔 내에 설치된 다양한 다자기구를 참고할 수 있다(이성규 외 2017). 협의기구가 창설되면 동북아 6개국은 당사국과 주변국을 슈퍼그리드 공동 투자에 유치하고 협력에 걸림돌이 될 수 있는 제도적 장벽을 해소하는 등 슈퍼그리드의 착수를 위한 조건을 조성할 수 있다.

2. 동북아 천연가스망의 구축

러시아와의 남·북·러 PNG 사업도 다시 주목을 받고 있다. 2018년 남북정상회담 직후에 문재인 대통령과 푸틴 대통령은 전화 통화를 통

---

5   이는 북한의 송전망 몰수 등에 대응하기 위해 북한을 경유하는 송전선을 러시아가 소유하거나 러시아의 전력을 직접 한국에 공급하고 이를 다시 한국이 북한에 공급하는 방식으로 정치적·기술적 위험을 회피 내지 최소화하기 위한 장치를 마련할 필요성 때문에 논의되는 구상의 일환이다.

해 남·북·러 3각 협력사업이 필요하다는 것에 합의했다. 푸틴 대통령은 남북정상회담의 성과가 남·북·러 3각 협력사업으로 이어져야 한다는 것을 역설했다. 국내에서도 이 사업에 대한 논의가 다시 활발히 전개되고 있다. 최근 외교부가 주최한 '동북아 가스파이프라인·전력 그리드 협력 포럼'에서 전문가들은 여러 가지 난관이 있지만 어느 때보다도 남·북·러 PNG 사업의 가능성이 크다는 데 의견을 같이했다. 전문가들은 '남·북·러 가스파이프라인'에 참여하는 모든 국가에 이익이 공유되리라는 점을 근거로 프로젝트가 성사될 수 있다고 전망했다. 러시아는 이 프로젝트를 동북아시아 시장을 선점하고 대동북아 수출을 확대할 수 있는 호기로 보고 있고, 한국은 러시아산 가스 도입을 통해 가스 수입의 다변화를 도모할 수 있으며, 북한은 통과 수입을 올릴 수 있다(『에너지데일리』 2018. 5. 8.). 포럼에 참석한 강경화 외교부 장관은 남북관계가 해빙기를 맞고 있는 가운데 러시아 가스파이프라인 프로젝트가 진전되고 여기에 북한이 참여하게 된다면 한반도의 긴장 완화에 획기적 전환점이 될 것이라면서 이런 점에서 동북아 가스파이프라인에 대한 논의는 시의적절하다고 평가했다(『에너지데일리』 2018. 4. 5.). 물론 국제 천연가스시장이 변동하고 있고 미국 셰일가스의 아시아 시장으로의 진출 등의 변수가 증가하고 있으며 한국의 입장에서는 LNG와 PNG의 활용 방안에 대해 내부적으로나 정책적으로 정리가 안되어 있다. 하지만 이 사업을 통해 북한의 부족한 에너지원에 대한 획기적이며 근본적인 해법을 마련할 수 있다는 점에서 남·북·러 가스관사업은 근본적인 전제부터 적극적으로 검토되어야 할 필요가 있어 보인다(『에너지데일리』 2018. 5. 10.).

이 같은 동북아 가스시장의 변동과 남·북·러 가스관 사업의 재활성화 가능성으로 인해 북한에 대한 에너지 협력의 중요한 전제들이 바

뛸 수 있는 조건이 마련되고 있다(『에너지데일리』 2018. 6. 20.). 문재인 대통령은 러시아를 방문했을 때 러시아 언론과의 인터뷰에서 가스, 전기, 철도 분야부터 남·북·러 3각 협력이 빠르게 시작될 수 있다고 내다보았다. 그러면서 향후 남북 평화체제가 구축된다면 한러 협력에 북한이 참여할 수 있게 될 것이며 이는 곧 북한의 경제와 국가 발전에도 큰 도움이 될 것이라고 설명했다. 문재인 대통령은 러시아의 천연가스가 가스관을 통해 북한과 한국으로 공급될 뿐만 아니라 더 나아가 해저터널을 통해 일본에 공급될 수 있을 것으로 내다보았다. 또한 러시아에서 생산된 전력이 북한과 한국으로, 나아가 일본으로까지 공급된다면 이것이 유라시아 대륙의 공동 번영을 촉진하는 길이 될 것이라고 전망했다.

동북아 천연가스망을 구축하고 여기에 북한을 참가시키기 위해서는 양자·지역 수준의 협력 방안이 필요하다. 먼저 양자적인 차원에서 한국 정부는 북한과 핵 문제를 해결하고 한반도 평화체제 및 천연가스망의 정착을 추진하기 위한 실무팀을 구성해야 한다. 해당 팀은 남북 천연가스관의 일정과 목표 등을 논의하고 향후 러시아 천연가스의 수입과 에너지 분야에서 러시아와의 협력의 기본 방향을 설정하는 과제를 수행해야 한다. 한국과 러시아의 입장에서는 민관 차원에서 전략적인 투자가 진행되어야 한다. 양국 정부와 민간 부문은 급변할 수 있는 한반도 상황에 대비한 에너지 협력 방안을 모색해야 한다. 러시아의 상류 부문과 한국의 하류 부문에 교차투자를 진행함으로써 협력을 더욱 공고화하는 것도 방법이 될 수 있다. 한편 지역적인 차원에서 한국은 북한과 러시아를 비롯한 동북아시아 국가들과 PNG와 LNG가 모두 통용될 수 있는 동북아 공통의 천연가스시장을 구축하고 이를 위해 거버넌스를 설정하며 민관의 협의와 조정 과정에서 각국의 협력을 견인해낼 필요가 있다.

3. 동북아 가스시장의 형성

아시아에서 LNG 트레이딩 허브로 주목받고 있는 국가는 싱가포르, 일본, 중국이다. 싱가포르는 말라카 해협 교역의 이점을 발판으로 삼아 주롱섬에 LNG 터미널을 구축했고 2018년까지 계속해서 이를 확장해나간다는 계획을 갖고 있다. 싱가포르 거래소에서는 SLING라는 가스 가격지표까지 마련했다. 과거에 석유 가격에 연동되었던 가스 가격이 독립적인 가격을 가질 수 있도록 조치한 것이다. 이뿐만 아니라 싱가포르 정부계 LNG 기업인 파빌리온에너지가 아프리카의 천연가스전 광구를 취득하는 등 싱가포르 기업들은 세계적인 메이저 에너지 회사들과 협업하면서 해외자원의 확보에도 심혈을 기울이고 있다.

반면 싱가포르보다 공간적·물리적 강점을 지닌 일본과 중국은 후발주자이다. 이 두 나라는 아직 가스시장의 자유화 및 개방화의 문제를 지니고 있다. 하지만 국가정책, 자본, 인프라를 바탕으로 허브 구축 사업에 뛰어들어 세를 확장하고 있다. 일본은 도쿄에, 중국은 상하이에 가스·LNG 트레이딩 플랫폼을 세우고 있다. 일본은 2016년에 에너지시장을 자유화했고 전력 소매시장을 전면 자유화하는 등 시장 개방의 노력을 기울였으며, 중국은 LNG 스팟계약을 시작으로 에너지의 거래가 용이하도록 거래 플랫폼을 만들어 제공하고 있다. 일본과 중국 모두 제3자의 접근과 참여를 유도하기 위해 노력하고 있는 것이다. 또한 두 국가 모두 재기화터미널(regasification terminal)을 이미 많이 확보했는데, 일본은 25개, 중국은 12개의 터미널을 가지고 있다. 두 국가 모두 터미널을 더 건설하고 있는 중이기 때문에 싱가포르 같은 페이퍼 허브만이 아니라 물리적 허브가 되기에도 충분한 조건을 갖추어가고 있다. 그리고 더 나아가 허브가 되기 위해 상당한 투자를 계속하고 있다. 이 국가들에 비해 한국의 준비 상황은 매우 뒤쳐져 있다.

　부존자원이 없어 에너지의 95%를 수입하는 한국은 주변에 중국과 일본이라는 대규모 에너지 수입국과 함께 위치하고 있다. 산업구조와 인구밀도 등이 비슷한 세 나라는 에너지안보나 기후변화협약 대응의 측면에서도 동일한 문제와 이슈를 안고 있다. 한편 세 나라의 주변에는 러시아와 몽골이라는 산업구조와 인구밀도가 전혀 다르면서 동시에 에너지와 광물자원이 풍부한 두 나라가 있다. 그런데 이들 5개국 간에는 이렇다 할 에너지 협력 체계가 성립되어 있지 않다. 실제로 동북아 5개국은 에너지 문제로 상호 협력하고 연계할 이유가 많다. 5개국 중 러시아를 제외하면 4개국 모두 에너지안보나 기후변화협약 관련 대응 방안을 충분히 가지고 있지 못하지만 5개국 간의 연계가 가능해진다면 4개국 모두 최소 두 문제 중 하나는 손쉽게 해결할 수 있기 때문이다. 이에 5개국 간에 적절히 연계될 수 있는 상호 연계 방안이 마련되면 실행될 가능성이 높을 것이라고 평가된다. 그런 의미에서 동북아 가스시장은 단기적으로는 형성되기 어려워 보이지만 중·장기적으로는 그 가능성이 매우 크다. 이를 위해서 다음의 사항들이 진행되고 준비되어야 할 것이다.

　단기적으로 한국은 시장의 변화에 대응할 다양한 행위자들을 보완할 필요가 있다. 즉, 한국가스공사는 물론 도시가스회사 등 민간 회사를 중심으로 국제 천연가스시장의 변화를 인식하고 이를 활용할 수 있는 능력을 갖출 수 있도록 국제시장 담당 전문가의 양적 확보 및 질적 향상을 가장 시급하게 실행해야 한다. 일본 및 중국은 이미 이를 위해 활발히 투자하고 있다.

중기적으로 새로운 천연가스 공급처를 스스로 개발하고 교역에 참여해야 한다. 현재 한국가스공사는 미국, 나이지리아, 모잠비크 등 새로운 공급처를 활발히 개발하고 있는데, 이를 통해 국내 기업들이 시장의 공급자로서의 역할을 함께할 수 있는 공급원을 확보하려고 노력할 필요가 있다. 미국 및 러시아로의 진출은 그 옵션들 중 하나일 것이다. 이를 통해 시장을 활용하는 형태의 거래를 늘려야 한다. 일본 및 중국은 이미 준비 중이다. 이에 대응하기 위해 정부와 민간의 대응 노력을 체계화한 구조적인 지원책을 마련할 필요가 있다.

위의 두 조건이 한·중·일 3국 공동의 노력으로 성공적으로 정착되면 동북아에는 자연스럽게 트레이딩 허브가 구축될 수 있을 것이다. 아시아 지역은 이미 천연가스 수요의 중심이지만 공급원이 적어 시장이 형성되지 못하고 있기 때문에 전술한 문제들을 해결하면서 시장 형성의 조건을 정책적으로 유도해간다면 동북아시아는 자연스럽게 천연가스 거래의 중심이 될 것이다.

국제경쟁력을 유지하기 위해서는 기술개발과 국제 협력이 매우 중요하다. 선진국의 21세기 정책들은 모두 기술개발과 국제 협력을 기반으로 하고 있다. 그러나 한국은 천연가스 및 에너지 분야에의 투자가 매우 미흡하다. 그렇기 때문에 첨단기술의 확보 및 우수한 국제 협력관계의 형성에 대한 장기계획을 마련하고 정부의 지원책을 준비해야 한다. 단기적으로 한국은 시장의 변화에 대응할 행위자들의 보완에 중점을 두고 인재를 양성하고 있다. 국제 천연가스시장의 변화를 인식하고 이를 활용할 수 있는 능력을 갖춘 전문가의 양적 확보 및 질적 향상이 우선적으로 필요하다.

다음으로는 한국의 기업들도 새로운 천연가스 공급처를 스스로 개발하고 교역에 참여할 수 있도록 유도해야 한다. 현재 한국가스공사가 새로운 공급처를 활발히 개발하면서 공급원 확보를 위해 노력하고 있다. 이처럼 국내 기업과 협력하여 시장의 공급자 역할을 할 수 있도록 하는 것이 중요해 보인다. 일본 정부는 일본석유천연가스·금속광물자원기구(JOGMEC) 등 전문 전담기구를 두고 지속적으로 이러한 이슈들을 전담하도록 해서 에너지정책의 성과를 극대화하고 있다. 이러한 움직임을 벤치마킹하고 이에 대응하는 전문성을 확보한 전문가를 확대하며 지속적인 에너지정책의 성과를 극대화하는 방안을 마련해야 할 것으로 보인다.

또한 국제경쟁력을 유지하기 위해서는 기술개발과 시장 형성을 위한 최적의 파트너를 찾아서 국제협력을 시도하는 것이 대단히 중요하다. 에너지정책의 선도국가들은 기술개발과 국제 협력에 기반한 정책을 펼치고 있다. 정부가 첨단기술의 확보 및 우수한 국제 협력관계의 형성에 대한 장기계획을 마련하고 이를 실행하기 위한 체계적인 지원을 해야 한다. 그리고 이를 바탕으로 국제적인 협력을 시도해야 한다. 가령 동아시아 천연가스시장을 형성하기 위한 싱가포르의 노력은 선진적이다. 싱가포르는 작은 국가이지만 일본과 중국과의 아시아 천연가스 트레이딩허브 구축 경쟁에 뒤지지 않았다. 그럼에도 싱가포르는 일본과 중국에 비해 천연가스 허브 구축에 따른 목표나 자국의 수급을 활용하는 수준이 제한적이다. 여전히 타국과의 협력이 필요한데, 특히 기술을 필요로 한다. 이 부분에서 한국에 기회가 있을 수 있다. 한국의 녹색정책 경험, 이노베이션 기술, 싱가포르의 스마트시티 경험 등이 공유될 필요가 있다. 국제정치적 측면에서도 그렇다. 허브가 되고자 하는 열망이 있을지라도 한국으로서는 소모적인 경쟁을 줄일 필요가 있다.[6]

구체적으로 한국과 싱가포르가 협력해야 할 점을 들어보면 국제적 협력의 필요성에 대한 이해가 쉬워질 수 있다. 가장 중요한 것은 역시 가격지표의 형성을 둘러싼 협력이다. 싱가포르는 한국의 저장시설 및 용량에 관심을 가지고 있다. 싱가포르 선물시장(SGX)에서는 실제적인 국제 현물거래가 이루어지지 않기 때문이다. 또한 양국은 스팟시장의 운영을 위해 협력할 수 있을 것이다. 공동구매와 2포인트 판매 등의 방식으로 협력할 수도 있다. 한국은 커다란 수요자이지만 판매의 유연성을 확보하기 위해 해외저장 등을 고려할 필요가 있고 싱가포르를 대상지로 검토해볼 수 있다. 또한 정보의 공유도 중요하다. 싱가포르는 차익거래와 그 선순환에 대한 장점 때문에 한국의 거래소에 관심을 갖고 있다. 싱가포르의 정보를 얻어서 아시아윈도우를 만들고 시도해보는 것 또한 협력의 포인트가 될 수 있다.[7]

또 다른 예를 생각해보자. 한국, 일본, 싱가포르 사이에서 LNG 협력 또한 가능할 것이다.[8] 한국은 소비지 및 저장시설과 관련된 장점을 갖고 있고, 싱가포르는 위치와 시장 운영 인력, 국제적인 네트워킹 면에서 장점을 갖고 있으며, 일본은 기업과 소비 면에서 장점을 갖고 있다. 이를 잘 살리면서 창조적인 협력 방안을 찾으면 세 국가에 모두 유리한 협력안을 도출할 수 있을 것이다.[9] 싱가포르는 금융거래가 이루어지는 가상허브 내지 페이퍼허브로서는 손색이 없을지 몰라도 실물허브를 꿈꾸기에는 공간적인 부분에서 너무 열세이다. 그런데 바다 위에 떠 있는 LNG 터미널을 만들면서 이러한 단점을 조금씩 극복해가고 있다. 하지만 국제적인 협력을 이룬다면 불완전한 행위자들의 조합

6   Dr. Yao Lixia(2017), 싱가포르 현지조사 인터뷰, ESI, 2017. 8. 14.
7   Seah Cyn Yi(2017), 싱가포르 현지조사 인터뷰, Pavilion Energy, 2017. 8. 15.
8   LNG manager(2017), 싱가포르 현지조사 인터뷰, SGX, 2017. 8. 15.
9   Analyst Chang(2017), 싱가포르 현지조사 인터뷰, SGX, 2017. 8. 16.

을 통해 좀 더 완전한 시장 운영의 주체가 구성될 수 있을 것이다. 한국은 제2의 LNG 수입국이고 열강들과 같은 파워게임을 하지 않아도 되기 때문에 열강들이 진출하지 못하는 국가들에 접근하고 협력할 수 있다. 한국적 장점을 살려서 한국이 할 수 있는 것을 계속해나가는 것이 중요하다.

한국이 동(북)아시아 천연가스시장의 형성에서 중요한 역할을 할 수 있는 또 다른 조건에 대해서도 고민해보아야 한다. 그것은 다름 아니라 LNG와 PNG를 모두 활용할 수 있는 입지가 트레이딩 허브의 중요한 요건이 될 수 있다는 점이다. 그런 의미에서 일본이나 싱가포르보다는 한국이나 중국이 대륙의 PNG와 해양의 LNG를 모두 활용할 수 있는 입지를 가지고 있다는 점에 주목할 필요가 있다. 중국은 이러한 점에서 파이프라인을 통해 러시아의 천연가스를 수입하는 데 적극적인지도 모른다. 한국은 자국이 가진 입지의 취약성을 뒤집어 강점으로 활용할 수 있는 기회를 잡아야 한다. 이때 한국은 부족한 단위들의 결합을 통한 협력적 시장 메커니즘의 구축을 전략 목표로 설정해야 할 것이다.

V. 결론: 에너지국제정치의 도전과 남북 에너지 협력에 대한 함의

한국은 세계 8위의 에너지소비국인 동시에 세계 10대 온실가스 배출국으로, 재생에너지와 에너지안보에 대해 특별한 관심을 기울여야 한다. 특히 한국은 95%의 에너지를 수입하고 있어서 에너지안보가 매우 취약하기 때문에 기존의 중동과 아시아 위주의 천연가스 도입을 다변화하려는 노력을 지속해야 한다. 한국은 미국산 셰일가스의 도입을 개시하여 2017년도 말까지 280만 톤을 수입하고 2019년부터 매년 560만 톤을 수입할 계획이다. 또한 파리협정이 2016년 11월에 조기 발효됨에 따라 신기후체제 대응을 위한 저탄소 경제시스템으로의 전환이 '구체적' 의무로 현실화되어 기후·에너지 문제가 현실적인 도전 과제로 등장했다. 미세먼지와 지진 등으로 대기오염 및 원전안전 문제도 사회적 이슈로 급부상했다. 국제 기후변화 연구기관들의 분석 결과에 따르면, 한국의 기후변화 대응 노력은 세계 최하위권이다. 2016년 12월의 기후변화 대응지수 평가에서도 한국은 58개국 중 54위에 그쳤다. 한국의 국가 전력공급 계획에서 '에너지믹스'를 논의할 때 전문가들의 공통된 의견은 석탄 발전을 점차 줄이고 원전을 지양하자는 것이었다. 석탄은 온실가스 배출량이 많기 때문에 환경을 오염시키고, 원전은 방사능 등의 안전 문제가 끊이지 않기 때문이다. 신재생에너지는 온실가스와 안전이라는 두 가지 문제에서 비교적 자유롭다. 그래서 신재생에너지가 미래의 궁극적인 에너지원이 되리라고 예상되지만 발전효율이 떨어지고 기술개발의 속도가 느려서 단기간에 발전량을 늘리기는 힘들다. 그래서 LNG 발전이 석탄 발전과 원자력 발전에서 신재생에너지로 넘어가는 가교에너지원으로서 더 큰 역할을 해야 한다. 한국은 1, 2차 석유위기를 겪으면서 천연가스를 국내에 사용하기 시작했고 현재의 천연가스 산업구조나 도입체계는 매우 효율적인 것으로 평가되고 있다. 그러나 도입안정성 위주의 경직적인 계약구조를 가지고 있기도 하다. 변화를 따라가지 못한다면 지금까지 유지해온 국제경쟁력을 상실할 수도 있다.

2017년 7월의 G20 정상회담에서 문재인 대통령은 "독일은 탈원전 및 재생에너지 확대 정책을 선도하고 있는데, 우리 정부도 탈원

전을 지향하는 만큼 에너지정책 비전에서도 함께 발전하기를 기대한
다."라고 말했다(『조선비즈』2017. 7. 6.). 한국은 2016년에 파리협정에
대응하여 2030년까지 온실가스 배출을 배출전망치(BAU) 대비 37%
로 감축한다는 목표를 제시한 바 있다. 하지만 특별하거나 긴급한 전
력 대책을 마련하지 않은 상황에서 탈원전과 온실가스 감축을 동시에
만족시키고 기존의 전력 수급까지 충당할 수 있는 방법을 찾는 것은
쉽지 않은 과제로 보인다. 이에 더해 화력발전소까지 임기 내에 10기
를 폐쇄하겠다는 계획을 실행하는 것은 더욱 어려운 과제로 평가된다.
새 정부가 마련한 에너지정책은 신재생에너지에 투자하고 개발하며
천연가스를 수입·공급하는 것이다. 하지만 신재생에너지에 방점을 두
고 2030년까지 전체 발전량의 20%를 신재생에너지로 공급하겠다는
(2017년 현재 15GW, 2030년 68GW 발전 목표) 현 정부의 계획에 대해
서는 논란이 끊이지 않았다. 수많은 에너지 전문가들은 그 대안의 현
실성에 대해 이의를 제기했다. 한국 언론들도 이를 비판했을 뿐만 아
니라『사이언스』(2017. 7. 7.)까지도 이러한 논쟁을 다루었다.

결국 신재생에너지의 기술 발전이 진전되어 전력생산 효율 등의
문제를 해결하기 전까지 적어도 단기적으로는 원전 및 화력 발전의 전
력생산 비중의 감소에 따른 에너지 부족 문제 해결의 주된 방법으로
천연가스의 비중을 확대하는 것 이외에 다른 대안을 찾기는 어려울 것
으로 평가된다. 신재생에너지로 한국의 전력 20%를 충당하는 데 몇
년이 걸릴지는 알 수 없다. 그렇다면 현 정부의 에너지정책의 중심은
당분간 천연가스 수입 물량의 확대로 귀결될 수밖에 없다.

세계 가스시장의 가격 변동성이 확대되고 있고 거래 조건은 가변
적이다. 아시아에서는 이미 싱가포르, 일본, 중국 등이 아시아의 LNG
트레이딩 허브가 되겠다고 선언하면서 실질적인 노력을 기울이고 있

다. 이 국가들은 허브 구축을 위해 국가적 정책을 수립하여 발빠르게 움직이고 있고, 투자 규모에서 다른 아시아 국가가 따라갈 수 없을 정도로 막대한 자본을 지출하고 있다. 반면 한국은 세계 2위의 가스 수입국이지만 이러한 움직임에 대한 대응이 미진한 상황이다. 수입을 위해 막대한 돈을 지불하면서도 계약 조건이나 가격 측면에서 이익을 제대로 챙기지 못한 채 주어진 상황에 대응하고 있는 실정이다.

선진국들은 21세기에 들어서자마자 너도나도 중장기 에너지 대책을 내놓았다. 미국은 2001년, 영국은 2002년, 일본은 2003년 등 대부분의 선진국들이 2001~2003년 사이에 국가에너지 기본계획을 발표했다. 선진국의 정책들에는 공통적인 특징이 있는데, 기존 에너지의 안정적 확보(에너지안보)에 더해 온실가스의 감축 문제(기후변화협약 대응)라는 목표를 추가하고 두 목표를 동시에 달성하기 위한 계획을 정립했다는 것이다. 유럽은 기존에 확보하고 있는 북해유전과 프랑스의 원자력에 더해 풍력 등 신재생에너지와 에너지절약 기술개발을 해냈고, 미국 역시 기술개발을 통한 자국 내 셰일가스의 개발로 큰 성공을 거두었다. 유럽과 미국 모두 21세기 초에 세운 두 가지 목표를 단 10여 년 만인 2015년경에 달성했다.

한편 우리나라는 2016년에 발간된 「세계에너지협의회(World Energy Council, WEC) 에너지 지속성지수 보고서」에 나타난 대로 에너지안보 72위, 환경지속성 88위에 그친 수준에 머물고 있다. 선진국들이 2대 목표로 하고 있는 에너지안보 및 환경지속성 두 지수에서 한국은 모두 평균 이하의 성적을 받고 있는 것이다. 북한은 더 말할 나위가 없다.

21세기 기후변화의 도전과 신기후체제의 출범으로 한국은 에너지안보의 극대화와 온실가스 배출의 최소화를 동시에 달성해야 하는 상황에 직면했다. 이러한 상황에서 개별 국가 단위로 추진되었던 에너지 안보의 개념이 지역적·국제적인 차원으로 확대되었다. 또한 개별 이익의 확보보다는 기후변화, 신재생에너지, 신성장동력, 지역 간 에너지 연결 등 공동의 이익 창출로 전환되었다. 이와 같은 에너지체제의 환경 변화에 따라 남북의 에너지 문제를 해결하고 에너지 분야의 남북 협력, 더 나아가 동북아 단위의 지역적 협력을 구축하기 위해서는 한국의 전략을 수립할 때 북한의 에너지 문제를 파악하고 해결 과제를 함께 고려할 필요가 있다.

현재 북한은 대내적으로 자력갱생을 위한 폐쇄적 에너지정책을 장기간 추진하는 한편 외화 부족으로 인한 설비 노후화, 에너지원 자체의 공급 악화가 산업 생산의 저조로 이어지는 전력난의 악순환에 처해 있다. 2013년 북한의 발전량은 전체 발전설비 724만kW 중 34.8% 수준인데, 이는 남한 설비의 12분의 1, 발전량의 23분의 1에도 미치지 못한다. 2016년을 기준으로 북한의 에너지믹스는 석탄과 수력이 70% 이상을 차지하고 있는 것으로 알려졌지만, 외화 확보를 위해 석탄을 중국에 수출하면서 에너지원 수급 구조가 크게 왜곡되고 있다.

북한이 자구책으로 앞서 언급된 문제들을 해결하기에는 한계가 있다. 경제사정이 어려워서 노후화된 설비를 개·보수하기에는 어려움이 존재하고, 송·배전망 정비사업에도 막대한 자금이 투자되어야 하는 상황이다. 그래서 대외적 개방을 통한 국제적인 에너지 협력이 필수적이다. 하지만 북한이 국제적인 에너지 협력을 하기 위해서는 비핵화와 신뢰 구축이 선결되어야 한다. 이를 위해 남북의 전문가들은 사전에 북한의 에너지체제 개선 노력을 이끌어내면서 국제적인 차원에서 에너지 분야의 협력을 이룰 수 있는 방안을 사전에 논의하고 이를 위한 교류를 재개할 필요가 있다. 남북의 에너지 협력은 남북의 경제적 공동체 건설을 촉진하기 위해 분업체계를 구축하고 경제성을 확보하는 방향으로 논의되어야 한다. 또한 남북 협력의 안정화와 제도화 방안을 모색하고 새로운 지역 협력으로 확대할 수 있어야 한다.

북한의 에너지 문제 해결을 위해 가능한 남북 양자간의 협력은 한국 정부가 북한 내의 화력 및 풍력 발전소를 건설하고 신재생에너지 분야의 발전을 지원하는 것이다. 북한은 석탄을 비롯한 풍부한 광물자원과 풍력발전소의 건설에 유리한 조건을 갖추고 있어서 양국 간의 발전소 건설사업은 수월하게 진행될 것으로 전망이다. 특히 풍력발전소는 화력발전소에 비해 건설 기간이 짧아서 단기적으로 북한 주민들이 직면한 전력난을 해소할 수 있을 것으로 보인다. 향후 단계적으로 북한에 소형, 중형, 대형 풍력단지를 구성하여 전력난 해소와 신재생에너지 전환을 유도하고 청정개발체제(CDM) 프로젝트를 통해 신재생에너지의 보급을 장기적으로 지원하는 것도 고려할 수 있다.

한국은 국제적인 차원에서 북한의 에너지 문제를 해결하는 데 주도적인 역할을 수행할 수 있을 것으로 보인다. 먼저 동북아 5개국(몽골, 중국, 러시아, 한국, 일본)의 전력 계통을 연결하는 동북아 슈퍼그리드에 북한을 참여시켜서 북한의 에너지 문제를 해결하고 한반도, 더 나아가 동북아 지역 내에 평화체제를 안착시킬 수 있다. 이 과정에서 계통망의 건설을 위한 투자를 유치하고 제도적 걸림돌을 해소할 수 있는 협의기구를 마련해야 하며, 한국은 협의기구의 창설과 안건의 설정에 적극적인 모습을 보여야 한다. 또한 최근 남북 간의 긴장 완화로 남·북·러 천연가스망의 연결에 대한 논의가 재개되고 있다. 문재인 대통령은 러시아 방문 당시 남·북·러 PNG를 통해 한국의 가스 수급을 비롯하여 북한의 에너지 문제를 극복할 수 있다고 언급했고, 더 나아가 이를 동북아 천연가스망으로 확대할 의사를 내비쳤다. 이를 위해서 한국은 북핵 문제의 해결과 천연가스망의 건설을 목표로 하는 실무팀을 구성하고 러시아와 전략투자를 통해 에너지 부문의 협력을 강화해야 한다. 한편 지역적인 차원에서는 동북아 천연가스망을 운영할 수 있는 민관 차원의 합의와 협력을 이끌어내야만 할 것이다.

　남북 간의 긴장이 완화되는 상황에서 남북 에너지 협력은 전력을 시작으로 소규모 신재생에너지, 에너지 거점, 동북아 연계 전력망 등으로 단계적으로 확대되어야 한다. 현 시점에서 동북아 슈퍼그리드는 기술적으로도 충분히 구현할 수 있다. 북한은 높은 신재생에너지 및 광물자원 잠재량을 지니고 있다. 이를 바탕으로 신재생에너지와 에너지저장체제(ESS) 중심의 전력 공급이 이루어지는 것이 바람직하다. 이는 남북 에너지 교류의 효과를 극대화할 수 있고 군 시설 등 위험요소가 없는 원산 같은 곳에 에너지 거점을 두고 전력 보급을 활성화할 수도 있다. 또한 남·북·중·러를 중심으로 하는 전력망이 필요한데, 북한의 전력망 사정을 고려한 고전압직류송전 방식으로 연계가 이루어져야 한다는 주장이 타당해 보인다(『에너지데일리』 2018. 6. 27.).

　북한의 에너지 문제를 4차 산업혁명과 연계하여 그 해법을 찾아가는 방안도 매우 시의적절한 접근법이 될 수 있다. 북한의 에너지 시스템(현재 에너지 1.5에서 2.0 수준의 상황)의 향후 발전 경로에 현재 에너지 4.0에 진입 시도 중인 한국의 발전 경로를 그대로 적용하기는 어렵다. 이보다 4차 산업혁명의 기술적 성취를 활용하면 북한의 화석연료 활용 시기를 최대한 단축하는 거시적인 전환 구도를 마련할 수 있다. 남과 북은 태양광, 풍력 등 친환경 발전시스템 구축, 마이크로스마트그리드 체제 구축을 통한 효율적 생산·소비 체제의 마련, 지역 전력망 연계체제를 활용한 개방적 전력구조의 확산으로 에너지 체제전환 비용을 획기적으로 감축시킬 수 있는 계획 등을 함께 수립해야 하

고 이를 추진해나가야 한다. 이는 한국이 개발도상국의 에너지전환 과
정에 대한 실질적인 경험을 습득하고 확산시킬 수 있는 자산을 확보할
수 있는 기회가 될 것이다. 물론 전환의 시기에 북한의 화석연료 사용
을 피할 수 없다면 가교연료(Bridging Resource)로 각광을 받는 천연
가스의 사용을 확대하는 것도 고려할 수 있다.

안보적이고 경제적인 양가적 속성을 지닌 에너지와 연관된 국가
간 및 국제적 협력의 본질은 요즈음과 같은 에너지전환의 시기에 더욱
뚜렷하게 나타나고 있다. 특히 북한처럼 뒤처진 경제를 개발하기 위해
체제전환을 시도하는 국가의 경우에 에너지 문제는 핵심적인 과제가
될 수밖에 없다. 에너지 문제의 양가적 속성을 잘 활용하면 에너지 협
력을 통해 북한의 체제전환을 성공적으로 견인할 수 있을 것이다. 이
때 주의해야 할 점은 이 문제를 남북 양자간의 문제로만 환원해서 취
급해서는 안 되며 지역적 협력의 틀 속에서 녹여내야 한다는 것이다.
이 같은 국제적 틀 속에서 남북한의 반(半)직접적인 연계는 북한을 유
도하는 안정적이고 온건한 해법의 기본틀이 될 수 있을 것이다. 그러
할 경우에 북한의 에너지 문제 해결을 위한 협력 청사진은 북한의 개
혁과 개방을 견인할 핵심적인 유인책이 될 것이고, 북한 경제를 전환
시키려는 시도의 성패를 가르는 중요한 정책 분야가 될 것이다.

참고문헌

김경술(2018), "남북 전력협력 시대의 대비", 『전기저널』, 7월호.

김규륜(2001), 『남북한 에너지분야 교류·협력 발전방향』, 통일연구원 연구총서, 2001-18.

김연규(2017a), "Russia LNG vs. U.S. LNG: Implications for Natural Gas/LNG Market in Asia", 여시재 주관 국제학술회의 '동북아협력의 미래' 발표문.

김연규 편(2017b), 『신기후체제하 글로벌 에너지 질서 변동과 한국의 에너지 전략』, 한울.

박정엽(2017), "文대통령, 獨메르켈 만나 '사회적 시장경제 가치·철학 공유, 4차 산업혁명·탈원전 협력 희망'", 『조선비즈』, 2017. 7. 6.

박정원(2016), "북한의 「전력법」 분석과 남북한 전력법제 통합방향", 『법학논총』, 28(3).

성원용(2010), "러시아 극동지역의 전력공급체계와 남·북·러 전력계통 연계", 『JPI 정책포럼』, 36, 제주평화연구원.

손열(2017), "동북아시아 지역공간의 복합지정학: 안보·경제·정체성 넥서스", 김상배·신범식 편, 『한반도 신흥안보의 세계정치』, 사회평론.

신범식(2017), "4차산업혁명과 한국의 에너지안보", 김상배 편, 『4차산업혁명과 한국의 미래전략』, 사회평론.

_____(2018), "북한 에너지체제 구축 과제와 남북 에너지협력 방안", 김상배 편, 『4차산업혁명과 남북관계: 글로벌 정보화에 비춘 새로운 지평』, 사회평론.

윤재영(2013), "동북아 SUPERGRID 구상과 전망", 『세계 에너지시장 인사이트』, 13(13).

이성규 외(2017), 『동북아 슈퍼그리드 구축사업 관련 해외 사례분석과 시사점』, 에너지경제연구원.

이승주(2015), "경제-안보 연계전략: 자유무역협정을 중심으로", 김상배·신범식 외, 『한국의 중장기 미래전략: 국가안보의 새로운 방향모색』, 인간사랑.

장우석(2015), 『남북 재생에너지 CDM 협력사업의 잠재력』, 현대경제연구원.

홍순직(2015), "북한의 전력난 현황과 남북 협력 방안", 『통일경제』, 1.

에너지경제연구원, 『IHS Energy』

_____(2017), 『세계 에너지시장 인사이트』, 17(18).

_____(2018), 『에너지 수급 브리프』, 6월호.

_____(2018), 『ENERGY FOCUS』, 봄호.

"미국, 넥스틸 유정용 강관에 75% 관세 폭탄", 『조선비즈』, 2018. 4. 13.

『에너지데일리』, 2018. 4. 5.

_____, 2018. 5. 8.

_____, 2018. 5. 10.

_____, 2018. 6. 20.

_____, 2018. 6. 27.

_____, 2018. 7. 9.

『연합뉴스』, 2018. 5. 5.

『毎日新聞』, 2017. 1. 7.
『朝日新聞』, 2017. 1. 7.

Asia Pacific Energy Research Center(2015), *Electric Power Grid Interconnections in Northeast Asia,* APERC.
BP(2017), *Statistical Review of World Energy 2017.*
Bushuyev, V. V. and A. M. Mastepanov et al.(2017), *Russian Energy Civilization: Regarding Future Energy,* Moscow: Institute for Energy Strategy.
Desertec Foundation(2009), *Clean Power From Deserts: The Desertec Concept for Energy, Water and Climate Security.*
EIA's today in energy, 2017. 12. 7.
EIA's today in energy, 2018. 3. 7.
IEA(2015, 2016), *The medium-term gas market report 2016: Executive summary,* Paris, France: OECD/IEA.
_____(2017a), *Global Energy & CO2 Status Report 2017.*
_____(2017b), *International Energy Outlook 2017.*
Kalicki, Jan H. and David L. Goldwyn eds.(2005), *Energy and Security: Toward a New Foreign Policy Strategy,* Baltimore: Johns Hopkins University Press.
Kim, Y.(2016), "Rethinking energy security in Northeast Asia under low oil prices: A South Korean perspective", *2016 NBR Pacific Energy Summit Brief,* June 21.
Mission Innovation, http://mission-innovation.net.
S&P(2017), *Global Platts: Oil and Gas Outlook 2017.* https://www.platts.com/pressreleases/2017/010617b
Schwab, Klaus(2016), "The Fourth Industrial Revolution: what it means, how to respond". http://www.weforum.org.
Shi, X. and H. M. P. Variam(2016), "Gas and LNG trading hubs, hub indexation and destination flexibility in East Asia", *Energy Policy.*
Sivaram, Varun and Teryn Norris(2016), "Clean Energy Revolution: Fighting Climate Change with Innovation", *Foreign Affairs,* 95.
Smil, Vaclav(2003), *Energy at the crossroads: global perspectives and uncertainties 2003,* MIT press.

제6장

동북아 보건안보 거버넌스

조한승(단국대학교)

*   이 장의 초고는 연구의 질적 제고 목적으로 2018년 한국정치학회 연례학술회의에서 발표되었다. 이후 학술지에 투고되어 전문가의 심사를 거쳐서 "동아시아 보건안보의 쟁점과 협력"이라는 제목으로 2018년에 『한국동북아논총』, 23(4)에 게재되었음을 밝힌다.

보건안보는 질병의 예방, 처치, 대응을 인간공동체의 유지와 안전의 측면에서 접근한 다. 신흥안보 개념하에서 보건안보의 위협요인은 매우 다양하며 이에 대처 하는 방식과 행위자도 그에 상응하여 다양하다. 보건안보는 오랫동안 '예방'의 관점에서 다루어졌으나 최근 신종 감염병, 바이오 테러 등 예상치 못한 보건 긴급상황이 빈번하게 발생함에 따라 사회적 필수체계의 유 지에 초점을 맞추는 '대비'의 접근이 모색되고 있다. 동아시아에서 보건안보의 도전으로는 신종 감염병, 바 이오 안보, 식품 안전성, 비전염성 만성질환, 고령화 등이 지적된다. 보건 이슈의 특성상 상호 교류가 빈번 한 인접 국가들 사이에는 질병에 대한 신속한 정보 교환, 위기상황에 대한 유기적 대응 및 역할 조율, 공통 의 보건안보 문제 해결을 위한 협력 네트워크의 제도화 등이 구축될 필요가 있다. 동북아에서 한·중·일 3 국은 각각 글로벌보건안보구상(GHSA) 참여, 보건복지 증진, 보건외교 확대 등을 자국의 보건안보정책에 포함하고 있으나 지역 차원에서 다자간 보건안보 협력은 상대적으로 취약하다. 동북아에서 지역 보건안보 협력을 위해서는 첫째, 정부 및 민간이 참여하는 한·중·일 보건안보 대화의 제도화가 필요하고, 둘째, 한· 중·일이 비교우위를 가진 첨단기술을 보건안보에 적용하는 공동 투자 및 연구가 활성화되어야 하며, 셋째, 비전염성 질병 및 고령화 등 공동 문제의 해결을 위한 정책개발 협력이 이루어질 필요가 있다.

I. 서론

2001년에 미국에서 탄저균 우편물 사건이 발생했을 때 뉴스 앵커가 탄저(炭疽)를 뜻하는 'anthrax'와 운동선수를 의미하는 'athletes'를 혼동하여 발음했을 만큼 일반인들에게 탄저균은 생소했다. 미지의 위 협에 대한 공포는 순식간에 확산되어 사람들이 분필가루나 밀가루를 탄저균으로 오인하여 대학이나 마트에서 탈주극을 벌이는 상황이 미 국 전역에서 속출했다. 신종플루(H1N1)는 전 세계에 유행하던 2009 년 초반에 돼지가 이 질병의 매개가 되었다는 이유로 '돼지독감(swine flu)'이라고 불렸다. 돼지를 음식으로 섭취하는 것과는 아무런 관계가 없었음에도 불구하고 이집트 정부는 25만 마리의 식용돼지를 서둘러 도살함으로써 오히려 이집트의 축산업과 경제에 부정적인 결과를 자 초한 바 있다. 한국에서 2015년에 메르스(MERS) 사태가 발생했을 때 대형병원 응급실이 오히려 질병의 온상이 되어버렸고 비상사태의 선 포를 두고 서울시와 정부가 정치적 갈등을 벌였다. 국민은 20%가 넘

는 치사율 때문만이 아니라 정부와 의료기관의 대응 실패에 따른 사회
적 혼란으로 인해 더욱 공포에 떨어야 했다. 이 사건들은 질병과 보건
문제가 왜 안보 차원에서 다루어져야 하는지를 잘 보여준다.

전통적 의미에서 안보는 군사안보를 의미하고, 군사안보의 위협,
즉 적은 비우호적 관계에 있는 특정 국가 혹은 집단이었다. 미국 등 서
방세계의 입장에서는 냉전시대의 소련이나 테러와의 전쟁에서의 알카
에다가 여기에 해당한다. 하지만 위의 사례에서와 같이 보건안보의 위
협은 치명적인 병원균이나 바이러스가 아니라 질병의 확산과 감염의
공포에 따른 사회적 혼란과 질서의 파괴 그 자체이다. 메르스 사태에
서 확인된 것처럼 보건안보의 위협은 병원균과 바이러스뿐만 아니라
정부의 검역 및 위기 대응 시스템, 보건기관 및 병원의 관리체계, 시민
의 간병문화와 시민의식 등 다양한 분야의 문제에서 비롯되었다. 따라
서 이러한 위협에 대응하기 위해서는 다양한 수준에서 여러 행위자의
참여와 협력이 필수적이다. 여기에는 보건의학 분야뿐만 아니라 비보
건 분야의 행위자들도 포함된다. 특히 글로벌리제이션 시대에 보건안
보의 위협은 인접한 주변 국가들로 쉽게 전파될 수 있기 때문에 주변
국과의 긴밀한 협력도 매우 중요하다.

이 장에서는 이러한 문제의식하에 동북아시아에서 보건안보의 위
협요인은 무엇이고, 동북아 국가들은 이러한 도전에 어떻게 대응하고
있으며, 역내 협력은 어떠한 형태로 이루어지고 있는지 살펴본다. 동
북아시아의 역사적·지정학적 특수성은 한국, 중국, 일본 사이의 대결
과 경쟁 관계를 부각하는 경향이 있지만, 보건안보의 측면에서 동북
아시아 국가들 사이의 협력과 공조는 바람직한 수준을 넘어 필수불가
결한 조건이 되고 있다. 아직까지 동북아시아 국가들 사이의 보건안
보 협력은 낮은 수준에 머물러 있기 때문에 동북아시아 보건안보 거버

넌스의 발전을 위한 실질적 방안이 모색되어야 한다. 이를 위해 이 장에서는 먼저 신흥안보의 관점에서 보건안보의 개념과 보건 거버넌스의 발전 과정을 논의하고, 이어서 신·변종 감염병, 바이오 안보, 식약품 안전성, 비전염성 질병 등 동북아시아에서 보건안보를 위협하는 요인들을 살펴본다. 그리고 이러한 요인에 대한 한국, 중국, 일본의 대응 노력과 더불어 동북아시아 국가 간 보건안보 협력의 필요성과 가능성을 논의한다.

II. 보건안보와 보건안보 거버넌스

1. 보건안보의 개념과 접근 방식

1) 신흥안보와 보건안보

오래전부터 보건 문제, 특히 감염병은 국가의 발전과 생존에 심각한 영향을 미칠 수 있다는 점에서 국가안보와 밀접하게 관련되어 다루어져왔다. 유럽의 흑사병이나 남아메리카에 전파된 천연두와 매독은 역사의 흐름을 바꿔놓은 대표적인 질병이다. 역사적으로 가장 안전하고 확실한 질병 예방조치는 감염자와의 접촉을 막는 것이었다. 이후 지중해 무역이 급증하면서 이 지역에 감염병의 확산이 보다 빈번하게 이루어졌고, 이를 차단하기 위해 터키, 북아프리카, 페르시아, 유럽의 여러 국가에서 감염병 환자의 격리와 질병 정보의 교환을 위한 각종 제도적 장치가 만들어졌다.[1] 이를 바탕으로 1851년부터 1903년까지 국제위생

---

1   '격리'라는 뜻의 영어 단어 'quarantine'은 이탈리아어로 '40'을 의미하는 'quaranta'에서 유래했다. 베네치아는 1377년에 흑사병의 유입을 막기 위해 입항 선박에 대해 상륙

회의가 열한 차례 개최되어 오늘날과 같은 세계보건 협력의 제도적 기반이 마련되기 시작했다.

하지만 보건안보라는 용어와 개념이 공식적으로 언급된 시기는 비교적 최근이다. 유엔개발계획(UNDP)은 1994년에 「인간개발보고서」를 통해 인간안보의 일곱 가지 유형에 보건안보를 포함시키면서 질병의 위협으로부터 안전한 삶의 영위를 국제사회가 추구해야 할 안보 가치의 하나로 설정했다.[2] 이어 유엔 안전보장이사회는 2000년에 에이즈에 대한 국제적 공동 대응을 촉구하는 내용의 결의문을 채택했다. 이는 국제안보의 가장 권위 있는 국제적 행위자인 유엔 안전보장이사회가 공중보건을 안보의 시각에서 바라본 최초의 결정이었다.

보건안보는 단순히 모든 보건 이슈를 안보 차원으로 끌어올리려는 시도가 아니라 사회적 불안정 요인의 원인 분석과 해결 방안을 보건의학적 관점에서 접근하는 것이다(Elbe 2010). 가령 신·변종 감염병의 확산이나 바이오 테러와 같은 상황에서 질병은 단순히 개인의 건강을 해치는 것뿐만 아니라 사회적 불안전성을 초래하는 안보의 위협 요인이다. 따라서 사회공동체의 생존과 번영을 위해서 질병에 대응하기 위한 보건의학적 접근을 안보의 개념 속에 포함시켜야 한다는 것이다. 이러한 맥락에서 보건안보는 인간을 둘러싸고 있는 다양한 유형·무형 요인들의 복잡한 네트워크 차원에서 안보를 해석하는 신흥안보

전 40일간 연안에서 정박하도록 하는 격리조치를 실시했다. 여기서 40일간의 격리는 모세의 시나이산 40일 금식, 예수의 40일 광야 묵상 등 기독교 전통에서 고난과 부활을 의미하는 사순절(四旬節)을 상징했다.

2 이 보고서는 인간안보를 '공포로부터의 자유(freedom from fear)'와 '결핍으로부터의 자유(freedom from want)'의 두 가지 요소로 구분하고 이를 달성하기 위한 인간안보의 유형을 다음과 같이 나열했다. ① 경제안보, ② 식량안보, ③ 보건안보, ④ 환경안보, ⑤ 개인적 안보, ⑥ 공동체 안보, ⑦ 정치적 안보. UNDP(1994).

의 주요 대상이다.

신흥안보는 안보에 영향을 미치는 요인들의 복잡하고 다차원적인 네트워크를 거치면서 미시적 안보가 거시적 안보로 창발(emergence)하는 것에 주목한 개념이다(김상배 2016, 26-70). 신흥안보로서 보건안보가 주목하는 대상은 사회적 불안정을 초래하는 바이러스와 질병 그 자체뿐만 아니라 그것의 발생, 확산, 예방, 대응에 관련된 인간, 국가, 집단, 제도, 기술 등 여러 유형·무형 요인들 사이의 상호작용까지 포함한다(정혜주 2016, 280-281). 예를 들어, 조류독감(H5N1) 바이러스의 경우에 닭, 오리 등 조류의 고병원성 인플루엔자 바이러스가 인간에게 전염되어 2000년대 중반에 전 세계적으로 높은 치사율을 보였다. 이 바이러스는 다시 여러 종류로 변이되었는데, 그 가운데 변종 H7N9 바이러스는 중국에서 인간에게 전염되어 사망자가 발생하기도 했다. 이 경우에 조류독감 바이러스가 이 질병의 직접적인 원인이지만, 〈그림 6-1〉과 같이 가금류와 빈번하게 접촉하는 중국 남부 및 동남아 주민들의 주거문화, 바이러스 전파가 용이한 공장형 밀집 사육, 고병원성 바이러스를 타 지역으로 전파하는 철새의 이동, 이러한 철새의 이동에 영향을 미치는 환경의 변화 등도 조류독감이라는 안보 위협요인을 초래하는 광범위하고 다차원적인 네트워크에 포함된다. 따라서 조류독감의 예방, 치료, 감시, 추적도 그에 상응하는 다양하고 다차원적인 행위자, 기구, 제도, 기술의 네트워크 속에서 이루어지게 된다. 이를 위해서는 생활위생교육의 실시, 가축 및 가금류 사육 법령의 개선, 철새 이동 경로의 파악을 위한 국가 간 협력, 환경보호를 위한 기술 발전 등이 함께 고려되어야 한다. 따라서 이런 다양한 분야에 관련된 행위자들의 참여와 협조가 필수적이다.

2015년 한국의 메르스 사례 역시 질병 그 자체뿐만 아니라 질병

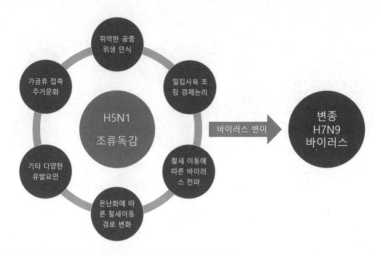

그림 6-1. 신흥안보로서의 보건안보: 조류독감 발생 사례

에 직접적으로 관련되지 않지만 질병의 발생과 예방 및 대처에 간접적으로 관련되어 있거나 앞으로 관련될 가능성이 있는 다양한 요인과 행위자들까지도 포함하여 살펴보아야 한다는 신흥안보로서의 보건안보 개념을 이해하는 데 도움이 된다. 〈그림 6-2〉에서와 같이 중동 지역에서 이루어진 코로나 바이러스(CoV)의 유전자 변이가 인간 감염을 일으켰고 변종 바이러스가 글로벌 시대의 항공교통을 통해 한국에 유입되었다. 초기 검역 단계에서 유입 차단에 실패하면서 대형병원 응급실을 통해 감염이 확산되었고 한국인 특유의 간병문화가 이를 더욱 걷잡을 수 없는 상태로 몰고 갔다. 서울시와 정부가 비상사태 선포를 둘러싸고 정치적 갈등을 벌이는 동안 온라인상에서는 감염자가 다니는 학교와 직장, 감염자가 거쳐간 병원을 공개해야 하느냐를 둘러싸고 갑론을박이 벌어졌다. 뚜렷한 대응책이 나오지 못한 채 혼란이 계속되는 동안 사회적 공포감은 더욱 확산되었고 일부 감염자의 일탈행위는 국제 문제로까지 비화되었다.

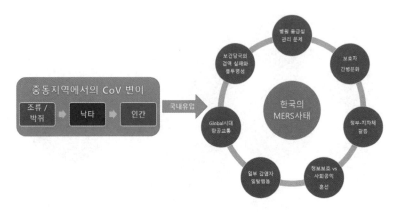

그림 6-2. 신흥안보로서의 보건안보: 한국의 메르스 확산 사례

2) 보건안보의 접근 방식: 예방과 대비

보건안보는 사회공동체의 다양한 영역과 행위자에 영향을 미치기 때문에 그에 상응한 측면에서의 대응이 요구된다. 보건안보의 위협에 대한 대응으로 흔히 사용되어온 방법은 질병의 '예방(prevention)'이었다. 가장 대표적인 것이 유아 예방접종과 환절기 독감 예방접종이다. 이는 개인의 건강을 보호할 뿐만 아니라 공동체의 추가적인 사회경제적 비용의 지출을 막을 수 있다는 점에서 매우 효과적인 방법이다. 이러한 '예방' 접근은 공동체의 과거 질병 경험을 바탕으로 앞으로 발생할 수 있는 질병을 예상하고 사전에 이를 막는다는 특징을 가지고 있다.

하지만 최근에는 바이오 테러 사건, 교통 발달로 인한 감염병의 급속한 전파, 철새 이동에 의해 전파되는 조류독감 등과 같이 예방이 곤란한 치명적 질병이 확산되어 엄청난 사회적 혼란과 충격을 초래할 가능성이 커지고 있다. 이러한 보건의학적 긴급상황은 주민의 건강뿐만 아니라 국가 및 사회 공동체의 유지를 위해 필요한 사회적 필수체계의 정상 작동에도 영향을 미칠 수 있다. 만약 갑작스런 감염병의 확산으로

표 6-1. 보건안보 접근 방식의 구분

	주민 건강보호 접근 방식(예방)	공동체 필수체계 안보 접근 방식(대비)
구체화 시기	19세기 도시위생 및 공중보건 개념의 등장 이후	20세기 중반 핵재앙 대비 개념 이후
목표	감염병, 빈곤, 질환 등 일상적 보건 문제 예방(prevention)	예상치 못한 잠재적 재앙이 초래 가능한 긴급상황 대비(preparedness)
주요 관심 대상	사회적 과정: 경제적 생산, 상품 교환, 인구이동, 인구학적 과정	필수체계: 산업생산시설, 주요 인프라 시설 및 정부기관
관련 지식	역학(疫學), 인구학, 사회과학	필수체계의 유기적 상호관계 및 취약성에 관한 지식
정부 핵심기제	사회보장정책: 공중보건, 질병 발생 위험 분산 및 억제 정책, 인프라 구축	대비정책: 취약성 감소, 위기관리 능력 개발

출처: Collier and Lakoff(2015), p.23을 바탕으로 필자가 재구성했다.

병원뿐만 아니라 경찰, 군대 등 사회경제 기반 시스템이 기능을 상실하게 된다면 전쟁 발발 못지않은 엄청난 파급 효과가 초래될 것이다.

　따라서 최근에는 예상치 못한 보건안보적 위기상황을 상정하고 보건안보의 대상을 주민건강뿐만 아니라 사회적 필수체계의 정상적 작동 유지로 확대해야 한다는 '대비(preparedness)'의 접근 방식이 대두되고 있다. 예방은 사건의 발생 가능성 자체를 낮추는 데 초점을 두는 것인 반면, 대비는 발생 가능성 자체를 예측하기 어렵거나 그 결과를 측정하기 어려운 재앙적 사건이 발생할 경우에도 공동체의 안정과 질서를 위한 사회적 필수체계가 지속적으로 기능할 수 있도록 만드는 데 초점을 두는 접근법이다(Collier and Lakoff 2015). 긴급상황이 발생하더라도 사회적 필수체계가 지속적으로 기능할 수 있도록 평상시에 사회적 필수체계의 취약한 부분을 점검할 뿐만 아니라 위기상황에서 각 기관이나 행위자가 신속하고 효과적으로 대응할 수 있도록 유기적 연계망을 구축하고 이를 사전에 교육·훈련할 수 있도록 법률적·제도적 장치를 사전에 구축하는 것이다. 이를 위해서는 미래의 가상적 상

황에 대비하는 시나리오를 작성하여 이에 따라 훈련하면서 문제점을
보완해나가는 창의적 발상이 요구된다. 이러한 접근은 보건의학뿐만
아니라 정치, 법률, 문화, 무역, 사회심리, 군사 등 다양한 측면에서 행
위자의 참여와 협력에 바탕을 둔 융합적·창의적 사고를 필요로 한다.

　보건안보의 위기상황은 나라 혹은 지역마다 다르게 나타난다. 여
러 나라들이 보건안보를 언급하고 있지만 구체적으로 어떤 문제를 보
다 중요하게 강조하느냐는 서로 다를 수 있다. 보건안보의 주요 이슈
는 다음과 같이 구분될 수 있다(Collier and Lakoff 2008).

- 신·변종 감염병의 확산: 1980년대 후반에 에이즈 위기가 전 세
  계적으로 빠르게 전파되면서 많은 사망자를 초래할 수 있는 새
  로운 감염병에 대한 두려움이 증폭되었다. 이를 계기로 사스
  (SARS), 조류독감, 메르스, 에볼라(Ebola) 등 신·변종 감염병
  과 슈퍼결핵 등 약제내성(藥劑耐性) 감염병의 확산을 예방하고
  차단하는 노력이 강조되었다.
- 바이오 테러리즘: 미국은 냉전시대부터 불량국가, 글로벌 테러집
  단 등의 생화학 무기 사용 가능성을 고민해왔다. 특히 2001년
  에 탄저균 사건이 발생하면서 바이오 무기가 테러공격에 사용
  되는 것을 억제하는 데 많은 노력을 기울여왔다.
- 최첨단 생명과학의 부작용: 생명과학의 발달로 생물 복제와 유전
  자 조작이 점점 더 현실화되고 있다. 이에 따라 인류의 생존에
  위협이 될 수 있는 신종 생명체나 복제된 생물이 사고든 의도적
  이든 실험실 바깥으로 유출되는 경우에 심각한 위험이 초래될
  수 있다.
- 식품 안전성 문제: 특히 유럽과 동아시아 국가에서 식품 안전에

대한 국민의 관심이 매우 높은 편이다. 이 입장은 유전자 조작 농산품의 안전성, 광우병의 위험성, 식품 제조공정의 오염 등에 대해 어떻게 규제를 만들고 시행할 것인가를 중시한다.

예를 들어, 미국에서는 바이오 테러리즘에 대한 관심이 높은 편이지만 한국은 유전자 조작 농산품, 광우병이나 구제역에 감염된 축산물, 방사능 물질에 오염된 수산물 등이 유입되는 것에 보다 민감한 경향이 있다. 그러나 이 이슈들은 상호 연계되어 발생하는 경우가 대부분이다. 따라서 이러한 다양한 유형의 보건안보 문제에 보다 효과적으로 대응하기 위해서는 글로벌 보건 거버넌스를 통해 국가, 국제기구, 비정부기구(NGO), 전문가 집단, 의약품 제조회사 등 여러 행위자들이 협력하고 공조하는 것이 필수적이다.

2. 보건안보를 위한 국제적 노력

1) 글로벌 보건 거버넌스의 발전과 쟁점

신흥안보 개념으로 보건안보의 위협에 대응하기 위해서는 다양한 행위자의 협력과 공조가 필요하다는 점에서 최근 글로벌 보건 거버넌스에 참여하는 행위자들도 점점 더 다양해지고 있다. 국가의 보건당국, 세계보건기구(WHO), 병원, 의과대학, 제약회사, 보건 NGO 등은 전통적인 보건 관련 행위자들로 여전히 중요한 역할을 담당하고 있지만, 개발협력, 무역, 정보통신, 자선재단 등과 같은 분야에서의 행위자의 역할도 점점 커지고 있다.

보건은 높은 전문성을 필요로 하고 그 결과가 인류 모두에게 유익한 공공재적 성격을 띠기 때문에 안보, 인권 등 다른 분야에 비해 덜

정치적이다. 따라서 주권을 우회하는 정책 시행이 용이하다는 평가를
받아왔다(조한승 2018b). 특히 글로벌리제이션의 심화로 국가의 대내
외 네트워크가 더욱 복잡해지는 상황에서 감염병의 확산 속도와 범위
가 더욱 커지고 있기 때문에 국가들은 신속하게 보건안보 정보를 공유
하고 상호 협조를 모색할 필요가 높아졌다. 이러한 배경은 보건안보
분야에서 다양한 행위자 사이의 교류와 협력을 증진하는 이유이다.

　　그럼에도 불구하고 각각의 행위자들은 고유한 이해관계를 가지고
있기 때문에 보건안보 분야라고 할지라도 경쟁과 대립을 완전히 배제
할 수 없다. 글로벌 보건 거버넌스 행위자들은 보건의료에 대한 보편
적 접근의 확대를 대부분 공유하지만, 누가 더 많은 보건 협력 자원을
투입하느냐에 따라 사업의 방향을 결정하는 데 특정 행위자의 영향력
이 더 커질 수 있다. 예를 들어, WHO, 세계백신면역연합(GAVI) 등이
백신 보급사업을 기획할 때 자금을 제공하는 게이츠 재단의 영향력으
로부터 자유롭기는 어렵다. 또한 특정 백신이나 치료약의 개발 및 보
급과 관련하여 누구에게 더 많은 이익이 돌아가느냐를 두고 행위자들
이 치열하게 다투는 경우도 발생한다.

　　대표적인 사례가 2006년 말 조류독감 바이러스에 대한 인도네시
아의 바이러스 주권이다. WHO는 인간 전염이 가능한 유전적 변이 가
능성이 높다는 연구에 따라 인도네시아의 협력을 얻어 종자 바이러스
를 채취·분석하여 신속히 백신을 개발하고자 했다. 하지만 인도네시
아는 서구 제약회사 중심의 백신 개발에 자국이 배제되었다는 이유로
바이러스 주권을 주장하면서 바이러스 검출물의 제공을 거부했고, 이
에 대해 WHO는 지식재산권의 갈등에 대한 책임을 회피했다(WHO
2007). 이 사건은 생물학적 소유권에 관한 국제법적 논의뿐만 아니
라 글로벌 보건 거버넌스의 투명성과 신뢰성에 대한 논쟁을 초래했다

(Fidler 2008, 88-94; Holbrooke and Garrett 2008; Irwin 2010; Hoffman 2012). 2010년에 제10차 생물다양성협약 당사자 총회에서 채택된 '유전자원의 접근 및 이용으로부터 발생되는 이익의 공평하고 공정한 공유(ABS)에 관한 나고야의정서'는 바이러스 샘플과 같은 생물자원의 활용에 따른 이익의 공유에 관한 원칙을 수립할 필요성을 국가들이 인식한 결과였다(Watanabe 2017, 400). 아무튼 이러한 사례들은 글로벌 보건 이슈의 공공재적 성격에도 불구하고 글로벌 보건 거버넌스와 보건안보에서 다양한 이해당사자들 사이의 서로 다른 이해관계와 힘의 비대칭성을 배제할 수 없음을 상기시킨다.

2) 보건외교의 확대

보건안보가 국제관계의 중요 이슈로 부각되면서 보건안보 국제레짐을 형성하는 노력이 전개되는 한편 각국의 외교정책에 보건 부문을 포함시키는 보건외교가 활발해지고 있다. 보건외교는 크게 두 가지 형태로 전개되었다(Michaud 2015). 첫째는 보건개발 협력이다. 유엔 새천년개발목표(MDGs)의 8개 핵심 목표 가운데 3개가 보건 관련 목표였으며, 이어 2016년부터 시작된 지속가능개발목표(SDG)에서도 보건은 중요 목표 중의 하나로 포함되었다. 그 밖에도 G8 정상회의, G20 정상회의, 동아시아정상회의(EAS) 등 최근의 여러 다자외교 무대에서 보건 협력은 단골메뉴가 되었다. 미국은 에이즈가 미국의 보건안보에 심각한 악영향을 끼친다고 판단하여 2003년에 에이즈 퇴치를 위한 대통령비상계획(PEPFAR)을 수립하고 아프리카 등 에이즈가 만연한 국가들에 대해 에이즈 예방·치료 지원사업을 벌여왔다. 이어 2007년에 프랑스, 브라질, 인도네시아, 남아프리카공화국, 노르웨이, 태국, 세네갈 등의 외무장관들이 서명한 오슬로장관선언은 보건을 외교정책의

중요 부문으로 공식 인정하는 중요한 계기가 되었다. 그리고 2008년
에 유엔 총회에서는 "보건을 전문적·기술적 영역에서 보는 것에서 벗
어나 국가와 사회의 핵심 이슈가 되는 정치적·경제적 문제로 바라보
아야 한다."는 결의문이 채택되었다.

　　보건외교의 두 번째 형태는 신종 감염병의 확산이나 바이오 테러
와 같은 보건안보의 긴급상황에 대비하기 위한 국제협력이다. 2005년
에 개정된 국제보건규칙(IHR)에 따라 WHO 회원국은 질병 사례를 신
속히 보고하고 정보를 공유한다. 그럼에도 불구하고 일부 국가들은 주
권 침해나 재정 부담을 이유로 비협조적이었으며, IHR은 국가들 사이
의 조약이기 때문에 보건에 관련한 비국가 행위자의 참여와 책임은 제
한적이었다. 미국이 주도한 2014 글로벌보건안보구상(GHSA)은 이
러한 한계를 극복하기 위한 노력의 하나였다. GHSA는 대규모 보건
긴급상황이 국가적 및 국제적 혼란과 위기를 초래할 수 있다고 보고
① 질병 예방, ② 실시간 보건 위협 탐지, ③ 자연발생·사고·테러에
의한 감염병 신속 대응 등 3개 분야의 행동 계획을 설정하고 이를 수
행하기 위해 국가, 국제기구, 민간 전문가, 연구기관, 제약회사 등을
망라하는 글로벌 보건 행위자들의 집단적 공조와 대응을 모색하고 있
다(강선주 2015).

3) 보건안보와 첨단기술

최근 보건 거버넌스와 관련한 새로운 변화로 정보통신기술(ICT)을 활
용한 e헬스 거버넌스가 주목받고 있다. ICT를 활용한 보건의료를 의
미하는 e헬스는 2005년에 WHO에서 처음 공식화되었고,[3] 여러 국가

3　　WHO, "Global Observatory for eHealth". http://www.who.int/goe/en/(검색일
　　2018. 4. 20.)

및 국제기구, 보건의학 행위자들이 이 개념을 받아들여서 보건진료, 질병 감시, 보건교육, 보건의학 연구개발 등의 분야에 첨단 ICT를 접목한 보건의료 서비스를 개발하고 있다. 스마트폰 등 무선통신기술을 보건에 활용하는 모바일헬스, 텔레커뮤니케이션과 가상화 기술을 사용하여 원격으로 보건 서비스를 제공받을 수 있는 텔레헬스, 보건 네트워크를 통해 보건의료교육을 실시하는 e보건학습, 각종 보건의료기록을 실시간으로 통합 관리하는 전자보건기록 시스템, 방대한 보건의료 정보를 순식간에 처리하는 의료용 인공지능, 보건의료 분야의 빅데이터 활동 등의 e헬스 개념이 앞으로 보건 거버넌스의 역할과 범위를 획기적으로 변화시킬 것이라는 예측이 점차 실현되고 있다(조한승 2018a).

또한 드론과 고성능 배터리를 기반으로 하는 의약품 배송 시스템이 점차 상용화되고 있다. 최근 르완다 정부는 GAVI의 지원을 받아 미국의 드론 제조사인 집라인(Zipline), 물류기업인 UPS 등과 제휴하여 지방에 응급혈액과 백신을 전달할 수 있는 시스템을 구축했다(Rosen 2017). 중국 의료기기 업체인 오크마(Aucma)는 전원공급 없이도 –80℃를 유지할 수 있는 휴대용 냉동보관장치를 개발했다. 이를 사용하면 전력공급이 원활하지 않은 오지나 재해 지역에도 백신을 안전하게 보관 및 운송할 수 있다.[4] 이처럼 첨단소재와 기술을 사용한 다양한 의료장비의 발전은 특히 남반구 저개발 국가 주민들에 대한 보건 서비스의 접근 기회를 획기적으로 높임으로써 전염성 질병의 발생 초기에 신속하게 대응할 수 있도록 할 것이다. 대부분의 전염성 질병이 의료 서비스가 취약한 저개발 국가에서 발생하여 전 세계로 확산된

---

4   Global Good, "Medical Cold Chain Equipment". https://www.intellectualventures.com/(검색일: 2018. 8. 17.)

다는 점에서 이러한 장비가 상용화되어 보급된다면 대규모 감염병의 확산을 예방하는 데 크게 기여할 것으로 기대된다.

아울러 인터넷 및 소셜미디어 네트워크를 활용하여 실시간으로 질병의 발생, 규모, 특징, 확산 경로 등을 분석할 수 있는 질병감시 네트워크가 일부 지역에서 이미 사용되고 있다. WHO와 캐나다 보건당국이 개발한 글로벌공중보건정보네트워크(GPHIN)는 전 세계 인터넷 상에 게시되는 수많은 글을 텍스트 마이닝(text mining) 기법으로 검색 및 분석한 후 질병에 관한 정보를 추려서 관계기관에 제공하는 서비스를 제공하고 있다(Davies 2015). 새로운 기술이 개발되면서 이러한 질병감시 네트워크의 양과 질도 점점 개선되고 있지만, 사생활 정보 보호에 관한 법률적 문제, 의도적으로 왜곡된 정보를 흘려서 보건시스템을 교란시키는 행위의 방지 등의 각종 문제도 앞으로 글로벌 보건 거버넌스가 고민해야 할 내용이다.

III. 동아시아의 보건안보 도전

1. 신·변종 감염병의 발생과 확산

1) 환경 요인

질병은 환경과 밀접하게 관련된다. 최근 20여 년 동안 사스, 조류독감, 메르스 등 치사율이 높은 신·변종 감염병의 상당수가 유독 동남아시아를 포함한 동아시아 국가에서 발생 혹은 유행했다는 점에서 동아시아의 지역적 특징이 감염병과 밀접하게 관련되었음을 짐작할 수 있다. 여기서 환경은 단순히 아열대성 기후 조건뿐만 아니라 사회적·문화적·경제적 특징까지 포함하는 개념이다.

중국 남부와 동남아시아 특유의 가금류 및 가축 사육 방식은 신·변종 감염병의 등장에 직접적인 영향을 미친다. 앞서 소개한 〈그림 6-1〉과 같이 이 지역에서는 인간의 거주와 동물 사육이 같은 공간에서 이루어지는 경우가 빈번하며, 동물과 인간의 빈번한 접촉은 동물원성 감염의 가능성을 높인다. 더욱이 동아시아에서 육류 섭취의 증가는 고밀도의 공장형 사육을 조장하고 이는 조류독감이나 구제역과 같은 가축의 대규모 감염병의 확산을 초래한다. 그 과정에서 동물원성 병원체의 인간 감염이 증가할 수 있다(Bhatia and Narain 2010). 가장 대표적인 경우가 동물 인플루엔자 바이러스가 항원불연속변이를 일으켜 인간에게 감염되는 것이다. 이 경우 항체 백신이 개발되기 전까지 높은 치사율을 초래하는 경우가 많다.

아울러 이 지역에서 감염병이 빠르고 광범위하게 전파되는 것은 높은 인구밀도와 급증한 인구이동과 관련된다. 특히 동아시아 지역에서 산업화와 도시화가 빠르게 진행되면서 도시지역의 인구가 심각할 정도로 증가하고 있다. 2016년 현재 인구가 1천만 명이 넘는 세계 30대 메가시티 가운데 10개가 도쿄, 상하이 등을 포함한 동아시아 도시들이다(United Nations 2016, 4). 인구밀도가 가장 높은 10대 도시 가운데에는 동아시아의 홍콩과 마카오가 포함된다(The Telegraph 2017. 8. 31.). 좁은 공간에 사람들이 밀집되어 있으면 접촉이 빈번해지고 거주환경의 질이 저하될 수 있으며 당연히 질병의 전염 가능성도 높아진다. 게다가 지난 20여 년 동안 신흥 경제시장으로 부상한 동아시아 여러 나라 사이의 교역과 투자의 급증은 노동, 사업, 관광, 교육, 유흥 등 다양한 목적의 인구이동도 함께 증가시켰다. 이와 더불어 저가항공 및 초고속 열차의 확대로 인구이동의 속도까지 가속화했다. 이러한 요인들은 각국의 감염병 유출입의 통제를 더욱 어렵게 함으로써 역내 및 역외 질병의 확산을 초래한다.

2) 질병 정보의 폐쇄성

과거 사스나 조류독감 사례에서처럼 동아시아에서 신·변종 감염병이 빠르게 확산된 원인의 하나는 이 지역의 일부 국가가 감염병 발생의 내용과 환자에 관한 정보를 WHO에 제공하거나 다른 행위자와 공유하는 것을 꺼려했기 때문이다. 앞서 언급한 인도네시아 정부의 '바이러스 주권' 주장이 대표적인 사례이다. 중국을 포함한 동아시아 국가들은 빠른 경제성장으로 국제무대에서 중요한 행위자로 부상했음에도 불구하고 여전히 국가중심적 행동 양식을 고수하고 있다. 이는 동아시아 국가들의 주권에 대한 폐쇄적 인식에 기인한다(Fidler 2010). 2005년 WHO의 세계보건규칙 개정 과정에서 질병 정보에 대한 보편적 접근 원칙을 두고 중국과 대만이 첨예하게 대립한 사례에서 나타나듯이, 중국을 포함한 일부 동아시아 국가들은 글로벌 보건 이슈를 정치적 주권과 연계하여 해석하면서 공공재로서의 보건보다는 국가 주권을 우선시하는 태도를 버리지 못했다.

질병 정보에 대한 폐쇄성은 국가 사이의 관계에서 나타날 뿐만 아니라 주민과 언론에 대한 국가 보건당국의 정보 은폐 관행으로도 종종 이어진다. 홍콩에서 사스가 창궐했을 때 중국의 베이징에서 이미 감염 증세를 보이는 환자가 발생했음에도 불구하고 중국 보건당국이 중국 내 사스 발병을 부인하고 정보를 통제함으로써 전 세계 8,200여 명의 감염자 가운데 5,300여 명이 중국에서 감염되는 결과를 초래했다.[5] 감

---

5   홍콩 감염자 1,700여 명은 제외했다. WHO, "Cumulative Number of Reported Probable Cases of Severe Acute Respiratory Syndrome(SARS)". http://www.who.int/

염병에 대한 정보의 불투명성은 일선에서 질병을 검진·치료해야 하는 의료진이 해당 감염병에 대한 정확한 정보를 통보받지 못한 채로 진료하다가 오히려 자신들이 감염되어 수많은 일반 환자, 가족, 간병인, 병원 종사자 등에게 감염병을 퍼뜨리는 상황을 초래할 수 있다. 한국에서의 메르스 사태 당시 질병 정보가 신속하게 공개 및 전달되지 않음으로써 오히려 병원이 메르스 확산의 온상이 되었고 감염된 병원명이 공개되지 않아 일반 질병에 대한 치료까지 마비되는 대혼란이 초래되었다.

2. 바이오 안보

1) 바이오 테러 및 생물 무기

1995년에 일본의 옴진리교 추종자들이 도쿄의 지하철에서 사린가스를 살포하여 13명이 사망하고 6,000여 명이 부상을 입는 사건이 발생했다. 극단적 신념이나 사상을 추종하는 집단에 의한 바이오 테러는 흔하지는 않지만 공중이용시설에 은밀하게 살포되어 많은 사람들을 공포에 빠뜨리고 사회 혼란을 초래할 수 있다는 점에서 심각한 미래 위협으로 간주되고 있다. 특히 2001년에 탄저균 사건을 겪은 미국은 바이오 테러에 매우 민감하게 반응하여 생물 무기에 의한 위협을 차단하고 생물 무기에 의한 공격이 이루어질 경우에 어떻게 대응해야 하는지에 대한 시나리오와 매뉴얼을 개발하는 데 주력해왔다. 2014년에 미국이 GHSA를 추진하게 된 직접적인 동기는 바이오 테러에 대한 국제적 협력 모색이었다.

csr/sars/country/en/(검색일: 2018. 7. 1.)

동아시아에서 생물 무기와 관련하여 가장 위험성이 높은 행위자는 북한이다. 북한은 다량의 생물 및 화학 무기를 제조 및 보유한 것으로 알려져 있다. 북한은 2017년에 말레이시아의 쿠알라룸푸르 공항에서 VX2 화학작용제를 사용하여 김정남을 살해했다. 또한 북한은 탄저균, 천연두, 흑사병, 콜레라 등 열세 가지의 생물작용제를 보유하고 있으며 비료 제조로 위장하여 탄저균과 천연두를 사용한 생물 무기를 제조하는 한편 남한 사회에 생물 무기를 은밀하게 살포하여 혼란을 일으킬 가능성이 있는 것으로 알려졌다(Kim, Philipp and Chung 2017).

생물 무기에 대한 국제적 규제를 위한 협력은 오래전부터 모색되어왔다. 대표적으로 화학 및 생물 무기에 대한 제네바협약(1925년), 생물무기금지협약(1972년) 등이 만들어졌지만, 여전히 일부 국가들은 비밀리에 생물 무기를 개발 및 보유하고 있다. 국가들은 생물 무기를 개발하면서 합법적인 의학연구 혹은 비료 제조인 것처럼 꾸미거나 민간 제조시설을 그대로 사용하여 무기를 개발한다. 하지만 생물 무기의 사용에는 많은 제약이 따른다. 무엇보다도 미사일이나 포탄에 탑재하기가 어려워 분무 형태로 살포해야 하는데 이러한 방식은 햇빛, 바람, 습도, 기온 등에 의해 많은 영향을 받아서 그 효과가 크게 반감될 수 있다. 또한 자칫 공격한 측에서도 피해를 입을 수 있다는 위험성이 있다. 또한 생물 무기는 폭발성 무기와 달리 즉각적 효과가 나타나지 않고 일정 시간의 잠복기를 거치기 때문에 상대가 대응할 수 있는 시간 여유가 생길 수 있다.

2) 바이오 사고와 약품 안전성

각국은 생물 무기에 의한 공격에 대비하기 위한 목적으로 치명적 세균에 대한 연구를 진행하고 있으며, 민간에서도 치료 목적을 위해 각종 세균에 대한 연구와 실험을 실시하고 있다. 하지만 바이오 기술의 이러한 이중용도는 실수이든 의도적이든 치명적 생물 물질이 유출되는 경우에 바이오 테러에 못지않은 위험을 초래할 수 있다(한성구·조병관 2018). 2015년에 미군 연구소가 실험용 목적의 탄저균과 보툴리늄 표본을 한국 내 미군기지에 배송한 사건이 발생했다. 당시 미군 당국은 실수에 의한 사고였다고 밝혔지만, 탄저균의 배송 과정에 민간 운송업체인 FedEx가 이용되었기 때문에 만약 균이 유출되었더라면 운송 과정에서 수많은 민간인들이 사망하거나 부상을 입을 수 있었다.

　약품 안전성 역시 바이오 안보를 위협하는 심각한 요인이다. 최근 중국에서 가짜백신이 대규모로 제조 및 유통되어 사회적 물의를 초래했다. 또한 중국산 원료로 만든 고혈압약이 암유발물질을 함유하고 있다는 이유로 한국 보건당국이 해당 제품의 사용을 금지하는 일이 발생하기도 했다. 안전성이 담보되지 못한 백신과 약품의 유통은 질병의 예방과 대응을 위한 각종 정보와 정책을 심각하게 왜곡할 수 있기 때문에 결과적으로 국가 및 사회 공동체의 보건안보 노력을 뒤에서 공격하는 지뢰와 같은 역할을 할 수 있다. 또한 성분 함량이 들쭉날쭉한 불량약품이나 과도한 항생제 투여는 약제내성을 가진 슈퍼박테리아를 만들 수 있다. 중국, 북한 등에서 심각한 문제가 되고 있는 슈퍼결핵의 경우에 기존의 결핵약으로는 치료가 어렵기 때문에 높은 치사율을 보인다. 전염성이 높은 이러한 슈퍼바이러스가 확산될 경우에 심각한 보건안보 위협이 될 수 있다.

3. 식품 안전성

유전자변형 농작물(GMO)은 생산성이 높고 병충해에도 강해서 대규모 농산물 재배에 매우 유리할 뿐만 아니라 친환경적이며 소비자도 그만큼 저렴하게 농산품을 공급받을 수 있다는 장점이 있다. 하지만 인위적 유전자 돌연변이 농작물을 섭취할 경우에 인체에 해로운 결과를 초래할 수 있으며 장기적으로 환경 생태계에도 나쁜 영향을 미칠 것이라는 주장이 꾸준히 제기되고 있다. 또한 광우병(BSE)에 걸린 소고기를 섭취한 인간이 인간광우병에 걸린다는 주장이 제기되어 한국과 일본에서 사회적 문제가 발생했다. 이 사건으로 미국산 소고기 수입이 중단되었으며 각종 시위로 국내에서 정치적인 혼란이 야기되었을 뿐만 아니라 농산물 무역에 관한 국가 간의 갈등이 초래되었다.

이처럼 식품 안전성과 관련하여 한국 및 일본은 외국산 수입 농축산품의 안전성에 민감한 반면, 중국에서는 자국산 농축산품의 품질에 대한 불신이 높은 편이다. 2008년에는 중국산 분유에서 멜라민이 검출되는 사건이 발생했다. 당시 4명의 영유아가 사망하고 해당 식품회사와 관련기관의 책임자가 해임되거나 체포되었음에도 불구하고 이와 유사한 사건이 중국에서 계속 발생했다. 화학약품으로 가짜달걀을 제조하여 유통하거나 금지 약물을 첨가한 사료를 먹인 돼지, 공업용 색소를 넣은 만두, 성장촉진 약품으로 재배한 콩나물, 공업용 알코올로 만든 가짜 술 등 각종 유해식품 사고가 발생했다. 이에 중국 당국이 최고 사형까지 구형하도록 법을 개정했음에도 불구하고 중국산 식품의 안전성 문제는 여전히 남아 있다(South China Morning Post 2017. 9. 2.). 최근에는 베트남 등 동남아시아 국가들에서도 식품 안전성에 대한 관심이 높아지고 있다(아시아투데이 2016. 8. 24.).

4. 비전염성 만성질환과 고령화

동아시아 국가들의 산업화와 경제성장이 빠른 속도로 진행되면서 주민들의 생활패턴에 커다란 변화가 생겼다. 서구식 식생활이 확산되어 육류 소비가 빠르게 증가하여 더 많은 영양을 섭취하지만 교통 인프라의 발달로 운동량은 줄어드는 생활양식이 보편화되고 있다. 이에 따라 고혈압, 당뇨, 비만 등 비전염성 만성질환 환자가 증가했다. 〈표 6-2〉에서는 한국, 일본, 중국, 대만에서 가장 많이 사망을 유발하는 보건 요인을 나열했는데, 혈관질환, 심장질환, 폐질활 등 비전염성 질병에 의한 사망이 동아시아 국가 모두에서 높게 나타나고 있음을 알 수 있다. 이러한 만성질환은 국가뿐만 아니라 개인의 보건 관련 비용을 증가시킨다. 최근에는 동남아시아 개발도상국에서도 이러한 비전염성 질병이 증가하고 있어 이 지역 주민들에게는 감염병뿐만 아니라 비전염성 질병에 따른 이중부담이 커지는 현상이 증가할 것으로 보인다.

　　동아시아에서 비전염성 만성질환의 부담은 급속한 고령화로 인해 더욱 가중되고 있다. 과거 농업 중심의 사회에서 벗어나 산업화가 빠

표 6-2. 동아시아 국가별 주요 질병 순위 비교(사망 유발 기준, 2005~2016년)

	1	2	3	4	5	6	7	8	9	10
한국	뇌혈관질환	알츠하이머	심장질환	폐암	간암	자해	당뇨병	위암	호흡기감염	대장암
일본	알츠하이머	심장질환	뇌혈관질환	호흡기감염	폐암	위암	대장암	만성신장병	간암	만성폐질환
중국	뇌혈관질환	심장질환	만성 폐질환	폐암	알츠하이머	간암	위암	교통사고	고혈압	식도암
대만	심장질환	뇌혈관질환	알츠하이머	당뇨병	폐암	간암	호흡기감염	만성폐질환	대장암	만성신장병

출처: IHME(Institute for Health Metrics and Evaluation).

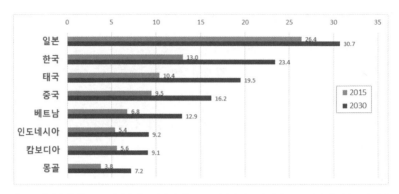

주: 65세 이상이 인구 7% 이상일 때 고령화 사회, 14% 이상일 때 고령 사회, 20% 이상일 때 초고령 사회로 구분한다.
출처: CNN, "See the 'Super-aged' Nations". https://money.cnn.com/interactive/news/aging-countries/index.html(검색일 2018. 9. 14)

그림 6-3. 동아시아 국가들의 고령화 추이(인구에서 65세 이상 비율, %)

르게 진행되면서 동아시아 국가들의 기대수명은 꾸준히 증가한 반면 출산율은 급속히 줄어들고 있다. 〈그림 6-3〉에서와 같이 이미 2000년대 중반에 초고령 사회로 진입한 일본에 이어 한국도 노인인구 비중이 급증하여 수년 내에 초고령 사회가 될 것으로 예상된다. 중국, 태국, 베트남도 빠른 속도로 고령 사회의 단계로 진입하고 있다. 고령 사회에서 초고령 사회로의 진입이 유럽 선진국에서는 한 세대(약 30년)가량 걸린 데 비해 동아시아에서는 불과 7~15년밖에 걸리지 않는다. 복지제도 등 사회적 여건을 충분히 갖추지 못한 상태에서 진행되는 급속한 고령화는 보건, 복지 등에서의 국가 및 개인의 부담 증대를 초래할 뿐만 아니라 노동가능인구의 상대적 감소로 사회경제적 침체가 심화되거나 장기화된다는 문제가 있다.

IV. 동북아시아의 보건안보 대응과 협력

1. 국가 수준의 보건안보 대응

한국은 신·변종 감염병의 확산이 미치는 사회적·경제적 파장의 심각성을 인식하고 2014년에 만들어진 GHSA에 참여했다. GHSA의 정책 방향을 주도하는 10개 선도그룹 국가의 하나인 한국은 제2차 GHSA 고위급회의의 서울 개최를 유치할 만큼 보건안보 분야에 적극적인 모습을 보여왔다. 특히 메르스 사태를 통해 신속한 공중보건대응 능력을 갖추어야 한다는 점을 인식하여 서태평양 선진국가들 가운데 최초로 2017년에 WHO의 합동외부평가(Joint External Evaluation) 수검을 자발적으로 요청하여 전반적으로 우수하다는 판정을 받았다. 그러나 메르스 사태에서 나타난 것처럼 위기 소통, 우선순위에 대한 자원 확보, 내·외부 정책 조율, 공중보건 위기상황에서의 의료진 파견 등의 분야에서는 미흡하다는 평가를 받았다.[6]

한국은 1997년에 국제백신연구소(IVI)의 설립을 주도했고 2003년에 WHO 사무총장에 세계적 백신 권위자인 고(故) 이종욱 박사가 취임하면서 글로벌 백신 연구 및 백신 보급 거버넌스의 핵심 국가가 되었다. 또한 단기간에 산업화를 이루면서 보건 분야, 특히 감염병 관리체제를 비교적 잘 구축한 나라로 평가받고 있다. 이러한 경험은 다른 개발도상국에 모범적 사례로 인식되고 있다. 따라서 감염병 예방과 백신 접종 분야에서의 한국의 경험은 공적개발원조(ODA)와 인도적 지원 등 한국 보건외교의 중요한 아이템이 되었다. 최근에는 한국

---

6 WHO, "IHR Monitoring & Evaluation for Korea(Republic of)", https://extranet. who.int/sph/ihr-monitoring-evaluation/jee/353(검색일: 2018. 9. 2)

의 의료시설과 의료 인력이 매우 높은 수준으로 평가받고 있기 때문에 우리의 보건외교도 기존의 의약품 및 의료기기의 제공과 보건재정의 지원에 머무는 것이 아니라 의료 전문인력의 지원과 신기술 사용 보건 시스템의 구축을 확대하는 방향으로 발전할 필요가 있다.

일본은 동아시아에서 가장 먼저 보편적 보건의료보장 개념을 국가정책으로 시행했다. 일본은 1961년에 전 국민 건강보험제도와 국민연금제도를 도입했고, 이러한 정책들은 전후 일본의 높은 경제성장과 노동인력의 증가에 힘입어 큰 성공을 거두었다. 하지만 2000년대 이후에 경제성장이 둔화되고 초고령 사회로 진입하면서 일본의 건강보험제도가 심각한 재정난에 직면하게 되었고 이에 의료보험제도의 개혁을 모색하고 있다(武見敬三 2013). 이러한 일본의 경험은 유사한 제도를 도입하여 시행해오고 있는 한국, 대만 등 동아시아 국가들에도 시사하는 바가 크다.[7]

한편 일본은 1980년대 초에 국가의 안보가 군사력뿐만 아니라 외교력과 대외경제협력의 병행에 의해 종합적으로 달성될 수 있다는 개념을 종합안보(comprehensive security)정책으로 구체화했다. 이에 따라 일본은 ODA를 안보 차원에서 적극 시행했고, 1990년대에는 인간안보 개념을 도입하면서 ODA에서 국제보건 협력 분야가 차지하는 비중을 확대했다(佐藤誠 2006). 일본은 1992년에 ODA 헌장을 수립한 이후 글로벌 보건 분야에서 주도적 역할을 수행하기 위한 노력을 벌여왔다. 2013년에 글로벌보건기술진흥(GHIT) 기금을 만들어서 소외된 열대질병(NTDs)을 위한 국제적 연구개발을 주도한 것이 대표적이다. 이 기금의 재원은 일본 정부뿐만 아니라 유엔개발계획(UNDP) 등 국

---

7   한국은 1989년, 대만은 1995년부터 전 국민을 대상으로 하는 국민건강보험제도를 시행했다.

제기구, 게이츠 재단과 웰컴 트러스트 등의 자선재단, 그리고 IT 기업 및 항공사를 포함한 민간 부문으로부터 마련되었다. 이러한 플랫폼을 이용하여 GHIT 기금은 일본의 6개 제약회사를 포함한 민간 기업 및 연구소에 자금을 제공하여 새로운 치료약을 개발하도록 지원하고 있다.[8] 이처럼 일본의 국제보건 협력은 개발원조에 보건, 무역, 재정, 교육 등을 접목하는 형식으로 이루어지는 특징을 가진다. 이를 보다 구체화하기 위해 일본은 2015년에 개발협력헌장을 수립했다. 하지만 일본의 국제보건 협력은 지나치게 정부가 주도하는 방식이라서 시민사회와의 연계가 제한적이라는 문제점을 가지고 있다.[9]

일본은 보건안보 관련 정책을 여전히 보건복지의 측면에서 접근하고 있어서 감염병 대응 및 바이오 안보의 제도화 측면에서는 미국 등 다른 선진국뿐만 아니라 주변 동아시아 국가들에 비해 미흡하다는 주장이 지속적으로 제기되고 있다(渋谷健司 2014; 小川裕介·村山祐介 2017). 예를 들어, 최근 한국, 중국, 대만 등 동아시아 여러 나라들이 미국의 질병관리센터(CDC)를 모방한 질병 예방, 감시, 대응 전문기관을 설립하여 감염병 대응 및 바이오 안보를 전문적으로 다루기 시작했지만 일본에는 이러한 기관이 아직 없다.[10] 일본이 종합안보 개념을 처음 도입할 당시에 식품 안전과 대외경제협력은 포함되었으나 보건 및 질병에 관한 부분은 포함되지 않았다. 또한 일본의 보건정책을 관장하는 후생노동성은 보건·의료·복지뿐만 아니라 국가경제의 핵심 영역인 고용·노동까지 다루고 있으며, 예방접종, 질병감시 임무의 많은 부

8   Health and Global Policy Institute, "Global Health in Japan: Japan's Global Health Legacy". http://japanhpn.org/en/global-health-japan/(검색일: 2018. 6. 12)
9   Rayden Llano and Kenji Shibuya, "Japan's Evolving Role in Global Health", *The National Bureau of Asian Research(NBR)*. http://www.nbr.org(검색일 2018. 6. 17)
10   한국은 2004년에 국립보건원을 질병관리본부(KCDC)로 확대 개편했다.

분이 지방자치정부나 다른 부서에 분산되어 있다.

중국은 오랫동안 글로벌 보건 문제의 원인 제공 국가였다. 사스 사태 당시 중국의 폐쇄적 접근은 국제적 비난을 초래했고 중국 내에서도 많은 반성이 이루어졌다. 이 사건을 계기로 중국은 보건안보정책의 대대적인 개선을 시도했고, 식품 및 약품 안전 등 바이오 안보 관련 제도를 신설하거나 국제 수준으로 개선하는 노력을 벌였다(Huang 2015). 중국은 보건 분야를 국가의 중요 정책의 하나로 간주하면서 각종 중·장기 전략을 수립하고 있다. 중국은 줄기세포 연구 등 바이오 기술 분야에서 매우 공격적인 투자를 벌이고 있으며, 인간 게놈 프로젝트에 참여하는 유일한 개발도상국으로서 이미 중국인 전체의 유전자 염기서열을 완성했다(Bennett, Pang, Chunharas and Sakhunpanit 2013, 170). 또한 '건강중국 2030' 계획을 수립하여 기술 진보와 의료보험 시스템의 개선을 통해 2030년까지 기초적 보건 평등을 달성하며 감염병 예방과 더불어 암, 심혈관질환 등 비전염성 질병, 흡연, 고령화 등 각종 보건 관련 정책을 추진해나갈 계획이다(中华人民共和国中央人民政府 2016). 이러한 접근은 일견 다른 국가들의 보건안보정책과 크게 다르지 않다. 하지만 다른 국가와 차별되는 특이한 내용은 중국의 전통의학을 만성질환의 예방과 관리에 적용하는 한편 이를 국제적으로 공인받으려는 노력이 포함되었다는 점이다. 이러한 맥락에서 중국은 '건강 실크로드(健康絲綢之路)' 정책을 일대일로(一帶一路) 전략의 하나로 설정하고 해외보건 협력에 중국의 전통 의약품 및 건강식품의 해외진출을 적극적으로 추진하고 있다(中华人民共和国国家卫生健康委员会 2017).

중국은 시진핑 집권 이후에 여러 개발도상국, 특히 아프리카 지역에 보건 관련 해외원조를 집중적으로 제공하고 있다. 보건원조의 내용은 감염병의 예방과 통제, 공중보건 협력, 보건 인프라의 건설과 보건 전문인력의 파견 등이 대부분이다. 다른 원조 프로그램 대부분이 차관 형태인 데 비해 보건원조 부문은 무상공여의 비중이 압도적이라는 점은 중국이 보건외교를 얼마나 중시하는지 보여준다(Liu et al. 2014). 중국이 보건외교 분야를 강조하는 여러 이유 가운데 하나는 이것이 이른바 G2 국가로서 책임 있는 강대국이라는 국가 위상과 이미지 제고에 효과적이라고 보기 때문이다. 아울러 각종 의료시설 및 약품을 제공하면서 국내 보건의료 기술과 산업의 수준을 높이려는 의도도 내포되어 있다. 특히 ICT, 드론 등 첨단기술을 접목한 보건의료 시스템을 아프리카 등 개발도상국에 플랫폼 형태로 제공함으로써 첨단기술, 의료, 제약 분야에서 중국의 국제적 경쟁력을 높일 뿐만 아니라 이 지역에 대한 중국의 영향력을 확대할 수 있을 것이라는 기대도 하고 있다(Berkley and Schwartländer 2017; Financial Times 2018. 1. 13.).

하지만 중국의 야심찬 도전에 대한 부담도 적지 않다. 충분한 기술력과 시장수요조사 없이 국가 주도로 일방적으로 보건의료사업을 확대하면서 여러 부작용과 반발이 생겼다. 2018년 7월에 발생한 대규모 가짜백신 투여 사건이 대표적이다. 또한 각종 항생제가 인간 및 동물에 과다 투여되는 일이 빈번하게 발생하여 항균제 내성 질병의 확산 위협이 줄어들지 않고 있다(Rohren 2017). 식품 안전성 문제는 점차 개선되고 있으나 여전히 중국산 식품에 대한 불신은 높은 편이다. 더욱이 최근에 중국 경제성장의 속도가 둔화되고 지방 저소득층의 보건의료, 교육, 기초 복지에 대한 접근이 여전히 제한적임에도 불구하고 중국 당국이 저개발국에 대한 원조를 증가시키면서 이에 대한 국내의 반발도 심해지고 있다. 그럼에도 불구하고 중국은 일대일로 전략의 핵심 정책의 하나로 보건외교를 강화할 것으로 보인다. 하지만 중국의 보건외교정책은 여전히 국익, 국력, 안보에 초점을 맞추는 전통적 현실주의의 틀에 매몰되어 있기 때문에 본질적으로 경쟁적이다. 이는 보건에 관한 국가 간 공동이익 추구의 잠재적 제약 요인이 될 수 있다.

2. 지역 수준의 보건안보 협력

동아시아 국가들은 보건외교에 적극적이지만 정작 역내 보건안보 협력의 제도화에 대해서는 미온적이다. 한국, 중국, 일본은 모두 WHO 서태평양 지역사무소에 속해 있으며 감염병의 발생 및 확산에 관련한 정보들을 WHO가 정한 원칙에 따라 교환·대응하고 있다. 하지만 이러한 전통적 방식만으로 동아시아에서의 보건안보 위협에 효과적으로 대처하기에는 한계가 있다(Lee 2013). 무엇보다도 바이오 테러, 생활양식의 변화에 따른 만성질환의 증가, 고령화 문제 등 새로운 형태의 보건안보 위협에 대응하기 위해서는 새로운 형식의 지역 협력 메커니즘이 마련될 필요가 있다.

동아시아 지역 차원에서 보건안보 협력이 구축되려면 보건안보 위협에 대한 공동의 대응과 협력이 서로에게 이익이라는 컨센서스가 만들어져야 한다. 그동안 동아시아 특유의 국가주의 접근은 이러한 지역 차원의 다자적 협력에 장애요인이 되어왔다. 오늘날 교통의 발전과 무역의 급증 현상 속에서 신·변종 감염병의 확산을 막기 위해서는 국가 간 협력을 통한 대규모 백신 공급 등의 대응이 관건이다. 하지만 동아시아 여러 국가들은 그동안 개별 국가 차원의 엄격한 방지(containment) 조치에만 치중하여 바이러스의 확산을 막는 데 종종 실패했다(Huang 2015, 87). 따라서 동아시아 국가들은 주변 국가와의 협력을 자국의 이미지와 자존심 손상으로 인식하는 국가중심적 사고 방식에서 벗어나야 한다.

상대적으로 취약하기는 하지만 동아시아에서 다자간 보건의료 협력은 주로 동남아시아 아세안(ASEAN)이 구축한 프레임워크를 중심으로 형성되어 있다. 이 프레임워크 속에서 동북아 국가들은 아세안과 개별적으로 협력을 모색했다. 이러한 현상의 가장 주된 이유는 동아시아에서 대부분의 감염병 확산이 보건의료 수준이 낙후한 동남아시아에서 시작되기 때문이다. 보건 협력이 동남아에 편중되는 모습은 보건 관련 NGO, 학술단체, 대학병원 등 비국가 행위자 수준에서의 보건안보 협력에서도 마찬가지이다. 예를 들어, 보건의료 분야의 대표적인 NGO인 'HAIAP(Health Action International Asia-Pacific)'는 말레이시아에 근거지를 두고 주로 동남아시아 국가들의 NGO들과 연계해서 활동하고 있으며, 세계은행, WHO 서태평양사무소, 아시아개발은행 등이 출자한 'APO(Asia Pacific Observatory on Health System and Policies)'는 인도에 사무실을 두고 있다. 또한 다국적 기업인 필립스가 후원하는 'ASEAN Non-Communicable Diseases Network'도 아세안이 그 대상이다.

보건안보의 위협 요인은 감염병뿐만 아니라 바이오 테러, 식품 안전성, 생명과학연구 사고, 비전염성 질병과 고령화 등 공동체의 정치·경제·사회에 심각한 위험을 초래할 수 있는 요인들까지 포함하기 때문에 예방을 넘어서는 대비 차원의 대응이 인접 국가들 사이에 모색되어야 한다. 따라서 동북아 국가들은 보건안보 협력에서 동남아를 중심으로 참여하는 수준에만 머무는 것은 한계가 있음을 인식하고 한·중·일 3국의 보건 협력을 2007년부터 모색하고 있다. 아직은 3개국 보건 장관이 연례적으로 만나서 보건의료 관련 공동 관심사를 논의하는 수준이지만, 백신 공급, 검역 강화, 의약품 스와프 등 감염병의 확산 방

표 6-3. 동아시아 지역보건 협력 프레임워크와 협력 분야

프레임워크	보건안보 협력 분야			
	대유행 가능성이 있는 감염병	에이즈, 말라리아, 결핵 등 감염병	비전염성 질병	보건 시스템 강화
ASEAN-한국	v	v	v	v
ASEAN-중국	v		v	
ASEAN-일본	v		v	v
ASEAN+3 보건 협력 프레임워크	v	v		
동아시아정상회의	v	v		

출처: Caballero-Anthony and Amul(2015), p.40.

지 및 대응 차원의 협력을 넘어서서 인구 고령화, 만성질환, e헬스, 동양전통의학 등 동북아 국가들만의 고유한 보건 이슈에 대한 협력 논의가 시작된 것은 주목할 만하다.[11]

향후 동북아 보건안보 협력의 내용과 수준을 높이기 위해서는 다음의 세 가지 측면이 함께 고려되어야 한다.첫째, 제도적 차원에서 현재의 보건장관급 회의 수준을 넘어서서 정부, 학술단체, 보건의료 기업, 관련 NGO 등 다양한 행위자가 참여하는 보건안보 대화가 형성되고 이를 통해 역내 보건안보 협력 거버넌스의 제도화가 모색되어야 한다. 이를 위해서는 보건장관회의 등 정부 차원의 기존 대화채널과 더불어 주변국의 의학, 역학(疫學), 제약, 방제, 검역, 인구, 환경, 국제법, 신흥안보 등의 보건안보 관련 전문가들이 의견을 교환하고 공동의 관심사를 구체화하는 정례 모임을 병행할 필요가 있다. 이런 모임에서는 정치적 민감성 때문에 정부 차원에서 논의되기 어렵지만 동북아 국가의 보건안보에 큰 영향을 미칠 수 있는 이슈가 다루어질 수 있다.

11   강희정 외(2016) 참조.

예를 들어, 북한 급변사태 시의 슈퍼결핵 확산 가능성은 한국뿐만 아니라 중국 및 일본에도 중요한 이슈이지만 북한 급변사태 자체를 한·중·일 정부 차원에서 논의하기는 어려울 수 있다는 점에서 민간 차원에서 논의의 장을 마련하는 것은 큰 의미가 있다.

둘째, 동북아 국가들의 강점인 ICT, 모바일 통신 등 첨단기술을 보건안보의 여러 분야에 적용하는 연구와 투자를 한·중·일 3국이 공동으로 진행할 필요가 있다. 그동안 국가들은 첨단기술의 개발과 적용을 국익 증대의 수단으로 간주해왔기 때문에 국가 간 공동 연구와 개발에 대해서는 소극적이었다. 하지만 보건안보의 위협은 국경선을 구분하지 않고 발생할 수 있으며 단순한 예방조치만으로는 부족하기 때문에 인접 국가들이 필요한 정보를 신속하게 교환 및 분석하여 위협의 징후를 정확하게 포착하고 위기에 효과적으로 대처할 수 있는 기술을 공동으로 개발 및 운용할 필요가 있다. 특히 온라인상의 각종 보건안보 관련 내용을 검색·해석하여 감염병의 발생과 확산에 대한 정보를 신속하게 파악·분석·전파하는 실시간 질병 감시·대응 네트워크인 GPHIN의 동아시아 버전을 구축할 필요가 있다. 이를 위해서는 동아시아 국가가 사용하는 언어와 문자를 해독하고 의미를 파악하는 기술이 요구된다. 이러한 기술을 한·중·일 정부와 기업이 공동 출자·연구·개발하여 이를 동남아 국가에까지 확대 운용한다면 아·태 지역에서의 보건안보를 획기적으로 증진하게 될 것이다. 더 나아가 이러한 기술의 공동 개발과 운용은 질병뿐만 아니라 지구온난화에 따른 환경 변화, 대기·해양 정보, 태풍과 지진 등의 재난 대응에도 적용될 수 있을 것이다.

셋째, 비전염성 만성질환, 고령화, 식품 안전성 등 동북아 주민들이 특히 관심을 가지고 있는 분야에 특화된 한·중·일의 정책 협력이 강조된다. 동아시아에서도 서구식 생활양식과 도시화가 확산되어 이른바 선진국형 질병이 증가하고 있으며 무엇보다도 고령화 현상이 확산되고 있다. 이러한 현상은 이미 일본에서 이루어졌고 한국이 그 뒤를 따르고 있으며 중국, 베트남 등에서도 조짐이 나타나고 있다. 이러한 동아시아 보건 이슈의 변화 양상을 면밀하게 관찰하고 공동으로 관리하는 정책을 개발함으로써 사회·경제적 대응력을 높일 수 있을 것이다. 특히 동아시아 국가의 주민들을 위한 맞춤형 의료기술과 약품 개발에 역내 보건의료 행위자들이 참여하고 협력할 수 있는 공조 메커니즘을 발전시켜야 한다. 예를 들어, 도시화와 고령화와 관련하여 일본과 한국이 시행했던 정책의 성공 및 실패 원인을 중국과 베트남이 학습함으로써 후발국으로서 정책의 효과를 높일 수 있으며 역내 보건선진국은 이미 개발한 프로그램이나 의약품의 시장 수요를 확대할 수 있을 것이다. 이처럼 보건의료 및 보건안보 분야에서의 역내 협력과 정책 공조는 공동의 이익을 창출할 수 있으며, 장기적으로 더 많은 행위자들의 참여를 유도하고 다른 영역에서의 기술 개발과 협력을 촉진시킬 수 있다.

V. 결론

보건은 질병 치료에만 국한되는 것이 아니라 사회 공동체의 안전과 질서를 위해 다양한 행위자와 접근법으로 다루어져야 하는 신흥안보의 문제가 되고 있다. 보건안보의 위협 요인은 신·변종 감염병, 바이오 테러 위협, 식품 및 약품 안전성 문제, 생명과학기술의 악용 및 사고 등 우리 사회의 공동체 질서 유지를 뒤흔들 수 있는 여러 내용을 포함한다. 이러한 위협에 대응하기 위해서는 과거의 경험에 기초한 예방 접근법뿐만 아니라 예상치 못한 긴급상황을 상정하고 위기관리 능력을 개발하는 대비 접근법이 함께 강구되어야 한다. 이를 위해 여러 국가, 국제기구, 비국가 행위자들이 상호 협력하여 정책과 기술을 개발하고 운용하는 보건 거버넌스가 주목받고 있다.

하지만 글로벌 공공재로서의 보건이 국가주권과 충돌하는 경우가 종종 발생하고 있는데, 특히 동아시아 지역에서 이러한 현상이 두드러진다. 동아시아는 최근 신·변종 감염병의 등장과 확산을 경험했고, 바이오 안보와 식품·약품의 안전성 문제도 꾸준히 제기되고 있다. 게다가 동아시아 여러 나라에서 고령화 문제와 비전염성 만성질환의 확대로 인한 사회적 비용의 증가는 심각한 문제가 되고 있다. 이러한 문제에 효과적으로 대응하기 위해 동아시아 국가들 사이의 보건안보 협력이 확대되어야 하지만, 이 지역에서의 보건 협력은 상대적으로 취약하며 동남아 저개발 국가에서의 감염병 발생을 통제하는 데 치중되어 있다.

이러한 맥락에서 상대적으로 부유하고 첨단기술력을 가진 동북아 3국 간에 보건안보 협력 메커니즘이 만들어진다면 동아시아 지역의 보건안보 환경에 크게 기여할 것이다. 이를 위해서는 먼저 현재 보건장관회담 수준에 머물러 있는 동북아 보건안보 협력을 실질적인 보건안보 거버넌스로 발전시키기 위한 노력이 선행되어야 한다. 신흥안보 개념으로서의 보건안보를 고려할 때 보건뿐만 아니라 다른 분야 행위자의 참여가 이루어지는 협력의 장이 마련되어야 한다. 특히 정치적 민감성을 우회한 논의가 이루어질 수 있도록 민간의 참여가 병행되어야 한다. 또한 4차 산업혁명 시대의 첨단기술을 활용하여 동북아 국가들이 질병, 환경, 재난 감시·대응 네트워크를 공동으로 개발하고 운용하는 방안을 모색할 필요가 있다. 아울러 동아시아 각국이 직면하고 있는 새로운 보건환경의 변화에 효과적으로 대응할 수 있는 정책을 학습하고 의료기술 및 의약품의 수요를 확대하여 공동의 이익을 창출하기 위한 협력을 마련해야 한다. 특히 한국은 향후 북한과의 교류 협력 증대, 더 나아가 통일을 염두에 둔 보건안보정책을 구상해야 할 필요가 있다. 이러한 맥락에서 동아시아 보건안보 협력의 증대는 앞으로 발생할 수 있는 한반도 보건안보 위협에 대응하고 보다 효과적으로 북한 지역의 주민보건 증진을 이루는 데 도움이 될 것이다. 궁극적으로 이러한 노력은 동아시아 주민의 건강과 웰빙을 증진하여 이 지역의 평화와 번영의 기반이 될 것이다.

참고문헌

강선주(2015), "바이오안보(Biosecurity)의 부상과 글로벌 보건안보 구상(Global Health Security Agenda)", 『주요국제문제분석』, 2015-7, 외교안보연구소.

강희정 외(2016), "제9차 한중일 보건장관회의 기획연구", 『한국보건사회연구원 정책보고서』.

김상배(2016), "신흥안보와 미래전략: 개념적·이론적 이해", 김상배 편, 『신흥안보의 미래전략』, 사회평론.

정혜주(2016), "보건안보와 글로벌 거버넌스", 김상배 편, 『신흥안보의 미래전략』, 사회평론.

조한승(2018a), "4차 산업혁명 시대 대북 보건안보와 남북 보건협력 거버넌스", 김상배 편, 『4차 산업혁명과 남북관계』, 사회평론.

_____(2018b), "백신사업 사례를 통해 본 글로벌 거버넌스의 행위자 상호관계 연구: 국가, 국제기구, 비국가 행위자 관계를 중심으로", 『세계지역연구논총』, 36(1).

한성구·조병관(2018), "합성생물학의 발전과 바이오안보 정책방향", 『KISTEP Issue Weekly』, 257.

"동남아서 식품안전기준 엄격해진다―'소비자들 의식 높아져'", 『아시아투데이』, 2016. 8. 24.

Bennett, Sara, Tikki Pang, Somsak Chunharas and Thaworn Sakhunpanit(2013), "Global Health Research Governance: An Asian Perspective on the Need for Reform", Kelley Lee, Tikki Pang and Yeling Tan eds., *Asia's Role in Governing Global Health,* New York.

Berkley, Seth and Bernhard Schwartländer(2017), "How China's High-tech Boom Can Help Global Health", World Economic Forum, June 28. https://www.weforum.org/agenda/2017/06/china-high-tech-boom-global-health/(검색일: 2018. 6. 14)

Bhatia, R. and J. P. Narain(2010), "The Challenge of Emerging Zoonoses in Asia Pacific", *Asia Pacific Journal of Public Health,* 22(4).

Caballero-Anthony, Mely and Giana Gayle Amul(2015), "Health and Human Security: Pathways to Advancing a Human-centered Approach to Health Security in East Asia", Simon Rushton and Jeremy Youde eds., *Routledge Handbook of Global Health Security,* London: Routledge.

CNN, "See the 'Super-aged' Nations". https://money.cnn.com/interactive/news/aging-countries/index.html(검색일: 2018. 9. 14)

Collier, Stephen J. and Andrew Lakoff(2008), "The Problem of Security Health", Andrew Lakoff and Stephen J. Collier eds., *Biosecurity Interventions: Global Health & Security in Question,* New York: Columbia University Press.

_____(2015), "Vital Systems Security: Reflexive Biopolitics and the Government of

Emergency", *Theory, Culture & Society,* 32(2).

Davies, Sara E.(2015), "Internet Surveillance and Disease Outbreaks", Simon Rushton and Jeremy Youde eds., *Routledge Handbook of Global Health Security,* London: Routledge.

Elbe, Stefan(2010), *Security and Global Health: Towards the Medicalization of Insecurity,* Cambridge: Polity.

Fidler, David P.(2008), "Influenza Virus Samples, International Law and Global Health Diplomacy", *Emerging Infectious Diseases,* 14(1).

_____(2010), "Asia's Participation in Global Health Diplomacy and Global Health Governance", *Asian Journal of WTO and International Health Law and Policy,* 5.

Global Good, "Medical Cold Chain Equipment". https://www.intellectualventures. com/(검색일: 2018. 8. 17)

Health and Global Policy Institute, "Global Health in Japan: Japan's Global Health Legacy". http://japanhpn.org/en/global-health-japan/(검색일: 2018. 6. 12)

Hoffman, Steven J.(2012), "Mitigating Inequalities of Influence among States in Global Decision Making", *Global Policy,* 3(4).

Holbrooke, Richard and Laurie Garrett(2008), "'Sovereignty' That Risks Global Health", *Washington Post,* August 10.

Huang, Yanzhong(2015), "International Institutions and China's Health Policy", *Journal of Health Politics, Policy and Law,* 40(1).

Irwin, Richard(2010), "Indonesia, H5N1, and Global Health Diplomacy", *Global Health Governance,* 3(1).

Kim, Hyun-Kyung, Elizabeth Philipp and Hattie Chung(2017), "North Korea's Biological Weapons Program: The Known and Unknown", *Report of the Belfer Center for Science and International Affairs,* October, Harvard Kennedy School.

Lee, Kelley(2013), "Health Policy in Asia and the Pacific: Navigating Local Needs and Global Challenges", *Asia & The Pacific Policy Studies,* 1(1).

Liu, Peilong et al.(2014), "China's Distinctive Engagement in Global Health", *The Lancet,* 284.

Llano, Rayden and Kenji Shibuya, "Japan's Evolving Role in Global Health", *The National Bureau of Asian Research(NBR).* http://www.nbr.org(검색일: 2018. 6. 17)

Michaud, Joshua(2015), "Health Security and Foreign Policy", Simon Rushton and Jeremy Youde eds., *Routledge Handbook of Global Health Security,* London: Routledge.

Rohren, Charlotte(2017), "Why China Could be a Game Changer for Global Health: With its Growing International Integration, China is Becoming a Major Actor in Global Health Issues", *The Diplomat,* April 22.

Rosen, Jonathan W.(2017), "Zipline's Ambitious Medical Drone Delivery in Africa", *MIT Technology Review,* June 8.

UNDP(1994), *Human Development Report 1994,* New York: UNDP.

United Nations(2016), "The World Cities in 2016", *UN Data Booklet.*

Watanabe, Myrna E.(2017), "The Nagoya Protocol: Big Steps, New Problems", *BioScience,* 67(4).

WHO, "Cumulative Number of Reported Probable Cases of Severe Acute Respiratory Syndrome(SARS)". http://www.who.int/csr/sars/country/en/(검색일: 2018. 7. 1)

_____, "Global Observatory for eHealth". http://www.who.int/goe/en/(검색일: 2018. 4. 20)

_____, "IHR Monitoring & Evaluation for Korea(Republic of)". https://extranet.who. int/sph/ihr-monitoring-evaluation/jee/353(검색일: 2018. 9. 2)

_____(2007), "Indonesia to Resume Sharing H5N1 Avian Influenza Virus Samples Following a WHO Meeting in Jakarta", March 27. http://www.who.int/mediacentre/ news/releases/2007/pr09/en/(검색일: 2018. 6. 17)

"China is Shaping the Future of Global Tech", *Financial Times,* January 13, 2018.

"Food Safety in China is a Global Issue Requiring Stringent Action", *South China Morning Post,* September 2, 2017.

"Mapped: The World's Most Overcrowded Cities", *The Telegraph,* August 31, 2017.

武見敬三(2013), "人間の安全保障としての高齢化対策: ユニバ＿サル・ヘルス・カバレ＿ジ と日本の ODA", 人口と高齢化に関する国際国会議員会議 基調講演, 日本, 東京, 2013. 11. 18.

渋谷健司(2014), "国家安全保障としての保健医療：日本版CDCの設立を", 『HUFFPOST Japan』, 2014. 2. 28.

小川裕介・村山祐介(2017), "感染症対策は安全保障　アメリカ最強機関CDCの内奥を見た", 『朝日新聞 GLOBE』, 2017. 7. 2.

佐藤誠(2006), "日本における人間安全保障をめぐる政策と議論", 『立命館国際研究』, 18(3).

中华人民共和国国家卫生健康委员会(2017),

"'一带一路'卫生合作稳步推进, '健康丝绸之路'成果丰硕", 2017.5.12. http://www. nhfpc.gov.cn/zhuz/gjjl/201705/862119c3357442a9ae66ce998da292da. shtml(검색일: 2018. 5. 28)

中华人民共和国中央人民政府(2016), "中共中央 国务院印发《健康中国2030'规划纲要》", 2016. 10. 25. http://www.gov.cn/zhengce/2016-10/25/content_5124174. htm(검색일: 2018. 5. 28)

제3부

신흥 사회안보의 복합지정학

제7장

동북아 대규모 재해·재난 거버넌스

이승주(중앙대학교)

*　　본고는 『담론201』 제22권 1호, 2019년에 게재된 필자의 논문 "동북아 난민문제의 정치
외교적 대응격차"를 보완한 것임을 밝힌다.

재해 및 재난의

빈발과 대규모화는 그 자체로도 중요성을 더해가고 있으며 신흥안보 이슈로 대두되고 있다. 우선 자연재난은 양질전환의 과정을 거치면서 안보화될 잠재력을 가지고 있다. 자연재해의 발생 빈도와 규모는 빠르게 증대되고 있는데, 이 과정에서 자연재해의 성격이 순수한 재난에 대한 대응 문제에서 안보 차원의 문제로 전환될 수 있다. 신흥안보로서 자연재해의 두 번째 차원은 이슈 연계이다. 이슈 연계의 관점에서 볼 때 자연재해는 환경, 기후변화, 빈곤, 지속 가능한 발전, 민관 협력 등 다양한 이슈와 연계된다. 세 번째로, 자연재해는 국가 간의 갈등을 고조시킬 수 있기 때문에 이를 사전에 관리하는 차원에서 국가 간 또는 지역 차원의 협력을 필요로 한다. 지역 차원의 협력은 좁게는 긴급구호와 같은 자연재해에 대한 대응을 의미하지만, 보다 광범위하게는 재난 대응의 효과성을 제고하는 데 필요한 지역 협력의 전반적인 수준을 높이는 것을 포함한다. 한편 동아시아 차원의 지역 협력을 저해하는 전통적 요인은 재난 관리를 위한 지역 협력을 어렵게 하는 요인으로 작용하고 있다. 경제발전 수준의 격차, 정치체제의 차이, 역사적 유산 등은 재난 대응의 필요성이 증대하고 있음에도 불구하고 지역 협력의 틀을 형성하고 협력의 수준을 제고하는 데 부정적인 영향을 미치고 있다. 더욱이 기후변화로 인한 환경 악화와 같이 피해 규모가 급증하고 군사안보적 영향이 비교적 적은 전형적인 비전통안보 분야에서의 지역 협력 경험이 충분히 축적되어 있지 못한 점을 고려할 때, 신흥안보로서 재난 관리를 위한 지역 협력은 새로운 관점의 접근을 필요로 한다.

I. 서론

재해 및 재난의 빈발과 대규모화는 그 자체로도 중요성을 더해가고 있으며 신흥안보 이슈로 대두되고 있다. 재난은 다수의 국가에 영향을 미치기 때문에 지역 차원의 불확실성과 불안정성을 증대시키는 결과를 초래할 수 있다. 도시화의 지속적인 진행은 자연재해뿐만 아니라 인재의 피해 규모를 크게 증가시키는 요인으로 대두되고 있다. 도시화의 지속적인 진행으로 인해 인구의 밀집도와 건물의 집적도가 높아지고 있기 때문에 자연재해와 인재에 대한 취약성이 증대되는 추세가 지속되고 있다. 특히 동북아 지역은 도시화 정도가 다른 지역에 비해 높을 뿐만 아니라 중국의 경우에 도시화가 지속적으로 진행되고 있기 때문에 자연재해 및 인재에 대한 취약성이 매우 높다. 조류독감, 에볼라, 메르스 등의 사례에서 나타나듯이 질병의 국제화 역시 대응 과정의 문제와 결합되어 국가 재난으로 커지는 사례가 발생하고 있다. 세계화의

급격한 진전으로 인해 질병의 국제화는 더 이상 예외적 현상으로 치부
할 수 없게 되었다. 질병의 확산을 조기에 차단하는 데 문제를 드러내
는 경우가 발생함에 따라 국가 또는 지역 차원의 재난으로 발전할 가
능성이 상존한다.

자연재난과 그에 대한 대응은 신흥안보와 밀접한 관련이 있다.[1]
우선 자연재난은 양질전환의 과정을 거치면서 안보화될 잠재력을 가
지고 있다. 자연재해의 발생 빈도와 규모는 빠르게 증대하고 있는데,
이 과정에서 자연재해의 성격이 순수한 재난에 대한 대응 문제에서 안
보 차원의 문제로 전환될 수 있다. 예를 들어, 자연재해, 특히 대규모
자연재해의 빈번한 발생은 삶의 주거 자체를 위협할 수 있기 때문에
난민의 대량 발생을 초래할 수 있다. 발생 원인과 메커니즘은 다르지
만 2015년 이후에 난민이 대량으로 발생했던 유럽의 사례에서 알 수
있듯이, 난민 문제는 국내 정치의 안정을 위협할 뿐만 아니라 국가 간
의 갈등을 초래할 수 있다는 점에서 안보화의 가능성을 내포하고 있
다. 아시아 지역에 대규모 자연재해가 집중적으로 발생하고 있는데,
아시아 지역은 난민 수용에 대한 지역 차원의 합의와 절차가 유럽보다
훨씬 취약한 상태에 머물고 있다. 이러한 현실을 감안할 때 대규모 자
연재해의 발생은 '엑스 이벤트(X-event)'이기는 하나 양질전환의 가능
성을 갖고 있다는 점에서 신흥안보의 쟁점으로 접근할 필요가 있다.[2]

신흥안보로서 자연재해의 두 번째 차원은 이슈 연계이다.[3] 자연재
해는 독자적 쟁점으로 존재하기보다는 다양한 이슈들과 연계되는 경

---

1   신흥안보의 주요 특징과 새로운 차원의 이론적 접근 필요성에 대해서는 김상배(2016)
     를 참조하라.
2   존 캐스티(John Casti)는 복잡성이 증가할수록 시스템의 취약성이 커지며 '아웃라이어
     (outlier)'에 의해 재앙적 결과가 초래될 수 있다고 경고한다(Casti 2012).
3   이슈 연계에 대한 국제정치학 분야의 고전적 연구로는 Haas(1980)를 참조하라.

향이 있다. 이슈 연계가 초래할 수 있는 문제점은 다양한 측면에서 검토할 수 있다. 우선 다양한 이슈가 연계되어 있다는 것은 문제 자체를 파악하기 어렵게 하는 중요한 요인이다. 다양한 이슈들이 복잡하게 서로 얽혀 있기 때문에 문제 자체를 인식하는 데 상당한 시간이 소요된다. 또한 문제에 대한 인식이 형성되더라도 이슈 연계 때문에 문제의 원인을 규명하기까지 또다시 상당한 시간을 필요로 하게 된다. 기후변화를 예로 들면, 지구 온난화 문제가 1972년에 「로마클럽 보고서」에서 처음으로 지적된 이후 1985년에 세계기상기구(World Meteorological Organization, WMO)와 유엔환경계획(UN Environment Program, UNEP)이 이산화탄소를 지구 온난화의 주요 원인으로 발표하기까지 무려 13년이 소요되었다. 이는 이슈 연계로 인해 문제에 대한 인식이 형성되는 데 상당한 시간이 필요했을 뿐만 아니라 원인 규명이 그만큼 어려웠다는 반증이기도 하다(Giddens 2009).

이러한 현상은 자연재해에서도 발견된다. 자연재해와 재난 관리도 이슈 연계의 차원에서 이러한 문제를 그대로 가지고 있다. 자연재해는 규모가 거대화되기까지는 문제에 대한 인식을 지역 차원에서 공유하기 어렵다. 자연재해가 초국적화될 때 비로소 지역 차원의 문제로 인식되기 시작한다. 다음 단계인 자연재해의 원인을 규명하는 작업 역시 어렵기는 마찬가지이다. 원인이 비교적 명확한 자연재해가 없는 것은 아니지만 자연재해와 그 피해는 여러 원인이 복합되어 있는 경우가 비일비재하기 때문에 원인에 대한 일치된 합의를 이루기까지 상당한 어려움에 직면하게 된다. 특히 자연재해는 최근에 인재 또는 다른 원인과 결합되는 경우가 많기 때문에 원인을 규명하기가 더욱 어렵다.

문제의 원인 규명은 문제해결 방법을 찾기 위한 새로운 시작에 불과할 뿐이다. 원인의 규명과 해결 방법의 모색은 이론적으로는 용이할지 모르나 현실세계에서 합의에 도달하기 위해서는 또다시 상당한 시간과 노력이 필요하다. 문제해결 방법에 대해 합의하더라도 이에 소요되는 공동의 대응과 비용 분담이라는 마지막 단계가 남아 있다. 이처럼 이슈 연계의 관점에서 볼 때 신흥안보 문제는 문제의 인식에서 문제해결을 위한 비용 분담까지 단계별로 현실적인 장애에 부딪치게 된다.

이처럼 재난 빈도의 증가와 대규모화가 가속화됨에 따라 자연재해에 대한 대응에서 국제적 협력의 필요성이 점증하는 상황이다. 재난에 대한 국제협력이 중요한 이유는 재난이 발생한 지역의 인적·물적 손실뿐만 아니라 대규모 이주로 인해 피해 당사자들은 물론 주변국 주민들의 생활여건이 악화되고 더 나아가 폭력, 빈곤, 식량 불안 등의 문제가 초래되기 때문이다(IOM 2017). 자연재해는 국가 간의 갈등을 고조시킬 수 있기 때문에 이를 사전에 관리하는 차원에서 국가 간 또는 지역 차원의 협력을 필요로 한다. 지역 차원의 협력은 좁게는 긴급구호와 같은 자연재해에 대한 대응을 의미하지만, 보다 광범위하게는 재난 대응의 효과성을 제고하는 데 필요한 지역 협력의 전반적 수준을 높이는 것을 포함한다. 예를 들어, 이슈 연계의 관점에서 볼 때 자연재해는 환경, 기후변화, 빈곤, 지속 가능한 발전, 민관 협력 등 다양한 이슈와 연계된다.

특히 대규모 재난을 조기에 적절하게 대처하지 못할 경우에 난민이 대규모로 발생하기 때문에 주변 국가에 사회적 문제를 초래할 가능성이 높다. 재난 발생의 증가는 재난 발생국의 정치적 안정을 저해하는 것은 물론이고 주변 국가와의 갈등을 초래할 가능성이 높다는 점에서 신흥안보화의 과정을 거칠 수 있다. 재난의 근본적인 원인 규명을 둘러싼 갈등이 역내 국가들 사이에 고조될 가능성이 높아질 뿐만 아니

라 자연재해가 인재와 결합되어 피해 규모가 대폭 증가할 경우에 책
임 소재에 대한 갈등이 더욱 격화될 가능성이 있다. 동일본 대지진으
로 인한 원전 사고 이후에 한국을 포함한 일부 국가들이 후쿠시마산
농수축산물에 수입 금지 조치를 취해서 통상 분쟁으로 연결된 사례에
서 나타나듯이, 재난이 다른 이슈 영역의 갈등으로 전화될 가능성이
점차 높아지고 있다["DS495: Korea —Import Bans, and Testing and
Certification Requirements for Radionuclides" (https://www.wto.org/
english/tratop_e/dispu_e/cases_e/ds495_e.htm)].

생산의 초국적화가 진행됨에 따라 재난의 발생은 지역 생산 네트
워크의 유지와 관리에도 커다란 영향을 미칠 수 있다. 다국적 기업들
이 다수 국가에 걸쳐서 가치사슬을 형성하고 있다는 점을 감안할 때,
생산 네트워크 내의 한 국가에서 재난이 발생할 경우에 생산 네트워크
전체에 문제를 초래할 수 있다. 지역 생산 네트워크의 불안정은 지역
통합의 경제적 토대에 부정적인 영향을 미칠 뿐만 아니라 더 나아가
지역 협력에도 좋지 않은 영향을 미칠 수 있다는 점에서 신흥안보화할
가능성이 상존한다.

한편 동아시아 차원의 지역 협력을 저해하는 전통적 요인은 재난
관리를 위한 지역 협력을 어렵게 하는 요인으로도 작용하고 있다. 경
제발전 수준의 격차, 정치체제의 차이, 역사적 유산 등은 재난 대응의
필요성이 증대하고 있음에도 불구하고 지역 협력의 틀을 형성하고 협
력의 수준을 제고하는 데 부정적인 영향을 미치고 있다. 더욱이 기후
변화로 인한 환경 악화와 같이 피해 규모가 급증하고 군사안보적 영향
이 비교적 적은 전형적인 비전통안보 분야의 지역 협력 경험이 충분히
축적되어 있지 못한 점을 고려할 때, 신흥안보로서 재난 관리를 위한
지역 협력은 새로운 관점의 접근을 필요로 한다.

II. 자연재해의 증가와 피해 현황

자연재해의 빈도와 규모가 급격히 증가하는 현상이 대두되고 있다. 유엔에 따르면, 1975~2005년에 재난의 연평균 발생 건수가 100건에서 400건으로 증가했다. 과학기술의 발전에도 불구하고 2000년대 이후에 재난으로 인한 피해도 여전히 증가하고 있다. 2000~2012년에 재난으로 인한 사망자 120만 명, 피해자 29억 명, 경제적 피해 1조 7천억 달러 등 막대한 인적·물적 피해가 초래되었다[UNISDR(https://www.flickr.com/photos/isdr/sets/72157628015380393/)]. 한편 경제적 피해는 주로 선진국에 집중되는 경향이 있다. 산업화와 도시화가 진행됨에 따라 재난에 대한 취약성 역시 증가하기 때문이다. 재난 발생의 빈도와 피해 규모의 증가는 환경변화 및 기후변화, 급속한 도시화로 인한 인구와 불평등의 증가 등이 복합적으로 상호작용한 데 따른 것으로 분석되고 있다. 그 결과 2008~2016년에 연평균 2,540만 명이 재난으로 인해 이주해야 하는 상황이 발생했다.[4]

아시아 지역 역시 재난으로 인해 발생하는 피해에서 자유롭지 않다. 아시아 지역에서는 연평균 지진 13.8회, 홍수 40.6회, 태풍 32.1회가 발생하는 것으로 나타났다[Prevention Web—Asia Disaster Statistics(https://www.preventionweb.net/english/countries/statistics/index_region.php?rid=4)]. 2017년 기준으로 전 세계적으로 335회의 재난이 발생하여 9,697명의 사망자와 3,350억 달러의 피해가 생겼는데, 아시아 지역은 재난의 44%를 차지하여 취약성이 매우 높은 것으로 나타났다(https://www.preventionweb.net/publications/

---

4   재난으로 인해 발생하는 이주 문제와 이를 해결하기 위한 거버넌스에 대해서는 Warner(2010)를 참조하라.

view/60351).

개별 재난의 규모 면에서도 이러한 현상이 발견된다. 이로 인해 아시아 지역은 상대적으로 많은 재난 피해를 입고 있다. 1980~2017년의 인명 피해를 기준으로 볼 때, 2004년 12월에 태국에서 발생한 쓰나미의 피해자가 22만 명으로 세계 최대를 기록했다. 이어서 2010년 아이티 지진의 피해자가 15만 9천 명, 2008년 미얀마 폭풍우의 피해자가 14만 명, 1991년 방글라데시 태풍의 피해자가 13만 9천 명 등 최대 규모의 자연재해가 아시아 지역에 집중되었다(그림 7-1 참조). 재난 피해가 아시아 지역에 상대적으로 집중된 현상은 경제적 피해를 기준으로 보더라도 유사하게 나타난다. 예를 들어, 2011년 동일본 대지진은 3,600억 달러의 피해액을 초래하여 세계 최대의 경제적 피해를 초래한 재난으로 기록되었다(https://www.worldvision.org/disaster-

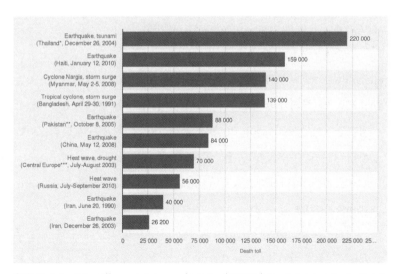

출처: Statistica(https://www.statista.com/statistics/268029/natural-disasters-by-death-toll-since-1980/).

그림 7-1. 주요 자연재해, 1980~2017년(인명 피해 기준)

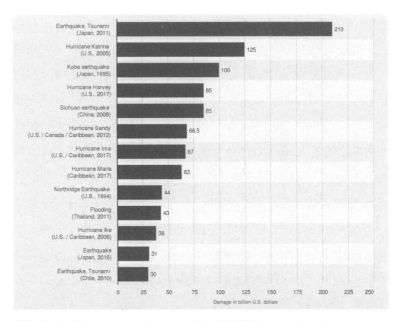

출처: Statistica(https://www.statista.com/statistics/268126/biggest-natural-disasters-by-economic-damage-since-1980/).

그림 7-2. 주요 자연재해, 1980~2016년(경제적 피해 규모 기준, 10억 달러)

relief-news-stories/2011-japan-earthquake-and-tsunami-facts). 이 밖에도 2005년 허리케인 카트리나는 피해액 1,250억 달러, 1995년 고베 대지진은 1,000억 달러, 2008년 쓰촨 대지진은 850억 달러, 2012년 허리케인 샌디는 685억 달러 등을 기록했다(https://www.statista.com/statistics/268126/biggest-natural-disasters-by-economic-damage-since-1980/).

〈그림 7-3〉은 1970~2016년에 아시아태평양 지역에서 발생한 주요 재난과 그로 인한 피해 규모이다. 가장 많은 사망자를 발생시킨 재난은 1970년에 방글라데시에서 발생한 태풍으로, 무려 30만 명이 넘는 사망자가 발생했다. 1976년 중국의 탕산 지진과 2004년 인도네시

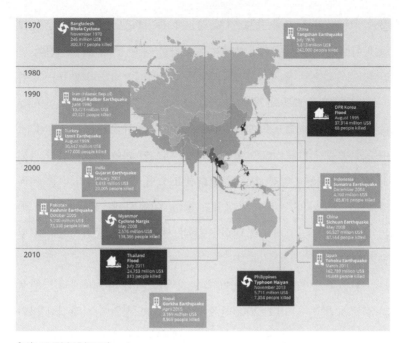

출처: UNESCAP(2017), p.4.

그림 7-3. 아시아태평양 지역의 주요 재난, 1970~2016년

아의 수마트라 지진이 각각 24만 명과 16만 명의 사망자를 발생시켜 그 뒤를 이었다. 경제적 피해 규모 면에서는 2011년 일본의 동일본 대지진으로 인한 피해액이 3,600억 달러로 최대 규모였다. 이어 1990년 이란 대지진의 피해액이 104억 달러로 두 번째로 큰 규모였다.

　아시아태평양 지역은 자연재해의 유형과 피해 면에서 다른 지역과 다소 다른 양상을 보인다. 1970~2016년에 아시아태평양 지역에서 가장 많은 사망자를 발생시킨 재난 유형은 지진으로, 전체의 45%를 차지했다. 폭풍우와 홍수가 각각 37%와 10%로 그 뒤를 잇고 있다. 한편 다른 지역에서는 기근으로 인한 사망자가 전체의 45%를 차지했고, 지진과 전염병이 각각 24%와 12%를 차지했다(UNESCAP 2017).

자연재해에 따른 피해 규모 역시 빠르게 증가하고 있다. 1970~2016
년에 아시아태평양 지역의 자연재해로 인한 피해 규모는 1조 3천억 달
러로, 지속적으로 증가하고 있다(UNESCAP 2017, vi). 피해 규모의 증
가는 이 지역 국가들의 경제 규모의 증가와 수준 향상에 따른 것으로,
1970년대에 GDP의 0.1%였던 자연재해의 피해 규모가 최근에는 0.4%
수준까지 증가했다(UNESCAP 2017, 5). 더욱이 자연재해로 인한 피해
가 이 지역의 경제성장 속도를 상회하고 있을 뿐만 아니라 다른 지역
의 피해 규모와의 격차도 확대되고 있다. 이렇게 볼 때 이 지역의 빠
른 경제성장이 자연재해에 대한 노출과 재난 위험을 증가시켰다고 할
수 있다.

특히 동북아시아 지역은 아시아 지역 중에서 자연재해의 영향을
가장 크게 받는 곳이다. 2000년 이후에 동북아 지역에서 발생한 자연
재해로 인해 약 13만 명의 사망자가 발생했다. 이 가운데 2008년 쓰촨
대지진과 2011년 동일본 대지진의 사례에서 알 수 있듯이 대규모 사망
자와 경제적 피해를 초래하는 자연재해가 다수 발생하고 있다. 주목할
점은 2000년 이후에 자연재해로 인한 동북아 지역의 피해 규모가 약

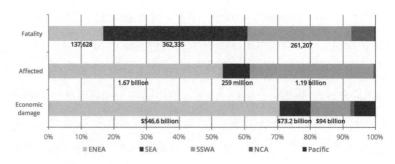

출처: UNESCAP(2017), p.9.

그림 7-4. 동북아 지역과 기타 아시아태평양 지역의 자연재해(2000~2016년)

5,470억 달러로 아시아 지역 피해의 약 70%에 달한다는 것이다(그림 7-4 참조).

III. 재난 관리와 국제 · 지역 협력의 필요성

1. 국제협력의 진전

재난이 빈번하게 발생하고 규모도 커진다는 사실은 재난에 대한 국가 차원의 개별적 대응을 넘어서 지역 차원의 협력 필요성이 증대되고 있음을 의미한다. 재난 위험의 경감을 위한 센다이 프레임워크(Sendai Framework for Disaster Risk Reduction 2015~2030)는 2015년에 유엔 회원국들이 채택한 재난 대응 및 관리에 대한 국제적 합의의 표준 역할을 해왔다. 센다이 프레임워크는 3년간의 논의 끝에 도출된 합의로, 유엔 회원국뿐만 아니라 NGO와 기타 이해관계자들이 참여한 가운데 도출된 합의라는 데 더욱 의미가 있다. 센다이 프레임워크에서는 2005년 효고 행동 프레임워크(Hyogo Framework for Action 2005~2015)의 후속 조치로 재난 위험의 경감을 위한 보다 적극적인 조치를 요구하고 있다.

특히 센다이 프레임워크는 공통 표준, 목표치의 실현 가능성, 재난 위험의 경감을 위해 법적 토대에 기반한 수단 등에 대해 광범위한 합의가 이루어졌다는 점에서 효고 프레임워크보다 한 단계 진전된 합의로 받아들여지고 있다. 또한 '새천년개발계획(Millennium Development Goals, MDGs)'의 수립 당시에 재난 위험의 경감과 복원력에 대한 충분한 고려가 부족했다는 평가를 반영하여 '지속 가능한 발전 목

출처: IOM(2017), p.7.

그림 7-5. 센다이 프레임워크의 우선 역점 분야

표(Sustainable Development Goals)'를 설정할 때 재난 위험의 경감
과 기후변화에 대한 적응 등을 보다 적극적으로 포함시킨다는 공통의
이해에 도달했다는 의미를 가지고 있다.

센다이 프레임워크에서는 재난의 예방, 준비, 복구, 복원력 등
을 포함한 재난 위험의 경감에서 이주에 대한 관리가 중요하다는 공
통의 인식에 도달했다. 구체적으로는 ① 재난 위험에 대한 이해를 증
진하고, ② 재난 위험을 경감하는 데 도움이 되는 거버넌스를 수립하
며, ③ 복원력 강화를 위한 투자를 증대시키고, ④ 효과적인 대응을
위한 준비 태세의 향상과 복원(recovery), 재활(rehabilitation), 재건
(reconstruction) 등의 역량을 증대시키는 것을 우선 역점 분야로 설정
했다(그림 7-5 참조).

센다이 프레임워크에서는 이러한 4대 우선 역점 분야를 토대로 '7
대 지구적 목표(seven global targets)'를 제시했다. 특히 2005~2015
년과 비교하여 2020~2030년에는 재난으로 인한 사망자 수, 피해자
수, 경제적 피해 등을 실질적으로 감소시키자는 구체적인 목표를 제
시하고 있다(https://www.unisdr.org/we/coordinate/sendai-frame-
work).

① 2030년까지 사망자 수의 감소

② 2030년까지 재난 피해자 수의 감소

③ 2030년까지 복원력의 강화를 통해 주요 인프라와 보건, 교육 등 기본 서비스에 대한 재난 피해의 감소

④ 2020년까지 국가 및 지방 수준의 재난 위험 경감 전략을 갖춘 국가 수의 증가

⑤ 2030년까지 개발도상국들이 센다이 프레임워크를 실천하기 위해 국가 수준의 이행을 하는 데 적절하고 지속 가능한 지원을 하기 위한 국제협력의 증대

⑥ 다위험(multi-hazard) 2030년까지 조기 경보체제 및 재난 위험 정보·평가의 유용성과 접근성의 증대

⑦ 2030년까지 세계 GDP 대비 직접 경제적 손실 감소

한편 재난 관리는 지속 가능한 발전과도 긴밀한 관계를 갖고 있다. 특히 국제사회는 재난에 대한 사후적 대응보다는 재난 위험의 경감을 지속 가능한 발전의 핵심으로 설정하고 정부, 지역사회, 국제 및 지역 기구 간의 협력을 강화하는 방안을 다각적으로 모색하고 있다. 재난 위험의 경감에 대한 체계적인 접근을 위해서는 지구적 차원의 프레임워크를 수립하고 이를 바탕으로 제도적 기반을 조성하는 방식을 취하고 있다. 세계 각국은 재난 위험의 경감을 위한 지구적 차원의 프레임워크를 수립하기 위해서 다양한 노력을 경주한 결과 6개의 협정을 체결하는 가시적 성과를 도출할 수 있었다.

① 재난 위험의 경감을 위한 센다이 프레임워크

② 지속 가능한 발전을 위한 2030 어젠다(2030 Agenda for Sustainable Development)

③ 파리기후변화협약(Paris Agreement under the United Nations Framework Convention on Climate Change)

④ 인류를 위한 어젠다(Agenda for Humanity)

⑤ 신도시 어젠다(New Urban Agenda)

⑥ 제3차 국제개발재원총회의 아디스아바바 행동계획(Addis Ababa Action Agenda under the Third International Conference on Financing for Development)

국제사회는 기후변화와 같은 새로운 도전에 대응하고 지속 가능한 발전과 같은 새로운 임무를 완수하는 등 재난 위험의 경감을 위한 역량을 확대·강화하는 데 기여하는 지구적 프레임워크를 구축하는 것을 목표로 하고 있다.

2. 지역 협력: 성과와 한계

재해 발생을 기준으로 할 때 아시아 지역은 2014년에 전 세계 재해의 절반을 차지했을 정도로 재난의 위험에 노출되어 있다. 이에 따라 재난 관리를 위한 지역 협력의 필요성이 증대되고 있다. 특히 재난이 국지화되기보다는 지역 차원으로 확산되는 경향이 강화되고 있는 현실을 감안할 때 지역 협력의 필요성이 점차 증대되고 있다. 동아시아 국가의 재난 관리를 위한 지역 협력은 다양한 트랙에서 진행되고 있다.

1) 아세안 차원의 지역 협력
아세안은 지역 차원의 재난 관리 역량을 강화하기 위해 다양한 차원의 노력을 기울여왔다. 아세안 회원국들이 재난 관리를 위해 구축해온 지역 협력의 메커니즘은 재난 관리 및 긴급 대응에 대한 아세안 협정(ASEAN Agreement on Disaster Management and Emergency Response, AADMER), 지역 예비조치, 공동 재난 구호, 긴급대응 작전을 위한 아세안 표준 절차(ASEAN Standard Operating Procedure for Regional Standby Arrangements and Coordination of Joint Disaster Relief and Emergency Response Operations), 해상재난에서 인명과 선박의 수색과 구조 협력을 위한 아세안 선언(ASEAN Declaration on Cooperation in Search and Rescue of Persons and Vessels in Distress at Sea), 인도적 지원을 위한 아세안 조정센터의 설립에 관한 협정(Agreement on the Establishment of the ASEAN Coordinating Centre for Humanitarian Assistance), 재난 관리에 대한 아세안 위원회(ASEAN Committee on Disaster Management, ACDM) 등 매우 다양하다.

이 가운데 AADMER은 재난으로 인한 인명 손실을 감소시키고 지역 및 국제협력을 통해 응급사태에 공동 대응하는 데 초점을 맞추고 있다. ACDM은 재난 대응을 넘어 재난 관리를 체계화하기 위한 시도의 일환으로 매년 2회 개최되고 이를 확대한 ACDM+3 역시 1년에 1회 개최되고 있다. 아세안 확대 국방장관 회담(ASEAN Defence Ministers' Meeting Plus, ADMM-Plus) 역시 인도적 지원과 재난 구호를 위한 민군 협력을 강화하는 방안을 다각도로 검토하고 이를 위해 전문가 워킹 그룹을 설치하여 운영하고 있다.

2) 아세안 지역안보포럼

재난 관리를 위한 지역 협력은 아세안 지역안보포럼(ASEAN Regional Forum, ARF)을 중심으로 진행되어왔다. ARF는 특히 ARF 재난구호

회기간회의(ARF Inter-Sessional Meeting on Disaster Relief, ARF ISM on DR)를 중심으로 재난 관리를 위한 지역 협력 메커니즘을 발전시켜왔다. ARF ISM on DR은 재난 대응을 위해 아시아태평양 지역의 정부 행위자는 물론 비정부 행위자를 포함한 지역 차원의 협력을 강화하는 데 상당히 기여했다. 그러나 ARF 차원의 지역 협력은 재난 구호에 초점이 맞추어져 있고 개별 국가들의 경험과 모범 사례를 공유하는 초보적 수준에 머물고 있기 때문에 재난이 빈번하게 발생하고 대규모화하는 추세에 대응하는 데 한계를 드러내고 있다. 이러한 측면에서 지역 협력을 재난 구호 중심에서 예방과 준비, 조기 경보, 대응 및 구호, 복구와 복원을 아우르는 재난 관리 중심으로 변화시켜야 한다는 공감대가 역내 국가들 사이에 형성되고 있다. 그러나 현재의 ARF 체제는 재난 관리에 소요되는 부담과 비용을 명확하게 하는 데 한계가 있는 것도 사실이다.

3) 동아시아정상회의

2009년의 재난 관리에 대한 차암 후아 힌 선언에서 나타나듯이, 동아시아정상회의(East Asia Summit, EAS)는 재난 관리와 대응에 높은 우선순위를 부여하고 있다[Cha-am Hua Hin Declaration on the Roadmap for the ASEAN Community 2009-2015(https://asean.org/?static_post=cha-am-hua-hin-declaration-on-the-roadmap-for-the-asean-community-2009-2015)]. 자연재해는 동아시아 지역에 커다란 인명 및 경제적 피해를 초래하고 있으며, 역내 상당수 국가들이 열대성 태풍, 폭풍우, 산림 지역의 화재 등으로 인한 기후변화로 고통에 시달리고 있다. 2009년을 기준으로 세계 10대 재난 가운데 8개가 동아시아정상회의 참여국에 집중되었다는 점을 감안하면 재난에 대한 지역 협력의 필요성이 점증하고 있음을 알 수 있다. 소규모 자연재해 역시 인프라, 재산, 생계에 심각한 영향을 미친다는 점에서 한 국가의 대응만으로는 재난 관리가 효과적으로 이루어지지 못할 가능성이 있다. 한편 재난 상황에 대한 정부 주도의 국제적 지원은 대체로 양자 차원에서 재난 당사국 정부의 직접적인 요청에 의해 이루어지는 경우가 대다수이다. 이러한 점에서 동아시아정상회의는 보다 효과적이고 일관성 있는 지역 차원의 재난 관리 및 대응과 정책 조정을 위해 다양한 지원책을 강구하고 있다.

4) 동북아 지역 협력

재난 관리를 위한 동북아시아 차원의 지역 협력은 상대적으로 취약하다. 동북아 6개국은 2015년에 지역 협력을 강화하기 위해 유엔국제재해경감기구(United Nation International Strategy For Disaster Reduction, UNISDR) 회의 기간 중에 별도의 회의를 열어 재난 관리를 위한 회의를 정례화하기로 했다(『코리아 타임스』 2016. 6. 21.). 이를 계기로 2013년에 동북아재난위험경감(Disaster Risk Reduction in North East Asia, DRR in NEA) 프로그램이 출범했다. 이 프로그램은 동북아 국가들의 재난 복원력을 구축하고 재난 위험을 경감하는 데 목적이 있다. 이를 위해 2014년에 한국, 중국, 일본 3개국이 참여하는 장관급 재난 관리회의를 개최하기도 했다. 특히 이 프로그램은 몽골의 재난 위험 경감의 조정과 효과성, 재난 관리와 대응을 향상시키기 위한 정책 가이드라인을 제시하는 역할도 수행한다. 한국의 사례를 보면 재난 위험의 경감을 위한 협력이 구체화되는 단계에 있음을 알 수 있다. 우선 UNISDR의 재난에 강한 도시 만들기(Making Cities Resilient, MCR) 프로그램에 참여하여 한국 도시의 재난 위험 경감 노력을 증진하는 한편 이 프로그램에 참여하는 도시들에 정책 제언을 한다. 또한 소방방재청의 주도하에 지방정부의 자체 평가 시스템을 조화시키기 위한 전문가 위원회를 조직하고 다양한 이해관계자들이 참여하는 워크숍 등을 개최한다.

아시아재난준비센터(Asian Disaster Preparedness Center, ADPC)는 중국 및 동북아 국가를 위한 프로그램을 운영하고 있다. 중국 및 동북아 국가의 관련 기관들과 협력하여 재난 위험의 관리에 관한 공동 협력 프로젝트를 개발하고 있는 것이다. 특히 이 프로그램은 훈련, 컨설팅, 기술 및 관리 프로그램 등 다양한 방식을 통해 동북아 국가들의 재난 관리 역량을 구축하기 위한 협력을 진행하고 있다. 동북아 개별 국가들의 재난 관리 역량을 강화하는 데 그치지 않고 재난의 사후 평가, 도시계획의 완화, 긴급구호, 재건 활동 등 광범위한 분야를 아우르는 제도적 네트워크를 개발하는 데 궁극적인 목적을 두고 있다.

유엔아시아태평양경제사회위원회(UN Economic and Social Commission for Asia and the Pacific, UNESCAP)의 동아시아 및 동북아시아 사무소는 2010년 5월에 설치되었다. 이 사무소는 출범 이래 한국, 중국, 일본, 북한, 몽골, 러시아 등 6개 정회원국은 물론 준회원국인 홍콩, 마카오와 지역의 지속 가능한 발전을 위한 파트너십을 강화하기 위해 긴밀하게 공조해왔다. 또한 환경 협력을 위한 동북아시아 프로그램(North-East Asian Subregional Programme for Environmental Cooperation, NEASPEC)의 사무국 역할도 함께 수행하고 있다.

재난에 대한 지역 협력은 한·중·일 협력의 틀 속에서도 진행되고 있다. 한·중·일 삼각 협력은 정보 공유, 역량 강화, 협력 프로젝트 등 세 가지 축을 중심으로 진행되어왔다. 한·중·일 3국은 도전 요인과 공통의 경험을 규명하고 자연재해에 대한 복원력을 구축하는 데 있어서 지역 협력을 강화하는 것에 우선순위를 부여하고 있다(Umezawa 2016). 그러나 현재까지 한·중·일 삼각 협력은 주로 도상 연습과 재난 관리와 관련하여 새로운 규범의 수용을 위한 탐색적 회의를 중심으로 진행되고 있다. 앞으로는 삼각 협력의 수준을 한 차원 높여서 동북아 지역 차원의 재난 관리 협력체제를 수립할 필요가 있다. 한국 정부도 그 필요성을 인식하여 동북아평화협력구상의 의제에 재난 관리를 포함시키는 등 비전통안보 이슈로서 재난 관리의 중요성에 주목한 바 있다. 향후 동북아 차원의 소다자 협력을 강화하고 이를 ARF 차원의 협력과 조화시키기를 모색하는 전략적 노력을 전개할 필요가 있다.

IV. 재난 관리를 위한 지역 협력의 향후 과제

1. 지역 협력의 문제점

지금까지 동아시아정상회의를 비롯하여 역내 국가들이 재난 대응을 적시에 제공하는 데 필요한 역량을 제고하기 위한 다양한 협력이 시도되었다. 그러나 동아시아 국가들 사이에 재난 관리를 위한 지역 협정이 다수 체결되었음에도 협력을 이행하는 과정에서 대두되는 기본적인 장애요인들이 여전히 해소되지 않았기 때문에 재난 관리의 효과성이 향상되지 않고 있다. 첫째, 재난 관리를 현장에서 실행하는 과정의 실제적인 절차 면에서 역내 국가들 사이에 상당한 차별성이 존재한다. 개별 국가 수준을 넘어 지역 차원의 재난 대응을 적시에 제공하는 것을 저해하는 장애요인은 허가, 비자, 세관, 검역, 조세 등으로 매우 다양하다. 즉, 동아시아 국가들은 재난 관리와 관련한 다양한 프레임워크와 협정을 통해 지역 협력의 수준을 한 단계 향상시키는 성과를 거두고 있으나 재난 대응과 관련한 역내 국가들 사이의 절차적 차별성을 일원화하는 수준에는 이르지 못하고 있다.

둘째, 제도적 중복 역시 재난 관리를 위한 지역 협력을 지체시키는 요인이다. 현재 동아시아 지역에는 지방, 국가, 지역 및 지구적 차원의 제도적 장치가 상호 중첩되어 있다. 서로 다른 층위의 제도들 사이에서 기능적 분업이 효과적으로 이루어질 경우에 재난 관리의 효과성을 제고하는 데 기여할 수 있다. 이를 위해서는 재난 준비, 대응, 구호, 복원력 강화 등 재난 관리의 전 과정에 다양한 행위자들과 제도들 사이의 기능과 역할이 사전에 명시되어야 한다. 그러나 동아시아 지역에는 서로 다른 층위의 제도들이 기능적으로 중첩되어 있거나 역할의 분화가 명확하게 설정되어 있지 않은 경우가 다수 존재한다. 이러한 이유 때문에 재난 관리의 효율성이 저하되고 이것이 곧 비용의 상승으로 이어지게 된다.

셋째, 재난 관리를 위한 지역 협력을 실행에 옮기는 데 있어서 일부 국가에 대한 행정적·재정적 부담이 가중되고 있는 것도 문제이다. 재난 관리를 위한 지역 협력에는 상당한 행정 및 재정 비용이 수반된다. 지역 협력의 필요성이 증대되고 있는 현실에서 이를 위한 비용 분담 문제가 가중되고 있음에도 역내 일부 국가들이 그 비용의 대부분을 감당하고 있는 것이 현실이다. 이러한 이유 때문에 지역 협력 메커니즘을 통합할 필요가 있다는 논의가 제기되거나, 심지어 지역 협력을 위한 대규모 훈련 등이 연기되거나 취소되는 사례가 발생하고 있다. 지역 협력의 지속 가능성을 제고하기 위해서는 행정 및 재정 비용을 적정하게 분담하는 문제에 대한 광범위한 합의를 도출할 필요가 있다.

2. 향후 과제

1) 위험 예측과 지역 특수성의 반영

2015년에 유엔 총회에서 전 세계적인 목표로 채택한 "단 한 사람도 소외되지 않는 것(Leave no one behind)"은 지역 공동체가 직면하고 있는 취약성을 구체적으로 규명하는 데서 시작된다. 이러한 관점에서 재난 위험의 경감을 위한 지역 차원의 노력은 위험 요소를 체계적으로 평가하고 위험을 예측하는 방향으로 발전해왔다. 특히 재난 위험의 경감을 위한 노력은 위험 평가, 커뮤니케이션, 재원 조달 등과 관련한 기술적 진전에 기반한 성과를 보이고 있다. 동아시아의 일부 국가들은 '영향 기반 예측(impact-based forecasting)'을 도입하고 있다. 이는 위험에 노출된 사람들이 어떻게 영향을 받을지를 예측하기 위해 위험 예측을 위험 데이터와 결합하는 것을 말한다. 이를 기반으로 재난의 영향을 받은 사람들이 상호 소통할 수 있는 시스템을 구축할 필요가 있다.

그러나 기술 기반의 접근에서는 개별 국가 및 지역사회의 구체적 필요를 반영할 때 실질적인 효과를 기대할 수 있다. 예를 들어, 성별, 연령, 소득, 인종 분포 등에 대한 세부적 자료들이 축적될 때 위험 발생을 초래하는 요인들을 동태적으로 파악할 수 있다(UNESCAP 2017). 재난 위험의 경감에 반드시 필요한 또 하나의 요건은 다중이해관계자들을 위한 플랫폼의 구축이다. 다중이해관계자 플랫폼은 위험 관련 정보를 수집·종합하고 그것을 위험 경감을 위한 조치들을 수립하는 데 활용하는 장으로 기능할 수 있다.

2) 지역 거버넌스의 강화

국제 및 지역 협력은 자연재해로부터의 복원을 촉진하는 데 필수적이기 때문에 재난의 유형과 성격에 따라 재난 관리 역량이 부족한 국가와 지역 공동체와 적절한 협력을 강화할 필요가 있다. 이를 위해서는 지역 차원의 조기 경보 시스템을 도입하고 재난 관련 데이터와 지식을 공유하기 위해 지역 차원의 역량을 강화하는 등의 조치들이 필요하다. 지역 차원의 조기 경보 시스템을 향상시키기 위한 공동의 노력도 필요하다. 그러나 조기 경보 시스템을 유지하는 데는 상당한 비용이 소요되기 때문에 개별 국가들의 능력을 감안하되 조기 경보 시스템이 지역 차원의 공공재라는 점을 인식하여 관련 투자로 인해 기대되는 효과를 우선적으로 고려할 필요가 있다.[5] 역내 국가들은 비용 측면뿐만 아니라 조기 경보 시스템을 구축·유지하는 데 필요한 경험과 기술을 지원하는 것도 공유할 필요가 있다.

재난 관련 정보와 지식을 공유하는 것 역시 중요하다. 현재 지역 차원에서는 UNESCAP가 '아시아태평양 지역의 지속 가능한 발전을 위한 지역공간 응용프로그램(Regional Space Applications Programme for Sustainable Development in Asia and the Pacific, RESAP)'을 통해 재난 위험이 높은데도 불구하고 재난 관리 역량이 부족한 국가들에 지원을 제공하고 있는 것이 대표적인 사례이다. 이 밖에도 통합산악개발을 위한 국제센터(International Centre for Integrated Mountain Development)와 아시아재난준비센터가 인공위성 기반의 지구 관측 데이터를 역내 국가들에 제공하고 있다. 또한 지역 역량의 구축으로 기후예측 관련 정보를 3개월에서 6개월 전에 제공함으로써 조기 경보 능력을

---

5   인도양 쓰나미 경보 시스템은 매년 약 1천 명 이상의 생명을 구할 수 있을 것으로 예상된다.

제고하고 있다.

재난 위험에 대해 과학적인 예측을 하기 위해서는 위험 거버넌스
가 강화되어야 한다. 이를 위해서는 개별 국가 수준의 재난 위험 관리
를 위한 행동계획이 센다이 프레임워크 및 기타 지구적 차원의 프레임
워크와 일체화되어야 하며 이를 바탕으로 지역 차원까지 확산되어야
한다. 특히 재난 복원력은 다양한 분야를 아우르기 때문에 이를 전반
적으로 조율할 수 있는 정치적 · 행정적 뒷받침이 이루어져야 한다.

3) 재난 관리의 주류화: 기술적 접근과 인적 협력의 조화

재난 관리를 위한 기술혁신의 성과를 역내 국가들이 공유하는 것은 매
우 중요하다. 이러한 점에서 동아시아 지역 내의 상대적 선진국들이
재난 위험의 경감을 위해 역내 개발도상국들과 함께 기술 기반의 역량
강화를 위한 지역 협력을 추진할 필요가 있다. 그러나 재난 관리를 위
해 지역 협력을 하는 데 있어서 기술 일변도의 접근은 한계가 있을 수
밖에 없다. 재난 관리의 효과를 제고하기 위해서는 재난의 위험성에
대한 경각심을 일상화하는 등 생활방식의 변화가 수반되어야 하기 때
문이다. 예를 들어, 재난에 대한 인식 제고가 지체되는 것이 기술적 접
근의 한계를 제한하는 결과를 초래할 수 있기 때문에 양자가 병행되어
야 한다.

재난이 초국적화되고 있다는 점을 고려할 때 축적된 재난 관리의
경험을 역내 국가들과 공유하는 것은 매우 중요하다. 특히 재난과 그
로 인한 피해가 아시아 지역에 집중되고 있기 때문에 유사한 재난을
관리한 경험이 있는 국가들과 함께 역량 강화를 위한 지역 차원의 프
레임워크를 구성할 필요가 있다. 이를 위해서는 경험을 공유하고 프레
임워크에 대한 아이디어를 교환하는 일회성 또는 단발성 회의 및 세미

나를 중심으로 진행되는 기존의 방식을 탈피하여 재난 관리의 전문성을 가진 인적 자원을 공동으로 양성하는 등 재난 관리를 위한 초국적 인적 네트워크를 구성할 필요가 있다.

궁극적으로는 재난 관리의 주류화를 촉진하는 데 도움이 되는 현실성 있는 방안을 모색할 필요가 있다. 재난 관리에서 지역 협력의 중요성이 증대되고 있다는 공감대가 점차 확대되고는 있으나 여전히 부차적인 쟁점으로 인식되는 경향이 있는 것도 사실이다. 더욱이 재난 관리를 독자적인 쟁점 차원에서 접근하기보다는 연계된 다른 쟁점들에서 재난 관리를 핵심 요인으로 설정하고 이를 위한 자원의 투입과 정책적 지원을 구체화하려는 노력이 필요하다. 이러한 재난 관리의 주류화를 통해 지역 차원의 대응 역량이 증대되는 효과를 기대할 수 있다.

4) 민군 협력

재난 대응을 위한 민군 협력의 역량을 증진하는 것이 아시아태평양 지역의 안보 의제에서 우선적인 과제로 제시된 바 있다. 그러나 동북아 지역의 안보 현실은 재난 대응을 위한 민군 협력을 발전시키는 데 장애요인으로 작용하고 있다. 이러한 문제를 극복하기 위해 동북아에 민군 협력을 위한 지역 허브를 설치할 필요가 있다는 제안이 제시되고 있다. 지역 허브의 설치가 동북아 차원에서 재난 구호를 위한 민군 협력을 강화할 뿐만 아니라 궁극적으로 역내 안보를 향상시키는 데 기여할 것으로 기대되기 때문이다(Ahn et al. 2012). 구체적으로 민군 협력을 위한 지역 허브는 인도적 지원을 하기 위한 전문성을 공유하는 데 중요한 역할을 할 것으로 보인다.

참고문헌

김상배 편(2016), 『신흥안보의 미래전략: 비전통안보론을 넘어서』, 사회평론아카데미.

Ahn, Deogsang, John Bradford, James Newberry and Harold Wescott(2012), "The Case for Establishing a Civil-Military Disaster-Relief Hub in Northeast Asia", *Asia Policy,* 14.

ASEAN(2011), *Indonesian-Australian Paper: A Practical Approach to Enhance Regional Cooperation on Disaster Rapid Response.*

Casti, John(2012), *X-Events: The Collapse of Everything,* William Morrow.

Cha-am Hua Hin Declaration on the Roadmap for the ASEAN Community 2009–2015. https://asean.org/?static_post=cha-am-hua-hin-declaration-on-the-roadmap-for-the-asean-community–2009–2015.

Futori, Hideshi(2013), "Japan's Disaster Relief Diplomacy: Fostering Military Cooperation in Asia", *Asia Pacific Bulletin,* 213, May 13, East-West Center.

Giddens, Anthony(2009), *The Politics of Climate Change,* Polity Press.

Guha-Sapir, Debarati, R. Below, Ph. Hoyois, EM-DAT: The CRED/OFDA International Disaster Database(http://www.emdat.be), Université Catholique de Louvain, Brussels, Belgium.

Haas, Ernst(1980), "Why Collaborate?: Issue-Linkage and International Regimes", *World Politics,* 32(3), pp.357–405.

International Organization for Migration(2017), *Taking Sendai Forward: IOM Strategic Work Plan on Disaster Risk Reduction & Resilience 2017-2020.*

Patalano, Alessio(2015), "Beyond the Gunboats: Rethinking Naval Diplomacy and Humanitarian Assistance Disaster Relief in East Asia", *RUSI Journal,* 160(2), pp.32–39.

Prevention Web, Asia Disaster Statistics. https://www.preventionweb.net/english/countries/statistics/index_region.php?rid=4.

Statistica. https://www.statista.com/statistics/268029/natural-disasters-by-death-toll-since–1980/.

Research Committee on International Economy and Foreign Affairs(2018), "House of Councillors Japan", *Research Report on International Economy and Foreign Affairs.*

Umezawa(2016).

UNESCAP(2017), "Disaster Resilience for Sustainable Development: Leave No One Behind", *Asia-Pacific Disaster Report 2017.*

UNISDR(2007), *Hyogo Framework for Action 2005–2015: Building the resilience of nations and communities to disasters.*

_____(2015), *Sendai Framework for Disaster Risk Reduction 2015-2030.*

_____(2017), *Natural Disasters 2017.*

_____, *Disaster Risk Reduction in North East Asia(DRR NEA).*

_____. https://www.flickr.com/photos/isdr/sets/72157628015380393/.

Warner, Koko(2010), "Global environmental change and migration: Governance challenges", *Global Environmental Change,* 20(3), pp.402–413.

"DS495: Korea—Import Bans, and Testing and Certification Requirements for Radionuclides". https://www.wto.org/english/tratop_e/dispu_e/cases_e/ds495_e. htm.

"Northeast Asia seeks effective disaster management", *Korea Times,* June 21, 2016.

제8장

동북아 난민 문제의 정치외교적 대응 격차: 난민안보 거버넌스 구축의 가능성

이신화(고려대학교)

* 본고는 『담론201』 제22권 1호, 2019년에 게재된 필자의 논문 "동북아 난민문제의 정치외교적 대응격차,"를 보완한 것임을 밝힌다.

난민 문제에

대응하는 동북아 국가들의 정책 수립에는 어떠한 요인이 작용하는가? 이 국가들은 언제, 어떠한 조건하에서 포용적, 방관적, 배타적 난민정책을 채택하는가? 왜 유사한 상황의 인도적 난민 위기에도 상이한 정책을 펴는 '대응 격차(response divide)'가 생기는가? 이와 같은 문제제기와 관련하여 난민정책을 수립하고 시행하는 문제는 일국의 문제로 보는 시각에서 벗어나 지역 국가들 간의 협력이 필요한 의제로 접근할 필요가 있다. 하지만 동북아 차원에서는 함께 고민하고 해법을 모색하려는 학문적·정책적 시도가 부재하다. 따라서 이 장에서는 난민과 안보의 연계와 관련한 이론적·실질적 쟁점을 바탕으로 한국, 일본, 중국의 난민정책을 논의하고 그동안 개별 국가 차원으로만 이루어져온 동북아 난민 문제가 어떠한 공통점과 상이점을 갖는지 살펴본다. 이를 통해 아직까지 논의조차 이루어진 적 없는 동북아 지역 차원에서의 난민 이슈가 어떠한 포괄적 문제를 초래할 수 있는지 논의하고 동북아 난민안보 거버넌스 구축의 가능성과 과제에 대해 살펴보고자 한다.

I. 서론

2018년에 560여 명의 예멘인이 제주도로 들어와 난민 신청을 하면서 한국인에게는 남의 일 같던 난민 문제가 커다란 사회 문제로 떠올랐다. 난민은 온정적 보호가 필요한 희생자임에도 불구하고 최근 난민 유입국들의 수용정책이나 현지인들의 반감이 사회 문제를 넘어 국가 간의 정치외교적 갈등으로 비화하고 있다. 또한 이를 빌미로 난민을 '안보화(securitization)'하여 배척하거나 강제송환을 정당화하는 나라들이 늘고 있다. 안보화란 유입국 정부가 국민으로 하여금 어떤 특정한 이슈가 국가안보와 정체성에 위협이 된다고 인식하게 하는 '구성된' 사회적 과정 혹은 정치적 행위를 일컫는다(Buzan, Wæver and Wilde 1998). 난민의 안보화는 2001년 9·11 테러사태 이후에 두드러지게 나타난 현상으로, 그 후 국가들은 반이주, 반난민정책을 강화하기 시작했다(Schlentz 2010).

하지만 난민 수용을 거부하거나 미온적인 정책을 펴는 것은 인도주의적인 관점에서 비난받을 수 있는 일일 뿐만 아니라 사회 및 국가 차원의 안보를 고려하는 현실적인 측면에서도 현명한 결정이 아니다.

난민을 거부함으로써 단기적인 사회 안정을 도모할 수 있다고 하더라
도 중·장기적으로는 더 큰 사회적 혼란과 불안 및 폭력사태까지 유발
할 수 있기 때문이다. 난민에 대한 국경 통제나 강제추방이 이루어질
경우에 유입국과 인접국 간의 정치외교적 갈등이 고조될 수 있다. 또
한 난민으로 인정받지 못한 경우에 불법체류자가 되거나 이 나라 저
나라를 전전하는 망명자 신세가 되어 최악의 경우에 인신매매범이나
반군 혹은 테러단체의 손에 넘어갈 가능성도 있다. 그 결과는 버림받
은 난민의 '인간안보(human security)'와 이들을 배척한 나라들의 국
가안보 모두에 부정적일 수밖에 없다.

　동북아시아의 경우에 난민 문제는 중동과 아프리카 및 유럽 등과
비교할 때 그 규모나 심각성이 크지 않음에도 불구하고 한국, 일본, 중
국 모두 난민 수용에 있어서는 상당히 배타적인 입장을 견지하고 있
다. 하지만 1975년 이래 수십만 명의 베트남 '보트피플'로 인해 동아
시아 국가들은 처음이자 최대의 난민 문제에 직면했다. 이들을 임시로
수용하거나 정착시키는 과정에서 난민과 관련한 제도나 기구 및 의식
변화 등에 대한 필요성이 대두되었다. 그러나 대부분의 경우에 한국,
중국, 홍콩, 일본 등 개별 국가 차원으로 이루어졌고, 양자적이나 다자
적으로 이루어진 경우에도 미국의 주도나 유엔과의 관계적 맥락에서
이루어졌을 뿐 동북아 지역 차원에서의 협력 공조는 없었다.

　일본은 1981년에 아시아 최초로 유엔의 '난민 지위에 관한 협약
(Convention Relating to the Status of Refugees, 이후 난민협약)'과 '난
민 지위에 관한 의정서(Protocol Relating to the Status of Refugees, 이
후 난민의정서)'에 가입했다. 한국은 1992년에 유엔 난민협약과 난민
의정서에 가입하고 아시아에서 처음으로 독립된 난민법을 제정했다.
그러나 일본과 한국은 OECD 국가들 중 가장 인색한 난민인정국이다.

중국도 1982년에 난민협약에 가입했으나 2012년까지 난민을 다루는
국내법의 부재로 인해 비호신청자들(asylum seekers)은 외국인과 무
국적자를 통제하는 중국법의 적용을 받아 보호를 받지 못했다. 더욱이
최근의 중동 난민사태와 관련하여 중국 정부는 난민은 이주민이 아니
고 본국으로 돌아가는 것이 그들의 소원일 것이라며 우회적으로 난민
수용에 대한 거부의사를 공식화했다(『중앙일보』 2017. 6. 25.).

　　그렇다면 난민 문제에 대응하는 동북아 국가들의 정책 수립에 어
떠한 요인이 작용하는가? 이 국가들은 언제, 어떠한 조건하에서 포용
적, 방관적, 배타적 난민정책을 채택하는가? 왜 유사한 상황의 인도적
난민 위기에도 상이한 정책을 펴는 '대응 격차(response divide)'가 생
기는가? 이와 같은 문제제기와 관련하여 난민정책을 수립하고 시행하
는 문제는 일국의 문제로 보는 시각에서 벗어나 지역 국가들 간의 협
력이 필요한 의제로 접근할 필요가 있다. 하지만 동북아 차원에서는
함께 고민하고 해법을 모색하려는 학문적·정책적 시도가 부재하다.
따라서 이 장에서는 난민과 안보의 연계와 관련한 이론적·실질적 쟁
점을 바탕으로 한국, 일본, 중국의 난민정책을 논의하고 그동안 개별
국가 차원으로만 이루어져온 동북아 난민 문제가 어떠한 공통점과 상
이점을 갖는지 살펴본다. 이를 통해 아직까지 논의조차 이루어진 적
없는 동북아 지역 차원에서의 난민 이슈가 어떠한 포괄적 문제를 초래
할 수 있는지에 대해 숙고해보고자 한다.

　　이러한 맥락에서 이 장에서는 우선 난민 문제와 관련한 인도주의
적 시각과 국가안보적 관점이 제기하는 정치외교적 쟁점을 살펴보고
자 한다. 여기서 난민 문제란 난민이 특정국에 유입, 수용 및 정착되
는 과정에서 발생하는 제반 문제나 유입국의 난민정책이 가져오는 영
향(consequences)이라고 정의한다. 다음으로 한국, 일본, 중국의 난

민정책 사례를 살펴볼 것이다. 한국과 일본의 경우에는 베트남 난민을 제외하고는 난민 유입의 규모나 사례가 적어 정책에 대한 고려요소들을 분석할 만큼 충분하지 않다는 한계가 있지만 양국 모두 난민 수용에 왜 소극적인가에 대해 논의하고자 한다. 중국의 경우에는 베트남, 미얀마, 북한 난민에 대한 정책과 대응이 어떠한 요인에 의해 비일관적이고 상이한 결과를 낳았는지를 중심으로 분석할 것이다. 결론에서는 난민 인정 절차를 밟는 과정에서 한·중·일 3국이 보인 각각의 대응과 정책이 지역 차원의 난민안보 거버넌스로 발전할 가능성과 필요성에 대해 가늠해보고자 한다.

II. 난민 문제의 정치안보적 쟁점

2018년 6월 기준으로 전 세계적으로 6,840만 명이 자신의 거주지를 원치 않게 떠났다. 이는 지구촌에서 매 2초마다 1명꼴로 분쟁이나 박해로 인해 비자발적 유민이 된다는 의미이다. 유엔난민기구(UNHCR)에 따르면, 이들 중 약 2,540만 명이 국제법에서 보장하는 난민이며 그 절반 이상은 18세 미만으로 추정된다. 냉전 종식 이후에 급증했던 난민은 2000년대에 들어 감소 추세를 보이다가 2014년 이후에 다시 크게 증가했다. 그 주된 원인은 전체 난민 수의 57%를 배출하고 있는 시리아, 아프가니스탄, 남수단의 위기상황이다. 이렇듯이 난민의 발생은 대체로 분쟁과 박해의 결과이므로 난민은 국제사회의 인도적 지원 및 국제법적 보호가 필요한 무고한 피해자이다(UNHCR 2018).

　1951년에 UNHCR이 발족되고 유엔 난민협약이 제정되었는데, 이는 주로 2차 세계대전 이후에 생겨난 유럽 난민 문제의 해결에 주안점을 두었다. 1960년대에 들어서면서 유럽의 난민사태는 점차 해결 국면에 들어선 반면 아프리카를 비롯한 제3세계에서의 독립전쟁, 그리고 정치적 박해로 인한 난민 이슈가 부각되면서 난민 보호의 지리적 범위를 확장하는 유엔 난민의정서가 1967년에 채택되었다. 유엔 난민법은 난민 지위의 획득, 유입국에의 정착, 제3국으로의 재정착 등 인도적 지원과 국제적 보호 책임에 초점을 두고 있다. 하지만 난민이 수용국 내의 사회적·경제적 부담을 가중시킬 뿐만 아니라 테러, 반란, 무기 유입, 이념 대결과 연관되어 국가적·지역적 안보 위협을 야기할 수 있다는 주장이 냉전기에도 제기되었다(Kreager 2002). 예를 들어, 1967년에 팔레스타인이 이스라엘과의 제3차 중동전쟁에서 패배하면서 요르단으로 피신한 팔레스타인 난민은 공식 통계로 170만 명이다. 이들은 요르단 전체 인구의 38~40%를 차지하고, 난민 지위를 획득하지 못하고 머무는 사람까지 합치면 65% 이상을 차지한다. 이들이 살고 있는 난민촌은 기반시설이 열악하고 경제적으로 피폐할 뿐만 아니라 이스라엘과 인접해 있는 요르단강 서안지역에서는 테러나 무력충돌 등으로 인한 불안한 정세가 이어져왔다(Francis 2015). 그럼에도 불구하고 냉전기의 난민 문제는 많은 경우에 인도적 관점 및 이타주의(altruism)적 측면에서 다루어졌다.

　탈냉전기에 정치·인종 분쟁이나 공동체 갈등으로 빚어진 내전으로 지구촌 도처에서 난민 문제를 포함한 인도적 위기가 심각해지고 난민의 규모와 이에 대응하는 국제사회의 부담이 커지면서 국제규범이나 윤리적 측면에서 당연시해온 난민 보호의 타당성에 대해 의문을 제기하는 목소리가 커졌다(Lake and Rothchild 1988). 개별 국가나 국제사회는 어떠한 규범적인 원칙과 근거로 난민을 보호하는 책임을 져야 하는가에 대해 난민의 인권 보호를 위한 국제규범 논리의 정당성을 주장하는 측과 국가주권, 사회 안정, 문화 권리와 같은 논리를 강조하는 측 사이의 논쟁이 확대된 것이다(김희강 2015). 최근 몇 년간 유럽의 사례를 통해 국제사회의 주요 외교안보 이슈로 부각된 난민 위기가 분쟁의 결과인 난민이 유입된 국가나 지역의 사회 분열, 경제적 불안정, 그리고 유관 국가들 간의 갈등을 유발하는 원인이 되고 있다는 인식이 더 한층 확산되고 있다. 이렇듯이 난민 문제가 발생 지역의 상황이라는 관점이 아니라 이들의 유입으로 인해 발생하는 문제라는 데 초점을 맞추어 유입국에서 정치화나 안보화될 경우에는 본질이 흐려질 수 있다(송영훈 2014).

난민 문제를 단순히 온정적 인도주의 차원에서 본다든지 유입국이 이를 안보화시켜서 국가안보를 위협하는 존재로 낙인찍고 국가안보 우선 정책의 측면에서 접근하는 것 모두 올바른 해결책이 될 수 없다. 따라서 난민 문제의 긍정적·부정적 요소를 종합적으로 고려하여 국가안보적 차원뿐만 아니라 인간안보의 시각에서 이 문제의 해법을 찾을 필요가 있다. 이러한 맥락에서 난민 문제와 관련한 기존 학자들의 논쟁을 살펴보면, 크게 난민이 노동력 확보와 경제적 동력 제고 및 '자애로운' 국가 위상을 수립하는 데 긍정적인 효과가 있다는 측면과 사회적·경제적 불안을 야기한다거나 본국과의 관계 악화 가능성을 고려해야 한다는 주장으로 나뉜다.

'열린' 난민정책을 시행하는 경우에는 첫째, '계산된 친절(calculated kindness)'이 종종 그 동기가 된다(Loescher and Scanlan 1986). 난민과 이주자들은 수용국 내의 생산을 늘리고 임금 통제를 유도하는 값싼 노동력을 제공하는데, 특히 고등교육을 받은 숙련된 근로자일 경우에는 유입국의 산업 발전에 상당한 기여를 할 수 있다는 기대심리를 갖기 때문이다(Choucri 1993). 이러한 기대는 유입국이 저출산과 인구 고령화로 인한 노동력의 급감과 경제 정체에 대한 고심이 클수록, 그리고 난민 중 젊고 유능한 기술 숙련공이 많을수록 커진다. 2015년에 시리아 난민을 조건 없이 수용하겠다는 발표로 국제사회의 찬사를 받은 독일의 열의도 인도주의적 이유만이 아니라 젊은 노동력이 절실하게 필요한 실용적·현실적인 고려가 반영된 정책적 결정이었다. 반면 개발도상국이나 저개발국의 경우에는 난민 수용으로 인해 국제구호원조를 요청할 수 있고 그 과정에서 난민 구호뿐만 아니라 자국의 경제도 활성화시킬 수 있다는 기대를 갖게 된다(Dreher, Fuchs and Langlotz 2018).

둘째, 난민은 외교정책의 목표를 수행하는 데 전략적 도구로 활용되기도 한다. 미국과 소련의 이념 대립이 첨예했던 냉전기 동안에 난민은 체제의 우월성을 상징하는 '이동 중인 유권자(voters on foot)' 또는 '승리의 트로피'로 환영받았다(Stedman and Tanner 2003). 1960~1970년대에 쿠바, 캄보디아, 에티오피아, 앙골라, 아프가니스탄 등에서 난민은 게릴라전이나 지역전에 휘말려서 직접 싸우거나 볼모가 되었고, 팔레스타인 난민은 이스라엘과 미국에 대한 아랍의 불만을 대변하는 상징적 존재로 각인되었다(Schreier and Sucharov 2016). 과거에 한국 정부가 북한이탈주민(탈북자)들을 '귀순용사', 즉 '올바른 곳(남쪽)'으로 탈출한 용감한 영웅으로 환대한 것도 유사한 맥락이라고 할 수 있다.

셋째, 난민과 유입국 주민들 간의 민족적 유대와 언어적·문화적 유사성은 유입국의 난민수용정책에 긍정적인 영향을 미친다. 대다수 사람들이 알바니아계인 코소보에서 분쟁이 발생했을 때 이웃 국가인 알바니아는 위기가 발생했을 때부터 국경을 열어서 1999년에 43만 5천 명가량의 코소보 난민을 받아들인 바 있다(Roberts 1999). 뒤에서 살펴보겠지만, 중국 정부도 1978년 캄보디아와 베트남의 분쟁을 계기로 30만 명의 난민, 대부분 중국계 베트남인인 호아족을 후원한 바 있다.

넷째, 인도주의와 국제적 이미지에 대한 고려는 글로벌 위상과 규범적 영향력을 강화하고자 하는 국가들이 난민에 우호적인 정책을 시행할 가능성을 높여준다(Barnett and Weiss 2008). 스웨덴의 경우에 2015년에 난민 지위를 신청한 사람이 15만 5천여 명(총 인구의 1.6%)이나 되었음에도 불구하고 난민인정률이 67%나 되었다. 이는 유럽연합의 28개 전체 회원국의 난민인정률인 38%를 훨씬 상회하는 수치였다(European Commission 2016). 스웨덴 정부는 시리아 사태로 2015년 이래 폭증하는 난민으로 인해 망명자 수용에 점점 소극적인 태도를 보이고 있지만 캐나다, 호주와 더불어 여전히 관용과 개방성에 대한 자국의 글로벌 명성을 중시하는 정책을 펴고 있다. 이러한 정책은 이 국가들을 모범적인 중견국가로 각인시키는 기틀이다.

반면 난민을 국가안보의 관점과 연계하여 살펴보면, 첫째, "1명의 난민은 참신(novelty)하고, 10명의 난민은 지루하며(boring), 100명의 난민은 위협이다."(Kent 1953, 172)라고 했듯이 얼마나 많은 수의 난민이 유입되는가는 중요한 척도가 된다. 난민이 대량으로 유입되면 사회적, 경제적, 정치적, 심리적 저항이 발생할 뿐만 아니라 이러한 대규모 유입이 또 다른 유입을 유발하는 빌미가 된다는 우려도 난민의 규모가 국가안보적 이슈인 이유이다(Salehys, Gleditsch and Cunningham 2006). 난민에 대한 강경대응을 기조로 삼고 있는 국가들은 무엇보다도 난민과 이주민이 대규모로 유입되면 경제적·사회적 부담이 된다는 점을 가장 경계한다. 난민은 자국민에게 나누어주어야 할 일자리 및 사회적 자원, 복지 혜택 등을 제한할 수 있는 반갑지 않은 경쟁자로 간주되기 때문이다. 유럽의 난민사태가 점점 심각해지고 있지만 여전히 세계 난민의 84%는 개발도상국에 거주하고 있으며(Edmond 2017), 제한된 자원이나 사회 인프라를 둘러싼 난민과 지역민들 간의 경쟁과 갈등이 가시화되고 있다(Murdoch and Sandler 2004).

둘째, 얼마나 예측할 수 없이 급작스럽게 유입이 이루어지는가 하는 긴박성의 문제(Suhrke 1998), 그리고 얼마나 장기간 머물 것인가 하는 체류기간의 문제도 우려되는 점이다. 일반적으로 2만 5천 명의 난민이 5년 이상 한 지역에 머물 경우에 장기적 혹은 반영구적 체류로 분류한다(Loescher, Betts and Milner 2008). 2017년 12월 기준으로 전 세계 난민의 절반가량이 한 국가에 5년 이상 체류하고 있는데, 수용국들은 이들의 사회통합에 더 많은 투자를 하는 동시에 국경 강화 및 난민 송출을 모색하는 '뉴 노멀(new normal)' 상황을 맞고 있다(Salant 2017).

셋째, 난민사태가 긴급한 인도적 위기상황으로 국제적인 관심과 지지를 불러일으킨다고 하더라도 유입국 내의 정치사회적, 법적, 제도적 요인에 따라 난민 문제가 정치화, 안보화되어 난민 지위를 인정하는 데 부정적인 결과를 가져올 수 있다(송영훈 2015). 이는 국제인권법과 국제규범에 대한 국가(들)의 준수 여부와도 연관되는데, 국가가 왜 국제법과 국제규범을 준수하는가를 설명하는 것보다는 국가가 언제 국제법과 국제규범을 준수하는가 혹은 준수하지 않는가를 규명하는 것과 연관된다(Flowers 2016). 무엇보다도 국가 간의 정치외교적 관계가 난민 수용 여부에 중요한 영향을 끼친다. 대표적인 예로 북한과의 관계를 고려하는 중국은 탈북자들을 예외 없이 불법체류자로 규정하여 강제송환하는 것을 원칙으로 삼고 있다. 혹자는 한 국가가 난민을 배출하는 것은 경쟁이나 갈등 관계에 있는 이웃 국가로부터 정치적·

군사적·경제적 양보를 얻어내기 위해 고의적으로 유도한, 일종의 '억지로 조작된 이주(coercive engineered migration)'의 결과라고 주장하기도 한다(Greenhill 2010). 이 경우에 인도적 측면과 국가안보적 측면의 딜레마가 더욱 악화될 수 있다. 왜냐하면 어떠한 위협이 있더라도 자국민의 안전을 담보하는 것이 한 국가의 국가안보정책이며 난민도 예외가 될 수는 없기 때문이다.

넷째, 유입된 난민이 순수한 민간 피해자인지, 취업 목적의 '가짜 난민'인지, 정치군사적 목적을 가진 반군이나 테러범 혹은 스파이인지에 대한 논란은 수용국 주민들로 하여금 뚜렷한 근거도 없이 난민을 잠재적 범죄자나 일자리를 잠식하는 경쟁자로 치부하게 한다. 수용국이 빈곤과 자원 부족에 시달릴 경우에 지역 주민과의 갈등, 경기침체, 테러의 원인으로 난민은 가장 손쉬운 '희생양', 비난의 표적이 되기 때문이다. 설사 선진산업국에 유입된다고 할지라도 독특한 문화적·사회적·종교적 배경을 가진 난민은 사회적 응집력과 국가 정체성에 대한 도전으로 낙인찍히기도 한다(Lee 2001). 시리아, 이라크 및 여타 아프리카와 중동 국가로부터 난민이 속출하면서 헝가리, 폴란드, 독일, 네덜란드, 이탈리아 등지의 유럽인의 반난민 정서가 강해지고 난민이 자국에 심각한 위협이 되고 있다는 강한 불만과 반발은 종종 민족주의와 외국인 혐오증의 심화로 이어지고 있다. 난민 중 간혹 테러범이나 전염병 소지자가 있을 수 있으나, 난민이나 이주자에 대한 우려와 부정적인 반응은 실제적인 위협이라기보다는 선입견이나 편견 혹은 '만들어진(constructed)' 두려움인 경우가 많다. 그럼에도 불구하고 난민의 안보화와 '두려움(fear)의 정치'는 극우세력의 부상을 촉진하고 정부가 난민 제한정책을 시행하는 '편리한 변명'으로 활용된다(Huysmans 2006).

이상과 같이 우호적인 난민정책의 요인과 난민 유입에 대한 부정적인 견해는 난민 유입국들마다 처한 상황과 역량, 난민 인정 절차의 효율성이나 공정성, 유엔 난민법에 대한 국내법적 해석 차이, 의사결정 방법 등에 따라 다양하게 나타난다. 하지만 한 가지 분명한 점은 대다수 국가들이 인도적 보호 책임보다는 안보와 주권의 관점에서 난민 수용 여부를 결정한다는 것이다. 따라서 난민이 유입, 수용··거부, 정착되는 일련의 과정 및 유입국의 대응 격차를 비교 고찰하기 위해서는 국가 대 국가의 정치외교적 관계, 민족적 유사성과 종교적 요인, 국내의 경제적·사회적 여파, 국제적 위상 등을 종합적으로 고려해야 한다. 왜냐하면 난민은 그 발생 원인을 규명함으로써 규정될 수 있으나 난민 지위의 획득은 유입국이 판정하는 것이므로 난민 인정을 거부당한 비호신청자들에 대해 어떠한 국제적 접근이 필요한지 제시할 필요가 있기 때문이다. 따라서 어떠한 상황과 정책적 고려로 각국의 난민 인정에서 상이한 격차가 나타나는지에 대해 인도적 보호와 인간안보를 근거로 한 국제규범과 주권과 국가안보를 강조하는 정치적 현실 간의 괴리나 긴장관계를 분석하고 고찰하는 것이 중요하다. 이러한 분석은 다른 지역과 비교하여 난민의 수가 적고 난민을 대량으로 수용한 경험도 미천한 동북아시아 주요 3국, 즉 한국, 일본, 중국의 난민 문제와 정부의 대응을 평가하는 경우에도 유용할 것이다.

III. 한국의 난민 문제와 정부의 대응

한국이 직면한 난민 문제는 크게 탈북자 이슈와 외국인 난민 이슈로 구분할 수 있다. 하지만 난민법과 탈북자법이 별도로 존재하는 한국에 정착한 탈북자들을 난민으로 볼 것인가는 법적 검토 및 정책적 고려를 필요로 한다. 중국 등에서의 탈북자에 대한 난민 인정 문제의 경우에는 국제법이 공인하는 난민으로 보아야 한다는 주장이 설득력을 얻고 있으나(손현진 2017), 한국 내 탈북자들을 유엔 난민협약에서 정의하는 난민으로 보기에는 무리가 있다. 헌법상 법적 지위가 대한민국 국민일 뿐만 아니라 한국 정부의 '북한이탈주민의 보호 및 정착지원에 관한 법률'에 따라 난민으로 규정하고 있지 않기 때문이다. 그러나 난민법을 통해 난민인정심사와 지원정책을 제공받는 외국인 난민에 대한 처우 문제는 탈북민들에 대한 보호와 지원에 우선을 두고 있는 한국 정부의 정책과 대비된다. 사실 한국 정부는 2001년 2월에 처음으로 외국인 난민을 인정하기로 결정했다. 이 결정은 1990년대 후반 이후에 중국 내 탈북자들에 대한 강제송환이 국제적 이슈가 되었을 때 중국 정부의 반인도적 행위의 중단을 강력하게 촉구한 한국이 막상 자신들의 땅에서는 단 한 명의 난민도 인정하지 않았다는 국제사회의 비판을 의식한 것이었다.

한국의 난민정책을 살펴보면, 1975년 4월 사이공 함락 이후에 베트남을 떠나 메콩강을 떠돌다 한국 해군함정에 구조된 1,355명이 부산항으로 그해 5월에 입항한 일이 있었는데 이들을 위한 임시체류지를 만들면서 이와 관련된 제도적·정책적 필요성이 대두되었다. 한국은 베트남전에 참여했다는 이유로 처음에는 적극적으로 이들을 구조·수용하는 양상을 보였는데, 이들 중 많은 수가 재베트남 교포나 한국인의 베트남인 배우자나 자식이었다(노영순 2017). 1977년 이후에 보트피플이 늘어나면서 정부는 유엔의 지원 약속에 따라 부산 해운대에 난민보호소를 건립했다. 대한적십자사의 통계에 따르면, 1975~1992년에 누적 합계 약 3천 명의 베트남 난민이 입국했고 그들 중 20% 정

도에 해당하는 600명가량은 베트남 참전 한국 장병을 비롯한 국내 연
고자를 찾아 국내에 정착시켰다. 나머지 난민의 절반 이상은 미국으로
송출되었고, 그 외에 뉴질랜드와 캐나다로 각각 230명 안팎의 난민이
정착지를 제공받아 떠났다. 1993년 2월에 잔류 난민 150여 명이 뉴질
랜드로 떠나면서 부산 보호소도 폐쇄되었다(부산역사문화대전 2018).

1975년부터 20년 동안 UNHCR의 통계상 140만 명가량이 베트남
을 떠나 세계 각지를 떠도는 난민이 된 점을 고려하고 중국이 25만 명,
홍콩이 20만 명, 일본이 8,600명을 각각 정착시킨 것과 비교할 때 한
국이 제공한 정착지의 규모는 작았다(노영순 2017). 또한 대부분의 경
우에 UNHCR의 중재를 통해 대한적십자사와 함께 이들을 제3국에 정
착시켰고 구호비용도 유엔이 부담하는 정책을 추구했다. 주목할 점은
한국 정부가 이 베트남 난민을 국제법이 규정하고 보호하는 난민으로
인정했던 것은 아니라는 것이다. 왜냐하면 한국의 공식적인 유엔 가
입은 북한과의 관계 등으로 인해 1991년 9월에야 이루어졌는데 이에
따라 한국 정부는 1992년에 유엔 난민협약과 난민의정서를 비준했고
1993년에 '출입국관리법'을 개정함으로써 정식으로 난민제도를 도입
했기 때문이다.

한국은 1994년에 출입국관리법에 난민에 관한 규정을 만들어 외
국인 난민 신청을 받기 시작했다. 하지만 2001년에야 최초로 에티오
피아 출신 반정부단체 활동가이자 전도사였던 타다세 데레세 데구
(Tadasse Deresse Degu)에게 난민 지위를 인정했다. 한국이 1992년
에 유엔 난민협약에 가입한 이래 거의 10년 동안 난민 인정을 신청한
외국인은 100여 명이었는데 그중 1명만이 난민으로 인정받은 것이다.
이를 통해 다른 국가들에 비해 난민 신청자 수도 적었지만 법무부의
난민 인정 절차 및 기준도 매우 엄격했던 것을 알 수 있다. 당시 한국

정부는 인권국가로서의 국제적 위상을 높이기 위해 국제난민법에 준하는 조건을 충족하는 비호신청자들에 한해 적극적으로 난민 지위를 인정할 것이라고 밝힌 바 있다(『매일경제』 2001. 2. 13.). 그러나 이러한 결정은 앞서 언급한 대로 중국의 탈북자정책을 비판하는 과정에서 한국이 '제로(0) 난민' 상태인 점을 고려한 정책적 선택이었던 것으로 보인다.

2001년에 UNHCR 한국 사무소를 개소하고 2002년에 1명을 추가로 난민으로 받아들였으며 2003년에는 13명을 난민으로 인정하는 등 그 수가 늘었지만, 난민신청자들이 폭증하는 현실을 감안할 때 한국 정부는 여전히 난민 수용에 매우 소극적이다. UNHCR 통계에 따르면, 2000~2017년에 한국행 난민신청자는 32,641명이었는데 이들 중 파키스탄(4,267명) 신청자가 13.1%로 제일 많았고 이어 중국(3,639명), 이집트(3,244명), 나이지리아(1,826명) 순이었다. 이처럼 난민의 국적이 점점 다양해지고 있다(UNHCR 2017).

2012년에 동아시아 최초로 별도의 '난민법'을 제정하고 이듬해 7월에 시행하면서 당시 한국 정부는 난민신청자의 절차적 권리를 보장하고 국제적인 인권국가로서의 위상 제고를 홍보했다(『한겨레』 2018. 6. 20.). 하지만 2017년에 121명에게 난민 지위를 부여하는 등 이제껏 총 839명만이 난민으로 인정되었다. 1994년에 5명에 불과했던 난민신청자가 2017년에 9,942명으로 거의 2천 배 증가한 것을 감안하면 난민인정률은 오히려 더 낮아지고 있다. 2000~2017년에 UNHCR이 공개한 세계 190개국의 평균 난민인정률은 28.9%이고 OECD 전체 37개 회원국의 평균 난민인정률은 24.8%인 반면 한국은 4.1%에 그쳤다(e-나라지표 2018; UNHCR 2017). 물론 국내의 난민신청자가 매해 수천 명씩 증가하고 있다는 점을 감안해야 하겠지만, 2018년 5월까지 누

적 합계 40,470명의 난민신청자 중 절반 정도만이 심사를 받은 상태
이다. 그리고 난민 지위가 거부된 망명자들은 소송을 되풀이하면서 몇
년을 법적으로나 사회적으로 불안정한 상태에서 지내고 있는 실정이
다(김예경·백상준·정민정 2017). 설사 난민으로 인정받았다고 하더라
도 제3국행을 택하는 경우가 종종 있는데, 이러한 현상은 탈북자들의
경우도 비슷하여 사회적 차별이나 자녀교육의 어려움 및 신변 안전 등
을 이유로 한국 사회에 적응하지 못하고 제3국으로 탈남(脫南)하는 탈
북자들이 늘고 있다(『오마이뉴스』 2015. 10. 14.).

  2018년 6월에 560여 명의 예멘 난민신청자들이 말레이시아-제주
간 직항노선을 이용하여 제주도로 한꺼번에 밀려들었다. 내전과 박해
를 피해 유엔 난민협약국이 아닌 말레이시아로 탈출했으나 난민으로
인정받지 못하고 체류 연장이 불가능해지자 관광객 유치를 위해 2002

표 8-1. 한국의 연도별 난민신청자·인정자 추이

연도	신청(명)	인정(명)	연도	신청(명)	인정(명)
1994~2000년	96	0	2009년	324	74
2001년	37	1	2010년	423	45*
2002년	34	1	2011년	1,011	42
2003년	84	12	2012년	1,143	60
2004년	148	18	2013년	1,574	57
2005년	410	9	2014년	2,896	94
2006년	278	11	2015년	5,711	105
2007년	717	13	2016년	7,542	98
2008년	364	36	2017년	9,942	121

주: 이 표는 법무부 난민과와 법무부 출입국 외국인정책통계연보자료를 정리한 것이다. 2009년까지의 통
계는 난민인권센터 행정정보공개청구 결과이고, 2010년 이후는 e-나라지표(2018년)에서 인용·정리한
법무부 난민과의 연도별 난민 인정 현황이다. 참고로 2010년의 난민 인정 수치는 난민인권센터 행정정보
공개청구 결과에 47명, e-나라지표에 45명이다.

년부터 무비자로 입국이 가능해진 제주를 택한 것이다. 이를 계기로 한국 사회의 난민 문제에 대한 관심이 제고되었으나 수용 여부를 둘러싼 논쟁이 거세졌다. 예멘인들을 난민으로 받아들이기가 힘든 이유는 정부 차원의 엄격한 인정 절차 때문이기도 하지만, 이슬람 종교와 문화를 지닌 이들에 대한 한국 국민 다수의 시각이 생소함을 넘어 배타적·부정적이기 때문이다. 이러한 부정적인 시각을 감안할 때 '외국인 문제'가 외국인 노동자와 한국 사회의 관계에서 발생하는 문제일 뿐만 아니라 외국인이 한국에 유입되어 일으키는 문제로 치부되어 부정적인 인종 편견이 심화될 우려가 있다.

법무부에 따르면, 2017년에 전체 난민신청자의 30%가량이 종교적 이유로 한국에 오려고 할 만큼 종교가 난민 신청의 주요 요인으로 부상하고 있다(e-나라지표 2018). 이슬람교도들이 밀려온다는 한국인의 우려나 편견과는 달리 무슬림에서 기독교로 개종한 것이 박해의 이유가 되어 망명 신청을 한 경우도 있다. 더욱이 외국인이 국내로 들어오면 일자리가 줄어들고 사회 갈등이 심화된다는 것은 사실이라기보다는 가상적 공포로 포퓰리즘 정치가들에 의해 악용될 우려가 있다. 또한 난민신청자가 스마트폰을 소유하거나 소셜 네트워크 서비스(SNS)의 일종인 페이스북이나 트위터를 사용한다는 이유로 가짜난민이라고 주장하기도 한다. 하지만 '아랍의 봄'을 'SNS 혁명'이라고 명명할 만큼 스마트폰과 SNS의 일반화가 중동 민주화 열풍의 기폭제가 되었듯이 난민에게 구글 지도나 GPS는 탈출 루트를 찾고 다양한 정보를 얻는 필수품이라고 반박하는 측도 있다(이신화 2017).

예멘 난민 수용에 대한 찬반 여론이 극명하게 갈린 가운데 난민법 폐지를 주장하는 청와대 국민청원이 64만 명이 넘어서는 등 난민 문제가 주요한 정치사회적 이슈로 급부상했다(『인사이트』 2018. 7. 6.). 한편 한국 정부는 2018년 10월에 난민법상 난민 인정 요건을 충족시키지 못했다는 이유로 난민신청자 484명 전원을 난민으로 인정하지 않았다. 대신 예멘의 내전상황 등을 감안하여 362명에게 1년 동안 체류하면서 일할 수 있고 그 기간을 연장할 수 있는 인도적 체류를 허가했다. 난민으로 인정되면 체류뿐만 아니라 취업도 자유롭고 대한민국 국민과 동일한 수준의 주거시설, 의료 및 교육 혜택을 받을 수 있으며 그 가족도 동일한 대우를 받는다. 인도적 체류자도 의료 및 교육 등에서 난민인정자와 동일한 지원을 받지만 '포괄적 취업활동' 허가를 받은 경우에만 취업이 가능하다(법무부 2017). 이러한 법무부의 결정은 국제사회의 난민심사 기준에 크게 못 미친다는 비판과 더불어 '단순 불인정' 판정으로 강제출국 위기에 처한 34명을 포함한 예멘인들을 국제인권법 기준에 따라 재심사해야 한다는 목소리도 높다. 2018년 12월 14일에 제주출입국·외국인청은 심사결정 대기 중이던 85명 중 2명을 난민으로 인정하고 50명에게 추가적으로 인도적 체류 허가를 내렸다(BBC 2018. 12. 14.). 전 세계적으로 예멘인에 대한 난민인정률은 2017년 UNHCR 통계 기준 58.1%로 상당히 높은 편이다(UNHCR 2018). 하지만 한국 정부는 예멘 난민이 내전의 피해자라고 하더라도 한국 난민법을 기준으로 판단하는 것이 우선이라는 입장을 견지하고 있다.

한국에서 난민 인정이 인색했던 이유는 몇 가지로 설명할 수 있다. 첫째, 대다수 난민이 발생하는 국가들은 중동이나 아프리카 혹은 남아시아 지역에 있어서 상대적으로 거리가 멀고 문화적·종교적 차이도 크기 때문에 세계 난민 문제의 심각성을 고려하더라도 한국행 비호신청자의 수는 많지 않았다. 따라서 예멘 난민사태가 사회적 논란거리로 부상하기 전까지 난민 문제는 정치사회적 현안으로 떠오르지도 않았다. 더욱이 민족동질성에 대한 자부심이 강한 한국인에게 '남의 이야기'였던 난민 문제가 사회적으로 별다른 준비나 공감대가 형성되기도 전에 급부상하면서 외국인 난민에 대한 부정적 인식이나 우려 및 거부감이 커진 것이다.

둘째, 정부 차원에서도 난민 수용에 대한 원칙이나 전문지식 및 실질적인 제도적 장치 없이 난민 인정 사유로 정치외교적 고려가 앞서왔다. 그동안 역대 한국 정부는 인권국가로서의 국제적 위상 제고를 난민 인정의 이유로 내세워왔지만, 2013년 난민법의 시행은 한국이 같은 해에 UNHCR 집행이사회 의장국으로 선출된 것과 무관해 보이지 않는다. 또한 중국 정부에 대해 재중 탈북자의 난민 인정과 강제송환과 관련한 법적 보호 방안을 촉구하기 위한 대의명분을 쌓는 차원에서의 정책적 선택인 것으로도 해석된다.

셋째, 1994~2017년에 가족 재결합이 법무부의 난민 인정 사유 중 가장 많았는데(32.4%), 이는 난민으로 인정받은 경우에 배우자와 미성년 자녀까지 난민으로 인정해주기 때문이다. 그다음으로 정치적, 인종적, 종교적 이유 순이었으나, 2009년 이후에는 어떤 이유에도 속하지 않는 '기타'의 비중이 커지고 있다(31.6%). 따라서 그동안 단 한 번도 '기타'를 난민 인정 사유로 받아들이지 않았던 법무부의 판단기준에서 볼 때 난민 인정은 어려울 수밖에 없다. 더욱이 신청자 수가 급증하는 데 비해 담당심사관의 수는 턱없이 부족하여 2017년에 난민 신청 9,942건을 37명의 심사관이 맡아 처리한 실정이어서 심사 결과가 나오기까지의 소요 기간이 7개월 이상 걸리는 등 제대로 된 심사가 힘들어서 난민 인정이 일종의 '로또'가 되고 있다는 비판도 있다(『SBS』 2018. 7. 7.).

넷째, 최근 들어 난민에 대한 인도적 지원과 보호, 국제사회의 책

임 분담 동참, 정착 가능성 등에 대한 균형적 고려를 통해 난민을 이민
자를 대상으로 하는 사회통합정책 내에 포함시켜 수용해야 한다는 학
술적·정책적 제언이 나오고 있다(조영희 2017). 그러나 한국 정부는
여전히 탈북자들에 대한 정착 지원에 우선순위를 두고 있어 외국인 난
민의 수용을 위한 예산 및 행정절차의 마련 등에는 미흡한 실정이다.

IV. 일본의 난민 문제와 정부의 대응

일본은 심각한 인구 부족 현상에 직면하여 점차 합법적 이민과 외국인
들의 입국에 관대한 정책을 표방하는 반면 난민 수용에는 한국의 경
우보다 더욱 엄격하고 인색한 입장을 갖고 있다. 일본은 1981년에 아
시아 최초로 유엔 난민협약과 난민의정서에 가입했고 1982년에 난민
인정제도를 공식적으로 도입했다. 또한 2010년에 지구촌 국가들의 책
임 분담으로 난민 문제를 영구적으로 해결한다는 취지의 재정착난민
제도를 아시아에서 처음으로 도입했다. 일본에서 난민 신청을 한 외국
인이 6개월 이후부터는 일자리를 찾아 나설 수 있는 이 제도가 시행되
자 2013년에 19명이었던 인도네시아 난민신청자가 2017년에 2,038명
으로 늘어나는 등 필리핀, 베트남, 스리랑카, 네팔, 인도네시아 등지에
서 수천 명이 몰려들었다(『아사히신문』 2018. 2. 14.). 이에 따라 일본
정부는 2018년부터 난민제도를 취업 목적으로 악용하려는 가짜난민
을 통제한다는 취지하에 2010년에 도입된 제도를 변경하여 난민 인정
기준을 강화하는 정책을 실시하고 있다. 따라서 법무성에 의해 난민법
상 박해 사유가 명확하지 않은 경우로 판단되면 구직이 불가능하게 되
었다(김고은 2018).

　　난민 인정 여부를 관할하는 법무성 입국관리국은 난민신청자 대부분이 취업을 목적으로 한다고 간주하여 이들을 보호 대상이라기보다는 관리 및 감시 대상으로 다룬다는 비판을 받기도 한다. 일본에 입국한 망명신청자들은 철창과 감시카메라가 있는 시설에 강제수용되어 기약 없이 난민 인정 결과를 기다려야 한다(이진석 2018). 〈표 8-2〉에서 살펴볼 수 있듯이 2001~2017년에 일본의 난민신청자들은 한국의 난민신청자들보다 훨씬 많았지만 난민으로 인정받기는 더욱 어려웠다. 2017년 한 해 동안에 일본에 망명을 신청한 19,623명 중 20명, 즉 0.2%의 난민인정률을 기록하여 OECD 다른 국가들의 난민인정률에 비해 현저히 낮았고 이스라엘 다음으로 낮게 나타났다(UNHCR 2017).

　　특히 2016년에 망명신청자 수가 10,900여 명이었던 것에 비해 2017년에는 거의 두 배가량 증가했음에도 불구하고 난민인정자는 28명에서 20명으로 오히려 감소했다. 일본 정부는 유엔 난민법에 근거하

표 8-2. 일본의 연도별 난민신청자·인정자 추이

연도	신청(명)	인정(명)	연도	신청(명)	인정(명)
2001년	358	26	2010년	1,202	39
2002년	250	14	2011년	1,867	21
2003년	336	10	2012년	2,545	18
2004년	426	15	2013년	3,260	6
2005년	384	46	2014년	5,000	11
2006년	954	34	2015년	7,586	27
2007년	816	41	2016년	10,901	28
2008년	1,599	57	2017년	19,629	20
2009년	1,388	30	2017년	9,942	121

주: 일본 난민지원협회의 웹사이트에 인용된 법무성 입국관리국의 자료를 요약·정리한 것이다(難民支援協会 2017).

여 판단한 것이라고 발표했지만, 난민 인정의 벽이 너무 높고 당연히 인정받아야 할 망명신청자들이 누락되거나 외면받았을 것이라는 주장이 많다. 한 예로 2017년에 미얀마 정부의 박해와 처벌을 피해 일본에 들어와 난민 신청을 한 로힝야족 120명은 명백한 난민 인정 자격을 갖추었음에도 불구하고 19명만이 난민 지위를 획득했다. 일본 역시 한국과 마찬가지로 인도적 체류허가제가 있지만 이 허가를 받는 것 역시 매우 어려운 실정이다(김고은 2018).

일본의 경우에도 한국의 상황과 유사하게 난민 인정을 받더라도 정착지의 자원이나 시스템을 제대로 파악하지 못하고 사회적 무관심과 차별이 심해 고립되거나 제3국으로의 망명을 모색하는 난민이 종종 있다. 이러한 가운데 2018년에 이바라키현 난민수용시설에 난민 지위를 인정받지 못하고 장기간 수용되어 있던 4명이 자살했지만, 외국인에 대해 배타적인 '난민쇄국'을 표방하는 일본의 반난민정책은 점차 강화되고 있다(이진석 2018).

주목할 점은 일본의 경우에 난민의 자국 수용에는 님비(Not in My Backyard, NIMBY)적 태도를 보이는 대신 지구촌 난민 문제에 대한 재정적 지원 및 일본인의 인도적 활동을 위한 교육 및 지원에 대해서는 관대한 정책을 펴고 있다는 것이다. 일본은 지난 수십 년간 전 세계의 난민 구조나 재정착 프로그램의 주요 기부자이고, 일본의 외교관 출신인 오가타 사다코(緒方貞子)는 1991~2000년에 UNHCR의 고등판무관이었다. 아베 총리는 2015년 9월에 유엔 총회에 참석하여 난민 문제는 국제사회가 연대하여 해결할 문제라고 규정하면서 적극적인 난민 수용 및 지원을 촉구했다. 또한 세계 난민을 위한 지원금으로 전년 대비 세 배 증가한 미화 8억 1천만 달러를 약정하면서 회원국 대표들의 찬사를 받았다. 하지만 그 직후에 열린 기자회견에서 아베 총리는 난민과 이주민을 일본에 받아들이기 전에 국내총생산(GDP)을 올리고 사회안전망을 강화해야 하며 여성과 고령자 인력을 활용하는 방안 및 저출산 문제부터 우선적으로 해결해야 한다는 입장을 밝혔다. 그러면서 일본은 시리아 등에 대한 경제 지원으로 충분한 책임을 다하고 있다고 강조했다. 아베 총리는 2018년 5월에 시리아 난민이 가장 많이 체류하는 요르단과 레바논에 1천만 달러를 지원하기로 약정했고 세계은행 인도지원기금에도 6,500만 달러를 지원하고 있다(MFJA 2018). 또한 일본은 중동, 아프리카, 아시아 등의 현지 난민촌에서 활동하는 일본 민간단체들에 대한 재정적·행정적 지원을 하는 한편 일본 대학교들이 난민 지원의 선봉장 역할을 할 수 있는 인재 양성을 위한 프로그램이나 학과를 개설하고 운영하는 것을 지원해왔다. 실제로 이러한 프로그램을 수료하거나 대학을 졸업한 학생들이 세계 도처의 분쟁지역이나 취약지역에서 활동하고 있다(호사카 2018).

　이렇듯이 일본 정부는 난민을 직접 수용하기보다는 난민이 발생한 지역에 대한 재정적·인적 지원이나 후속사업 등을 강화하는 이중적 난민정책을 표방해왔다. 그 결과 일본은 미국, 독일, 유럽연합에 이어 세계에서 네 번째로 규모가 큰 난민지원국임에도 불구하고 국제사회로부터 난민 문제를 '돈으로 해결'하고 난민 구호 노력에 찬물을 끼얹는 태도를 보인다는 비판을 받았다(The Guardian 2015. 9. 30.). 더욱이 아베의 유엔 총회 발언도 안보리 상임이사국으로의 진출 가능성을 높이고 평화헌법의 개정과 관련한 국제사회의 비난 여론을 무마하기 위한 의도라는 비판적 해석이 많다.

　하지만 1975년 5월에 126명의 난민이 미국 국적 선박을 통해 일본에 처음 입항한 이래 일본도 베트남 난민 위기가 발생했을 때는 한국보다 여섯 배 많은 1만 8천여 명의 인도차이나(베트남, 캄보디아, 라

오스) 난민을 임시 수용했고, 그들 중 8,600명을 정착시켰다(노영순 2017). 특히 일본에 정착한 첫 번째 베트남 난민이었던 루 핀 차우(劉涼珠)는 일본에서 가수로 데뷔하여 인기를 끌기도 했다(이진석 2018). 그러나 일본이 당시 난민 위기 직후부터 자진하여 수용정책을 폈던 것은 아니었다. 베트남전에서 전쟁경기로 막대한 돈을 벌고도 보트피플의 기항을 거부하여 국제적 비난을 받은 이후에(『중앙일보』 1977. 10. 1.) 국제사회에서의 경제적 지위에 걸맞은 인도주의적 책임에 대한 부담 및 난민 수용을 통한 국제적 위상의 제고를 염두에 둔 전략적 조치였다고 평가된다.

한편 일본 거주 탈북자는 200여 명으로 알려져 있는데, 이들 대부분은 일본 정부의 특별한 지원이 없어 경제적 고충을 겪으면서도 일본 사회 내에서의 부정적인 대북한 인식, 북한에 있는 가족의 신변 우려 등으로 인해 신분을 감추고 살고 있다(『자유아시아방송』 2016. 1. 18.). 일본의 탈북자정책이 국제사회의 비판거리가 되었던 것은 2002년 5월에 중국 선양 소재 일본 영사관에 진입하려는 탈북자들을 중국 공안이 강제로 연행해 가는데도 일본 영사관 측에서 아무런 조치도 취하지 않았을 때였다. 당시 중국 공안의 행위를 두고 일본 내 우익언론들은 주권 침해와 국제법 위반이라고 비판했지만 중국 정부는 일본 부영사의 동의하에 이루어진 일이라고 반박하여 중일 간의 외교 이슈로까지 비화되었다. 일본 영사관의 결정이 비인도적인 처사였다는 비난이 들끓자 일본 정부는 탈북자들이 난민 신청을 할 수 있도록 했으나, 신청 자격을 일본 거주 경험이 있는 조총련계 탈북자들로만 국한했다(오수열·김주삼 2006).

한편 2006년 6월에 일본인 납치 문제와 북한 내 인권 문제에 대한 일본의 입장을 밝힌 일명 '북한인권법'을 발효시켜서 탈북자 지원에 대한 규정을 포함했으나 탈북자에 대한 난민 인정 여부에 대한 내용은 담지 않았다. 2010년에 민주당이 집권하면서 재중 탈북자들 중 조총련계 귀환자뿐만 아니라 다른 탈북자들의 수용도 추진했다. 그 배경에는 탈북자들을 통하여 일본인 납치 문제를 비롯한 북한 내부 정세를 파악하고자 하는 정치적 의도가 있었다. 하지만 난민 수용에 인색한 일본이 탈북자들에게만 예외를 보일 것인지가 불확실했고, 북한이 핵개발을 포기하지 않으면 인도적 지원을 하지 않겠다는 일본 정부의 입장이 탈북자 문제를 다루는 것과 어떻게 연계될 수 있는지도 불분명했다(이신화 2010). 아베 정권도 현재까지 계속 북핵 문제에 관한 강경한 입장을 견지하면서 탈북자 문제를 포함한 모든 북한 관련 영역에서 일관된 정책을 고수하고 있다. 특히 일본은 탈북자 문제를 비롯한 북한 내 인권 문제와 관련하여 2004년 이래 유엔 총회에서 대북인권결의안에 대한 공동제안국 역할을 유럽연합과 함께 담당해왔다.

또한 일본은 1990년대 후반에 북한의 급변사태로 인해 대량탈북이 발생할 경우 30만 명가량이 해상을 통해 일본으로 밀려들 것에 대비하여 정책안을 마련했다. 그 안에 따라 한반도 유사시 대규모 난민 사태가 발생하면 한시적으로 이들을 일본에 수용한다는 방침을 정한 것으로 알려졌다(윤태형·이수형 2002). 2018년 12월 현재 일본 정부가 추가적으로 북한의 급변사태와 관련하여 대비 방안을 마련했다는 소식은 없으나, 대량탈북에 대해 탈북자들의 인권이나 인도적 측면에서 관심을 갖기보다는 이들 중 일본인 납치자들이 포함되어 있을 수 있다는 가능성에 초점을 둔 것으로 보인다. 중국과 한국의 경우에 대량탈북사태가 발생하더라도 일본이 직접적으로 개입하기보다는 재정적인 지원을 제공하기를 기대할 것으로 보인다.

요약하면, 첫째, 일본은 인구 감소와 고령화로 인해 심각한 노동

력 부족 현상에 처해 있음에도 불구하고 난민을 자국에 수용하는 것에
는 여전히 매우 소극적이다. 이는 오랫동안 견지해온 배타적 이민정책
에서 벗어나 2018년 12월에 외국인 노동자를 대폭 수용하는 출입국관
리법안을 통과시켜서 2019년 4월부터 향후 5년간 34만여 명을 받아들
이겠다고 발표한 것과 대조적이다(『조선일보』 2018. 12. 10.). 1999년
에 설립된 일본의 난민 지원 NGO인 난민지원협회는 2003년 이래 난
민법 제정을 꾸준히 추진해왔으나 여전히 이루지 못하고 있다(難民支
援協会 2017). 이렇듯이 인색한 일본의 난민정책은 난민 보호보다는 통
제에 역점을 둔 일본 정부의 강한 입장에서 비롯되었다. 특히 UNHCR
이 국제법상 규정하고 있는 난민 기준을 충족하는 경우에도 법무성은
매우 엄격한 심사과정을 통해 대부분의 난민 신청 사유를 취업 목적으
로 판단하고 가족 재결합도 난민 인정 사유의 중요한 척도로 판단하
지 않는다(The Japan Times 2018. 5. 21.). 또한 심사과정에서 난민 신
청자들에게 충분한 기회가 주어졌는지, 공정한 절차가 이루어졌는지,
신청서가 거부된 경우에 그 이유가 무엇인지 등에 대한 논란과 비판
도 많다.

　둘째, 한국과 마찬가지로 민족적·문화적 동질감이 강한 일본의
사회적 풍토 및 난민에 대한 부정적 인식이나 편견이 공공 안전에 대
한 두려움과 연결되어 이들을 받아들이는 것에 대한 거부감이 크다.
일본인은 다른 국가들이 세계 난민 문제를 위해 골머리 앓고 있는 것
에 대해 일종의 무임승차나 님비현상을 보이고 있을 뿐만 아니라 난민
이 일본 사회에 직접적인 위협이 되는지의 여부에 관계없이 만들어진
'위협 프레임'에 민감하거나 취약하기 때문에 적극적으로 난민을 수용
하기가 어렵다(Horiuchi and Ono 2018).

　셋째, 일본 정부는 난민 문제를 '아웃소싱'하여 금전적 해결방법

을 모색하는 경향을 보인다. 이는 난민 문제와 관련하여 일본 정부가 국제사회에서의 국가 위상을 고려한 정책 방안이지만, 인권단체들은 자국 정부가 유엔 난민법에서 규정하는 '박해'를 지나치게 엄격하게 해석함으로써 난민 인정 기준을 충족하는 사람들까지 거부한다고 비난한다(The Japan Times 2018. 5. 21.). 결국 한 국가의 난민정책은 어떤 상황하에서 국제규범을 준수하는가에 대한 문제와 연계되어 국제규범과 국내규범의 상충 정도, 국가 정체성과 국제적 정당성(international legitimacy)을 동시에 추구하는 국가적 욕망과 정치외교적 고려, 국내 인권단체들의 영향력 등이 복잡하게 상호작용한 결과이다. 일본의 경우에는 국내적 규범과 국가 정체성이 더 강하게 작용하여 난민 수용에 소극적인 정책을 펴고 있는 것으로 판단된다(Flowers 2009).

V. 중국의 난민 문제와 정부의 대응

중국은 1982년 9월에 유엔 난민협약과 난민의정서를 비준했지만, 난민 수용을 위한 국가 차원의 법적·제도적 장치는 부족하다. 1985년 11월에 자체적으로 '중화인민공화국 외국인 출입경관리법'을 제정했지만 망명을 신청하는 난민 관련 사항을 이에 포함시키지 않았다. 2012년이 되어서야 새로운 '출입경관리법'을 개정하여 외국인들은 이듬해 7월부터 난민 인정 신청을 하면 심사기간 중에 한하여 임시신분증을 발급받고 중국에 체류할 수 있게 되었다. 다른 국가에서처럼 난민인정자들은 신분증명서를 받고 거주할 수 있으나 난민 지위를 결정하는 절차는 여전히 불투명하고 이 절차에 UNHCR이나 국제기구가 참여하는 것을 거부하고 있다(Song 2016). 2017년 12월 기준으로 30

만 1,700명가량의 난민이 중국 내에 거주하고 있다. 하지만 이들 대다수는 1970년대 후반에 유입된 베트남 난민(30만 895명)이고, 나머지 난민은 그 이후에 중국에 거주하게 된 소말리아인(182명), 나이지리아인(86명), 이라크인(52명), 라이베리아인(45명), 기타(362명) 등이다(UNHCR 2018).[1]

중국의 난민정책은 지난 30여 년에 걸쳐 베트남, 미얀마, 북한, 시리아 등으로부터 탈출한 망명신청자들에 대한 중국 정부의 상이한 대응을 통해 보다 구체적으로 고찰할 수 있다. 우선 중국 정부는 1970년대 후반에 인도차이나 반도에서 발생한 30만 명에 달하는 난민을 수용했다. 주로 중국계 베트남인으로 구성된 이들은 캄보디아(1978년)와 중국(1979년)과의 전쟁 및 베트남에서의 박해를 피해 도망 나왔다. 당시 하루에 4~5천 명에 달하는 난민을 받아들였고 이들의 탈출을 돕기 위해 비무장 선박까지 보내는 등 적극적인 난민수용정책을 펼쳐서 "난민도 잘살 수 있다(Refugee Can Prosper)"는 희망을 준 것과 더불어 2006년에는 안토니오 구테레스(Antonio Guterres) 당시 UNCHR 고등판무관(현 유엔 사무총장)이 이를 '세계에서 가장 성공한 통합프로그램'으로 명명한 바 있다(Ibsen 2014).

이와 같이 중국 정부가 베트남 난민을 적극적으로 받아들인 요인으로는 우선 국가 간의 정치적 관계를 꼽을 수 있다. 중국과 베트남은 1960년대까지 상호 원조를 주고받는 '좋은(good)' 관계를 맺고 있었다. 그러나 1970년대 미소 냉전기 대립 구도하에 나타난 군사적·경제적 원조와 관련한 갈등 속에서 베트남은 소련 편에 서게 되었다. 베트남은 1978년에 학살정권인 크메르 루즈를 응징한다는 명목으로 캄

---

1   중국의 역대 난민신청자·인정자 수치는 한국과 일본의 경우와 달리 집계된 수치나 기준 등이 출처에 따라 달라서 본문에 포함하지 않았다.

보디아를 침공했는데, 당시 중국은 크메르 루즈 정권을 지지하고 있었다. 결국 중국이 베트남 공산정권이 중국계 베트남인을 박해한다는 이유로 1979년에 베트남을 침공하면서 인도차이나 반도 분쟁은 절정에 달했고 중국과 베트남의 관계는 악화일로를 걷게 되었다(Parameswaran 2018). 그렇기 때문에 중국은 베트남 난민을 대거 받아들여 베트남 정권에 망신 주기, 이른바 '네이밍 앤 쉐이밍(naming and shaming)을 한다는 전략적 차원에서 난민 수용에 매우 적극적이었다.

또 다른 요인으로 민족적 친화감을 들 수 있는데, 1975년 이래 베트남 공산정권은 북부지역의 중국계 호아족의 재산을 몰수하고 경제적 기회나 관직 등에서 그들을 차별했고 중국은 이를 구조적 박해라고 비난했다. 중국은 호아족 난민을 '형제 동지', '귀환자'라고 칭하면서 중국 사회에 환대하여 수용함으로써 민족적 유대감을 회복하는 정책을 시행했다(Lam 2000). 또한 경제적 고려도 중요했는데, 호아족은 사이공 함락 이전에 베트남의 사적 상권과 무역의 70~80%를 차지한 부호들이었고 고학력자 및 고기술 숙련공들이 많았다. 이들은 베트남전에서 베트콩 쪽으로 승세가 기울어지기 시작하자 자산을 중국 등 해외로 빼돌렸기 때문에 이들을 받아들이는 것은 경제적·사회적인 면에서도 중국에 이득이 되었다. 더욱이 대규모로 난민을 받아들임으로써 유엔과 유럽연합 등의 국제원조를 장기적 플랜으로 받을 수 있게 되었고, 이를 난민 구호뿐만 아니라 자국의 경제 및 사회 발전에도 활용할 수 있는 기반으로 만들었다(Lam 2000).

이에 더해 국제적 위상에 대한 고려도 들 수 있다. 1949년에 중국 본토를 통일했지만 국제사회에서 대만의 위상은 여전히 컸고 중국 공산당 정부의 국제적 지위는 취약한 면이 많았다. 이에 호아족을 받아들임으로써 인도주의를 지향하는 온화하고 책임 있는 이미지를 고양하는 한편 민족 간의 유대를 강조함으로써 동남아를 비롯한 세계 전역에 흩어져 있는 범민족 화교공동체로부터 중국의 합법적인 정치적 실체로서 정당성을 인정받는 계기로 삼고자 했다(Lesh 2017).

둘째, 미얀마 난민에 대한 중국 정부의 대응은 크게 두 가지 사건에서 상이한 차이를 보였다. 2009년 8월에 미얀마 북부 중국과의 접경지역인 샨 지방에 거주하고 만다린을 사용하는 한족 계열인 3만 명의 코강족이 미얀마 정부군의 공격을 피해 중국 쪽으로 탈출했다. 중국 정부는 미얀마 정부가 아무런 사전통보 없이 공격해서 국경지역을 불안하게 했다고 즉각 비판 성명을 내고 코강족을 받아들였다. 하지만 그들에게 난민 지위를 부여하지는 않고 일시적인 체류만을 허가했고 미얀마 정부로 하여금 '국내 문제'를 하루속히 해결하여 국경지역의 안정을 보장하라고 촉구했다(Jolliffe 2015).

한편 2011년 6월에 미얀마 정부와 내전 중인 미얀마 북부 중국과의 접경지역인 카친 분리주의 반군 1만 명이 중국 쪽으로 탈출했다. 이 내전의 원인으로 중국계 회사가 카친 지역에 건설 중인 수력 댐에 대한 카친 주민들의 불만도 한몫했다. 중국 정부는 미얀마 정부가 카친 주민들을 소탕하기 위해 접경지역을 침공한 것에 대해 아무런 성명도 발표하지 않았다. 그뿐만 아니라 UNHCR이 난민이라고 인정한 카친 망명자들에 대해서도 인도적 지원을 거의 제공하지 않았고 2011년 11월과 2012년 8월에 이들을 강제송환했다. 중국 정부는 2013년 3월에 예외적으로 3천 명의 카친 난민을 수용했고 그들 중 80명을 2016년 11월에 난민으로 인정했을 뿐이다(Jolliffe 2015).

중국 정부의 미얀마 난민에 대한 상이한 대응은 국가 간의 정치적·경제적 관계를 통해서도 파악할 수 있다. 1949년에 중국 공산정권이 수립된 이후 미얀마가 중국에의 의존도를 줄이고 서방세계와 유대를 맺고자 노력함으로써 중국과 미얀마는 상호 불신하는 관계가 되었다. 1966~1976년 중국의 문화대혁명 시기 이후에 양국 관계는 조금씩 개선되기 시작했다. 미얀마는 1988년에 군부의 시위대 진압으로 수천 명이 사망한 사건 이후에 국제 고립이 심화되면서 중국과의 관계 개선에 적극 나서게 되었고 같은 해에 개방된 접경지역에 대한 무역정책에 상호 합의했다. 미얀마와의 접경지역인 중국의 윈난성에는 대부분 한족이 아닌 소수민족이 살고 있고 미얀마로부터의 마약밀매가 성행하여 국경안보가 문제시되었다. 더욱이 그 지역에서 1990년대에 천연가스가 발견되면서 양국 간의 경제적 관계는 긴밀해졌다. 중국은 2007년 1월에 유엔 안보리의 미얀마에 대한 인권결의안에 거부권을 행사했고, 2009년에 양국은 석유 및 천연가스 파이프라인의 공동 건설에 합의했다. 그러나 국가 간의 경제적 관계에 대한 고려는 그다지 크게 작용하지 않았다. 왜냐하면 2011년 이후에 중국은 석유와 천연가스 파이프라인과 관련한 무역량이 늘어났음에도 불구하고 미얀마 정부의 공격을 비난하면서 코캉족을 수용했기 때문이다(Jolliffe 2015).

한편 국경안보 측면에서 미얀마 난민은 중국에 위협적이다. 특히 난민의 이동은 마약밀매를 촉진할 수 있고 천연자원의 공동발굴 프로젝트를 수행하는 데 방해가 된다는 점에서도 원치 않는 손님이다. 이러한 점 때문에 중국은 2015년 12월에 미얀마 정부와 반군들 간의 평화협상을 중재하고자 노력했고, 장기화되고 있는 카친 분쟁이 자국의 투자 이익과 접경안보를 위해 해악이 되기 때문에 분쟁의 종결을 위한 조치가 취해져야 한다고 강조했다. 이는 중국이 오랫동안 견지해온 비개입정책에 위배되는 입장 표명이었다. 그러면서도 접경지역의 안정과 국제 평판을 고려하여 미얀마 정부 측과 반군 측을 동시에 포용하는 식의 이중적(two-timing) 전략을 견지했다(Song 2018). 이에 더해

지정학적 이해관계도 고려요소가 되었다. 2003년 5월에 미국이 미얀마의 유나이트 와 스테이트(United Wa State) 군부를 불법마약조직이라며 비난하자 중국은 미얀마에 대한 미국의 개입 가능성을 견제하기 시작했다. 또한 2010년대에 들어서 미국이 미얀마의 인종분쟁에 대한 우려 등을 표명하는 빈도수가 늘자 이것이 중국의 지역 강국으로서의 지정학적 이해관계를 훼손시킨다고 판단하여 보다 적극적으로 미얀마 내전에 중재적 역할을 모색했다. 또한 2015년 12월에 미국 대사가 카친 지역을 방문한 직후에는 미얀마 정부와 카친 반군 간의 평화협상을 주선했다(Thompson 2009).

반면 민족적 유대감은 미얀마의 경우에 그다지 크게 고려되지 않은 것으로 보인다. 비록 코강족이 같은 언어를 구사하는 중국계이지만 베트남의 호아족과 달리 적극적으로 수용하거나 중국 사회에 통합하지 않았고 일시적인 체류 허가를 내준 후 대다수 난민을 미얀마로 돌려보냈다. 즉, 이들을 받아들였던 이유는 같은 한족이기 때문이 아니라 미얀마 정부에 대한 반발과 경고 차원이라는 정치외교적인 요인 때문이었다. 더욱이 이들은 호아족과 달리 가난하고 배우지 못한 농민들이었으므로 오히려 중국 사회에 경제적·사회적 부담이 된다고 판단했던 것이다(Thompson 2009).

셋째, 탈북자에 대한 중국 정부의 입장은 1970년대와 1980년대에는 북한 탈북자의 존재를 부정하고 북한 정부와 조용한 양자적 해결책을 모색하는 것이었다. 1990년대 중반까지도 이러한 기조하에 공식적으로는 부정하거나 거부하면서도 일시적으로 중국에 체류하거나 제3국으로 향하는 것을 묵인했다. 하지만 1990년대 후반에 들어서 '기획망명'이 가시화되어 탈북자 문제가 세계적인 이목을 끌게 되자 중국은 탈북자들이 예외 없이 모두 불법경제이주자라고 단언하고 엄격한 단속정책을 펴서 강제송환하기 시작했다. 북한으로 돌아갈 경우에 처벌을 받거나 노동교화소 등에서 고충을 받는 박해의 위험, 즉 국제 난민법에서 난민으로 인정하는 기준이 되는 조건이 존재하는데도 강 제송환을 한 것이다. 국제사회의 비판이 이어졌음에도 불구하고 중국 은 이러한 방침을 바꾸지 않았다. 이러한 중국 정부의 입장 역시 북한 과의 정치적 관계를 고려한 측면이 강하다. 왜냐하면 북한과의 혈맹관 계, 그리고 탈북자를 인정할 경우에 북한 정권의 정치적 정당성이 훼 손될 수 있다는 정치적 우려가 중국으로서는 국제적 비판보다 더욱 중 요했기 때문이다. 또한 1962년의 조중 국경조약에 의해 불법이주자들 을 본국으로 송환한다는 정당성을 내세운 것은 접경지역의 불안을 해 소하는 것이 중국에 중요한 고려요소로 작용한 때문이라고 볼 수 있다 (Robertson 2017).

　　한편 중국 북동부지역인 지린성과 랴오닝성 주변에는 20~30만 명의 탈북자가 거주하는 것으로 추산된다. 이들의 규모가 커지고 체류 기간이 장기화할 경우에 16개국과 국경을 맞대고 있는 중국으로서는 '난민 도미노' 현상이 생길 수 있다고 우려할 수 있다. 이에 더해 조선 족이 많이 체류하고 있는 중국 북동부지역 주민들의 불만이 대량탈북 으로 인해 커질 수 있고 인구 분포가 바뀔 수 있다는 사회적 요인도 탈 북자들에 대한 강력한 통제정책에 일조했다. 대량탈북사태 시에 중국 이 자국의 국가안보를 위해 국경을 폐쇄하거나 재중 탈북자들을 빌미 로 북한의 상황에 개입할 경우에 한·북·중·미가 복잡하게 얽힌 갈등 및 분쟁으로 비화할 수 있다. 북한 정권의 몰락으로 한국 주도의 통일 이 이루어져서 친미 성향의 통일한국이 들어서거나 북한 영토에 잔존 할 핵무기와 대량살상무기의 처리 문제로 인해 미중이 맞붙을 가능성 이 북한 급변사태와 연계된 중국의 전통안보적 문제라면, 대량탈북으

로 인한 경제적 부담과 사회 혼란에 대한 우려는 중국의 비전통안보적
위협이다.

혹자는 북한이 핵 문제와 관련하여 중국과의 협상력을 제고하기
위해 탈북자를 역으로 이용할 수 있다는 주장을 펴기도 한다. 즉, 미국
이나 국제사회가 비핵화 압박을 강하게 할 경우에 경제적 고충으로 인
해 더 많은 탈북자가 중국으로 갈 수 있고 북한에서 급변사태가 날 경
우에 대량의 탈북 난민이 중국 쪽으로 밀려들면 중국으로서는 '탈북자
공포(fear of outflow)'를 우려할 수밖에 없을 것이라는 주장이다. 이
주장에 따르면, 잠재적으로 파괴적인 영향력을 가진 인구이동에 대한
공포가 강대국까지도 자국의 전략에 협조하게 할 수 있기 때문에 약소
국이 상대적 영향력을 행사할 수 있다는 것이다(Greenhill 2010). 그러
나 한 국가를 유지하고 발전시키는 데 인구는 가장 중요한 요소이기
때문에 한국의 5천만 명 인구 대비 절반 정도인 2,500만 명가량의 인
구를 보유한 북한이 이러한 잠재적 가능성만 믿고 자국민을 유출시키
는 전략을 구사할지는 의문이다.

요약하면, 중국의 비일관적이고 상이한 난민 대응은 난민 출신국
과의 정치외교적 관계에 대한 고려를 통해 가장 설득력 있게 설명된다
는 것을 확인할 수 있다. 난민 배출국과의 경제적 협력관계 수준은 중
국 정부의 난민 인정 여부에 결정적인 영향을 끼치지 않은 것으로 보
인다. 중국은 미얀마와의 천연자원 공동프로젝트로 무역량이 늘어났
지만 미얀마 정권의 급작스런 접경지역 공격에 반발하여 코캉족 난민
을 받아들였다. 북한의 경우에 무역량은 중국의 경제 규모 등을 고려
할 때 아주 미미함에도 불구하고 양국 간의 정치외교적 관계를 고려하
여 강제북송을 한 것은 미얀마의 경우와 대비된다. 한편 인종적 유대
감이 종교적 요소보다는 중요하게 고려된 것으로 보이지만, 중국 내에

적극적으로 통합시킨 호아족과 달리 임시수용만을 허락한 코강족에 대한 중국의 정책에는 자국 내의 경제적·사회적 이득관계라는 실용적 이유가 민족이라는 감정적 부분보다 중요하게 작용했음을 알 수 있다.

　현재 중국 정부는 UNHCR이나 국제 NGO들이 촉구하는 미얀마나 탈북자에 대한 난민 지위 부여 혹은 강제송환 금지에 대해 반응을 보이지 않고 있다. 중국은 국제난민법에 상응하는 난민 지위 결정에 관한 국내법이나 절차, 제도 등이 미흡한데, 이 점이 오히려 중국이 책임 부담을 회피하는 편리한 핑곗거리가 되고 있다. 또한 2013년에 시행되기 시작한 신(新)출입경관리법을 통해 정치적 판단을 함으로써 난민 인정에 오히려 엄격한 잣대가 되고 있다. 더욱이 중국 당국은 북한과의 양자적 국경조약이 국제적으로 보편화된 다자적 난민법에 우선하는 정책을 견지하고 있다. 중국 여론도 난민 수용에 거부감을 보인다. 중국은 아직 개발도상국인데 자국과 직접적으로 관련도 없는 국가들로부터 유입된 난민을 수용할 상황이 아니라는 입장이다. 더욱이 인구 조절을 위해 지난 36년간 정부의 산아제한책인 한자녀정책을 감내해왔는데, 이제 와서 자신들과 아무런 상관도 없는 외국인 난민에게 자신들의 '자리'를 내주는 것에 대한 거부감도 크다(『프레시안』 2019. 1. 16.).

　주목할 점은 강대국의 위상에 걸맞은 국제사회에서의 역할을 적극적으로 모색하고 있는 중국의 경우에도 일본과 마찬가지로 난민 수용에 매우 소극적인 대신 시리아 난민 등에 대한 인도주의적 지원을 위해 세계식량계획(WFP)과 협정을 맺는 등 재정 지원을 확대하는 정책을 펴고 있다는 것이다. 유럽의 난민사태와 관련해서도 양자적·다자적 방법을 통해 지원과 협조를 할 수 있다고 하면서도 당사국이 아니라는 이유를 들어 난민 수용을 위한 직접 개입에는 반대하고 있다

(Varrall 2017). 하지만 난민을 자국 내의 사회 안정과 경제 문제, 그리고 국가 간의 갈등을 조장하는 위협요소로 인식하여 거부하거나 난민 문제를 아웃소싱하여 돈으로 해결을 모색하는 접근법으로는 근본적인 해법을 찾기 힘들 것이다.

VI. 결론: 동북아 난민안보 거버넌스 구축을 위한 제언

한 국가가 난민 수용 여부를 결정하는 정책을 수립할 때 어떠한 요인이 가장 중요하게 작용하는가는 그 국가가 처한 국제정세나 지역상황, 국내 여건, 그리고 난민의 규모나 성격 등을 종합적으로 고려해야 알 수 있다. 하지만 지난 몇 년 사이에 양적으로 증가하고 있을 뿐만 아니라 그로 인한 유입국 내의 정치적 역학, 국가 간의 관계 및 지역 질서에도 영향을 미치고 있는 난민과 이주자 문제에 대한 대응책 마련이 일국 차원을 뛰어넘어 지역 및 글로벌 차원에서도 필요하다는 인식이 높아지고 있다.

　동북아 국가들의 경우에 앞서 살펴본 바와 같이 난민 문제를 자국의 주권과 사회 질서의 유지 및 유관국과의 정치외교적 관계에 주안점을 두고 개별 국가 차원에서만 대응을 해왔다. 물론 기존의 국제난민법과 각국의 국내법 논리를 난민안보 분야에 적용하여 현재의 난민위기사태를 극복하려는 다른 지역의 접근법을 상대적으로 심각성이 낮은 동북아 난민 문제에 그대로 적용하기는 힘들 뿐만 아니라 그렇게 할 필요성도 적다. 이 지역에서는 아직까지 유럽이나 중동, 아프리카 지역에서처럼 난민 유입의 지역적 확대와 국가 간의 긴장 및 전염병의 전파나 테러 위협이 발생할 징후는 보이지 않고 있다. 또한 한·중·일

정부 모두 엄격한 난민수용정책을 표방하고 있기 때문에 난민 위기가
사회 안정과 국가안보에 위협이 될 가능성도 희박하다. 그러나 1970
년대에 베트남 난민을 수용하는 과정에서 한·중·일 3국이 보인 대응
을 살펴봄으로써 지역 차원에서의 난민안보 거버넌스의 가능성을 가
늠해보는 것은 학술적으로나 정책적으로 유의미한 일이다.

　　당시 보트피플을 받아들인 3국의 결정은 각국이 처한 다양한 국
내외적 상황과 이해관계에 주안점을 두고 이루어졌다. 중국의 경우에
는 베트남과의 전쟁, 중국계 베트남인의 난민화, 전 세계 화교 커뮤니
티에서 중국 공산정권의 정통성 확보 등을 이유로 자발적이면서 적극
적인 정착국이 되었다. 일본은 경제 강국의 위상에 걸맞게 국제사회에
서 인도주의적 책무를 수행해야 한다는 요구 및 미국과의 관계, 그리
고 국제적 평판을 의식하여 이들을 받아들일 수밖에 없었다. 한국은
미국과의 관계 및 베트남에 참전했던 역사적 경험 및 국제사회의 재정
적 지원이 난민 수용의 중요한 고려요소가 되었다. 더욱이 수십만 명
의 보트피플이 동북아 해상을 떠도는 가운데 국제적으로 인도주의적
구호의 목소리가 높아지고 인접국인 중국과 일본에서 수많은 난민을
받아들이고 있는 상황에서 이들을 외면할 정치적·외교적 명분도 없었
다. 하지만 당시 유엔 회원국이 아니었던 한국은 유엔 난민법에 근거
하여 이들을 난민으로 받아들인 것이 아니라 임시로 수용한 것이었고
결국 제3국으로 송출했다. 이렇듯이 3국 모두 베트남이나 베트남 난민
과의 관계, 지리적 인접성, 국제사회의 압력 등 유사한 요인에 의해 베
트남 난민을 받아들였음에도 불구하고 당시에 3국이 이슈와 관련하여
합의나 공조를 한 것이 아니라 미국이나 UNHCR과 개별 국가 차원에
서 협의하고 지원받는 등의 과정이 있었을 뿐이다.

　　오늘날 한·중·일 3국의 난민정책은 난민 인정과 관련한 국내법

이 유엔 난민법에 우선하여 소극적이거나 '불인정'한다는 공통점을 보이고 있다. 하지만 각각의 상이한 대응 방식이 지역 차원의 난민안보 거버넌스로 발전할 가능성은 1970년대의 상황과 마찬가지로 여전히 요원한 일인 듯하다. 특히 다른 영역에서도 다자안보 협력이나 지역 독자적인 안보 거버넌스 수립의 경험이 없는 한·중·일이 아직까지 안보 위협으로 가시화되지 않은 난민 분야에서 협력 거버넌스를 구축할 수 있을지도 의문이다. 하지만 한 국가 내에서 법적이나 정책적 통제를 강화하여 난민 수용을 거부하는 것은 효과적인 방안이 되지 못한다. 오히려 역내 국가들 간의 반목과 갈등을 조장하여 지역 차원의 불안정까지 초래하게 된 유럽과 아프리카 등의 사례를 반면교사로 삼을 필요가 있다. 더욱이 탈북자가 한국이나 동남아, 그리고 부분적으로는 일본으로 유입되는 사례에서 살펴볼 수 있듯이, 탈북자 문제가 한중, 북중의 정치외교적 갈등이나 지역 불안정성을 확대시킬 가능성도 있다. 특히 북한의 급변사태로 인해 대량탈북 위기와 같은 긴급상황이 발생할 경우를 상정할 때, 난민 문제는 동북아에서도 일국 차원의 정책을 넘어서 역내 국가들이 긴밀한 협력 공조를 통해 효과적인 해결책을 모색해야 하는 초국가적 이슈이다. 한·중·일 3국은 지난 수년 동안 각각 국가 차원에서 대량탈북 시나리오를 장기적 안보과제의 일환으로 개발하고 있는데, 이러한 사태는 발생 시에 역내 국가들이 직면할 공동의 문제라는 점에서 지역적 접근 노력이 중요하다. 이를 위해 역내 국가들은 난민과 이주자와 관련된 제반 이슈에 대한 국가별 상황적 특수성에 대한 인식을 토대로 지역 규범을 수립하고 상호 협력 방안을 모색할 필요가 있다. 예를 들어, 한국에 정착한 탈북자는 법적 지위가 대한민국 국민이므로 난민이 아니지만, 일본이나 중국의 경우에 탈북자는 난민정책의 대상이다. 그러나 탈북자 문제가 유럽에서와 같이 지역안보의 위협으로 인식될 경우에는 한국 정부도 국제적 협력정책과 국내법 간의 충돌을 고려하여 대응 방향을 설정해야 할 것이다.

특히 얼마나 많은 탈북자가 얼마나 빠른 시간에 어떠한 식으로 어디로 밀려들 것인가에 대한 시나리오의 작성, 그들의 장기체류 상황의 관리 문제, 그리고 북한의 상황 변화에 따라 어떠한 유형의 탈북자가 한국, 중국 혹은 제3국으로 유입되어 사회 불안이나 국가 간 분쟁의 소지가 될 수 있을지에 대한 대응책은 지역 차원에서 이루어질 때 정책적 효과가 나타날 수 있다. 따라서 유엔의 안보 역할과 연계하여 급변사태를 포함한 북한 미래의 불확실성과 난민 위기에 대응하는 지역적 차원의 다자안보 메커니즘 구축에 대한 가능성과 한계 및 방안 등을 고찰하는 것이 중요하다. 그리고 이러한 지역적 노력과 시도가 탈북자 문제를 넘어서 지구촌에서 증가 일로에 있는 난민 문제의 해법을 찾아가는 지역적 목소리로 이어져야 할 것이다.

결론적으로, 현재 글로벌 차원에서 추진되고 있는 난민과 이주자에 대한 국제규범 논의의 연속선상에서, 그리고 이와 동시에 동아시아의 지역 특수성을 감안해서 지역 차원의 규범을 발전시키는 것이 중요하다. 이를 위해 유엔 국제이주기구(IOM)에서 주도적으로 다루고 있는 난민과 이주자 문제의 지역적 거버넌스 논의체인 '이주를 위한 지역협의과정(Regional Consultative Processes on Migration)'이 주창하는 '지역이주 이니셔티브' 노력에 적극 참여할 필요가 있다(IOM 2018). 이러한 이니셔티브는 각국 최고지도자 급의 선언적 차원에서부터라도 시작하여 개별 국가의 난민과 이주자 문제의 특수한 사회적·정치적 속성을 반영하면서도 각국의 난민심사 과정상의 효율성, 절차적 공정성, 의사결정 방법, 유엔 난민법에 대한 해석, 법적·재정적·행정적 지원체제 등에 대한 지역 차원의 가이드라인을 마련하는 구체적인 정책 노력으로 이어져야 한다.

또한 동북아의 지정학적 특성과 한계를 고려한 실질적 거버넌스 모델을 개발하기 위해 동북아 난민안보 거버넌스에 적합한 지역프레임은 무엇일지에 대한 학문적 탐구와 정책적 적용 방식에 대한 논의가 중요할 것이다. 왜냐하면 기존의 전통적 안보프레임을 통한 거버넌스 유형은 난민안보를 비롯한 신흥안보 분야에 그대로 적용될 수 없기 때문이다. 특히 역내 국가들은 난민 문제가 지역의 안정과 발전에 불안 요소가 될 수 있다는 우려에는 공감하고 있지만 저마다 그 규모나 심각성 및 유입 시의 국내 상황이 다르기 때문에 정부 간의 합의를 이루는 것이 쉽지 않아 대응 격차를 보일 수밖에 없다. 그러나 적어도 난민의 정의에 대한 해석과 관련해서는 동북아 국가들이 유엔 난민협약의 정의에 기반을 둔 기준을 공동으로 마련할 필요가 있다. 설혹 각국의 난민정책을 규율하는 공동의 기준과 초국가적 규범이 마련되었다고 해도 개별 국가의 정책 이행 여부를 일일이 관리하거나 통제하는 것은 불가능하다. 따라서 동북아 난민안보 거버넌스의 내용은 정부가 나서는 공식적인 양자적·다자적 협력모델을 통한 정책 조율과 유엔의 유관기구 및 국제 인권단체나 구호단체 등 국제 NGO들이 지원하는 난민 수용과 관련한 국제 차원의 보편적 다자규범을 혼용하여 발전시켜 나가야 한다. 그리고 각국의 사정을 서로 존중하고 이해하며 상호 협조하는 방안을 동시에 모색해야 할 것이다.

참고문헌

김고은(2018), "일본의 난민지위현황", 『해외동향』, 7월호, 한국청소년정책연구원.

김예경·백상준·정민정(2018), "난민유입대응 관련 정책 현황과 개선방향", 『NARS 현안분석』, 20(9), 국회입법조사처.

김희강(2015), "난민은 보호받아야 하는가?", 『담론』, 18(3), pp.5-34.

e-나라지표(2018), "난민통계현황". http://www.index.go.kr/potal/main/ EachDtlPageDetail.do?idx_cd=2820

노영순(2017), "동아시아의 베트남 난민 수용과 각국의 난민정책", 『해항도시문화교섭학』, 16, pp.77-114.

법무부(2017), "체류외국인 통계", 『통계정보보고서』, 12월호.

부산역사문화대전(2018), "베트남 난민 보호소". http://busan.grandculture.net/Contents?l ocal=busan&dataType=01&contents_id=GC04217001

손현진(2017), "북한 탈북자의 법적 지위에 관한 고찰: 난민인정과 보호를 중심으로", 『법제연구』, 53, pp.109-148.

송영훈(2014), "테러리즘과 난민문제의 안보화: 케냐의 난민정책을 중심으로", 『국제정치논총』, 54(1), pp.195-230.

_____(2015), "난민위기: 인도적 관심과 정치적 무관심", JPI 정책포럼, 2015. 12. 5.

_____(2016), "난민의 인권과 국가안보: 한국난민법 개정의 쟁점을 중심으로", 『담론』, 19(3), pp.55-82.

오수열·김주삼(2006), "탈북사태를 둘러싼 동북아지역의 갈등과 협력", 『통일전략』, 6(1), pp.107-132.

윤태영·이수형(2002), 「북한인권문제 해결을 위한 방안 연구」, 국회 통일외교통상위원회 편, 국회 통일외교통상위원회.

이신화(2010), "동북아 주요 국가의 탈북자 정책―재외 탈북자문제와 대량탈북 가능성을 중심으로", 『아세아연구』, 53(3), pp.139-168.

_____(2017), "인구 이주 난민 안보의 복합지정학과 한반도", 『한반도 신흥안보의 세계정치: 복합지정학의 시각』, 사회평론아카데미.

이진석(2018), "난민쇄국으로 표류하는 보트피플의 후예", 『ECONOMY Chosun』, 25.

조영희(2017), "한국의 재정착 난민제도 시행평가 및 발전방향 검토", 『IOM 이민정책연구원 정책보고서』, 2017-1.

호사카 유지(2018), "일본은 지금: 난민정책과 외국인 수용정책", 『이투데이』, 2018. 7. 17.

"난민: 제주 예멘인 중 난민 인정자 1호 나와, 어떤 혜택 받나?", 『BBC』, 2018. 12. 14.

"난민문제, 이것부터 보고 보자, 최초공개 대한민국 난민보고서", 『SBS』, 2018. 7. 7.

"난민법 개정하라, 국민청원 역대 최다 동의인 64만 명 육박", 『인사이트』, 2018. 7. 6.

"냉혹한 일본의 월남 난민정책, 전쟁 때 돈 벌고 기항마저 거부", 『중앙일보』, 1977. 10. 1.

"대한민국 1호 난민, 왜 이탈리아로 떠났나", 『오마이뉴스』, 2015. 10. 14.

"에티오피아인 사상 첫 난민인정", 『매일경제』, 2001. 2. 13.

"일손 부족 시달린 일본 '이민 수용국'으로 간다", 『조선일보』, 2018. 12. 10.

"재일본 탈북자 200여 명의 현실은?", 『자유아시아방송』, 2016. 1. 18.

"중국, 중동 난민 관련 입장 표명—'난민 이주민이 아니다'", 『중앙일보』, 2017. 6. 25.

"중국은 난민과 함께할 수 있을까?", 『프레시안』, 2018. 11. 9.

"한국, 난민법 5년 전 시행—난민 인정률은 4.1%뿐", 『한겨레』, 2018. 6. 20.

Barnett, Michael and Thomas G. Weiss(2008), "Humanitarianism: A Brief History of the Present", Michael Barnett and Thomas G. Weiss eds., *Humanitarianism in Question: Politics, Power, Ethics,* New York, Cornell University Press, pp.1-48.

Buzan, Barry, Ole Wæver and Jaap de Wilde(1998), *Security: A New Framework for Analysis,* New York: Lynne Rienner Publishers.

Choucri, Nazli(1993), "Political Economy of the Global Environment", *International Political Science Review.*

Dreher, Axel, Andreas Fuchs and Sarah Langlotz(2018), "The Effects of Foreign Aid on Refugee Flows", *CESifo Working Paper,* 6885, January.

Edmond, Charlottee(2017), "84% of Refugees Live in Developing Countries", *World Economic Forum,* June.

European Commission(2016), "An Economic Take on the Refugee Crisis: A Macroeconomic assessment for the EU", *European Economy Institutional Paper,* 33.

Flowers, Petrice(2009), *Refugees, Women, and Weapons: International Norm Adoption and Compliance in Japan,* Stanford: Stanford University Press.

_____, Petrice(2016), "International Human Rights Norms in Japan", *Human Rights Quarterly,* 38(1), pp.85-107.

Francis, Alexandra(2015), "Jordan's Refugee Crisis", *Carnegie Endowment for International Peace,* September.

Greenhill, Kelly M.(2010), *Weapons of Mass Migration: Forced Displacement, Coercion and Foreign Policy,* Itaka: Cornell University Press.

Horiuchi, Yusaku and Ono Yoshikuni(2018), "Public Opposition to Refugee Resettlement: The Case of Japan", *RIETI Discussion Paper Series,* 18-E-050, July.

Huysmans, Jef(2006), *The Politics of Insecurity. Fear, Migration and Asylum in the EU,* London, Routledge.

Ibsen, Kailey Anne(2014), "Refugee Law or Refugee Politics? The Varied Levels of China's Hospitality Towards North Korean, Kachin, and Vietnamese Refugees", *Law School Student Scholarship,* 495.

International Organization for Migration(IOM)(2018), "Regional Consultative Processes".

https://www.iom.int/regional-consultative-processes-migration.

Jolliffe, Kim(2015), Ethnic Armed Conflict and Territorial Administration in Myanmar, June, The Asia Foundation.

Kent, Donald Peterson(1953), *The Refugee Intellectual: The Americanization of the Immigrants of 1933-1941,* New York: Columbia University Press, p.xx, 317.

Kreager, Phillip(2002), "Political Demography, Demographic Engineering", *Journal of Refugee Studies,* 15(3), pp.321-324.

Lake, David A. and Donald Rothchild(1996), "Containing Fear: The Origins and Management of Ethnic Conflict", *International Security,* 21(2), pp.41-75.

Lam, Tom(2000), "The Exodus of Hoa Refugees from Vietnam and their Settlement in Guangxi: China's Refugee Settlement Strategies", *Journal of Refugee Studies,* 13(4), pp.374-390.

Lee, Shin-wha(2001), "Emerging Threats to International Security: Environment, Refugees, and Conflict", *Journal of International and Area Studies,* 8(1), June, pp.73-90.

Lesh, Jonathan(2017), "To be a Global Leader, China Needs a New Refugee Policy", *The Diplomat,* July 22.

Loescher, Gil, A. Betts and J. Milner eds.(2008), "The United Nations High Commissioner for Refugees(UNHCR): The Politics and Practice of Refugee Protection into the Twenty-first Century", *Refugee Survey Quarterly,* 27(4), pp.277-279.

Ministry of Foreign Affairs of Japan(MFAJ)(2018), "Japan's Humanitarian Assistance". https://www.mofa.go.jp/files/000357360.pdf.

Murdoch, James C. and Todd Sandler(2004), "Civil Wars and Economic Growth: Spatial Dispersion", *American Journal of Political Science,* 48(1), pp.138-151.

Parameswaran, Prashanth(2018), "China-Vietnam Joint Patrols in the Spotlight", *The Diplomat,* October 31.

Roberts, Adam(1999), "NATO's 'Humanitarian War' over Kosovo", *Survival,* 41(3), pp.102-123.

Robertson, Phil(2017), "North Korean Refugees Trapped by China's Expanding Dragnet", *Human Rights Watch,* September.

Salant, Brian(2017), "As Displacement Becomes Long-Term, Refugee Hosts Grapple with new Normal", *Migration Information Source,* Issue #5, December, Migration Policy Institute(MPI).

Salehyan, Idean, Kristian Skrede Gleditsch and David Cunningham(2008), "Transnational Linkages and Civil War Interactions", January.

Schlentz, Dace(2010), "Did 9/11 Matter? Securitization of Asylum and Immigration in the European Union in the Period for 1992 to 2008", *Working Paper Series,* 56, January, Refugee Stdies Centre.

Schreier, Joshua and Mira Sucharov(2016), "The Israeli Right Wing Is Delighted by

Trump's Win and Why That's So Dangerous", *Forward,* November 13.

Song, Lili(2016), "China and the International Refugee Protection Regime: Past, Present, and Potentials", *Refugee Survey Quarterly,* 37(2), pp.139~161.

Steadman, Stephen John and Fred Tanner eds.(2003), *Refugee Manipulation: War, Politics and the Abuse of Human Suffering,* Washington DC: Brookings Institution Press.

Suhrke, Astri(1998), "Burden-sharing during Refugee Emergencies: The Logic of Collective versus National Action", *Journal of Refugee Studies,* 11(4), pp.396~415.

Thompson, Drew(2009), "Border Burdens: China's Response to the Myanmar Refugee Crisis", *China Security,* 5(3), pp.11~21.

UN High Commissioner for Refugees(UNHCR)(2017), *Global Trends: Forced Displacement in 2017,* Geneva: UNHCR.

_____(2018), *Status of World Refugees,* Geneva: UNHCR.

Varral, Merriden(2017), "How China Views the Plight of Refugees", *The Interpreter,* July, Lowy Institute.

"Japan Maintains Tough Stance on Refugees, Only 20 Accepted in 2017", *The Asahi Shimbun,* February 14, 2018.

"Japan Says It Must Look After Its Own Before Allowing in Syrian Refugees", *The Guardian,* September 30, 2015.

"Japan's Refugee-Screening System Sets High Bar", *The Japan Times,* May 21, 2018.

難民支援協会(2017), "Why Japan Recognizes Only a Few Refugees? Institutional Challenges". https://www.refugee.or.jp/jar/report/2017/09/10-0000.shtml

제9장

동북아 신흥 경제안보의 국제경쟁과 협력:
인구, 사회통합, 불평등

이왕휘(아주대학교)

인구 고령화 ·

노령화, 소득과 부의 불평등 악화, 사회 양극화의 심화는 세계 경제의 지속 가능한 성장을 저해하는 경제적 리스크로 간주되고 있다. 이 리스크는 2007년 세계금융위기 이후에 반세계화, 반이민, 보호무역주의를 조장하여 2차 세계대전 이후의 자유주의적 국제정치경제질서의 기반을 침식하고 있다는 점에서 국제정치적으로 중요한 함의를 지니고 있다. 아직까지 동북아에서는 일본과 한국에서 인구 고령화·노령화의 문제만 나타나고 있기 때문에 사회통합과 불평등의 문제는 크게 주목받지 못하고 있다. 하지만 향후 10~20년 내에 동북아에서도 자유주의적 정치경제질서에 대한 반발이 확산될 가능성을 배제할 수 없다. 세 가지 경제적 리스크를 체계적이고 총체적으로 분석하기 위해서는 국가 간이나 체제 간의 경쟁을 중시하는 경제안보의 관점보다는 협력의 가능성을 포함한 복합지경학적 관점이 필요하다. 동북아에서 인구, 사회통합, 불평등의 문제가 정치사회적 갈등은 물론 국제적 분쟁으로 비화되지 않도록 하기 위해서는 각국이 협력을 강화하고 갈등을 해소하기 위한 선제적인 대비를 해야 한다.

I. 머리말

세계경제포럼(World Economic Forum)의 2018년 「세계리스크보고서」에서는 세계 경제의 지속 가능한 성장을 저해하는 경제적 리스크로 인구 고령화·노령화, 소득과 부의 불평등 악화, 사회 양극화의 심화를 제시했다.

궁극적으로 인구, 사회통합, 불평등의 문제는 2차 세계대전 이후의 자유주의적 국제정치경제질서의 기반을 침식하고 있다는 점에서 국제정치적으로 중요한 함의를 지니고 있다(이승주 2017; 이왕휘·송기형 2014). 21세기에 들어서서 이러한 문제들이 악화되면서 반세계화, 반이민, 보호무역주의 등이 2007년 세계금융위기 이후에 선진국은 물론 개발도상국에서 심각한 갈등을 야기하고 있다. 이러한 맥락에서 2017년에 오스트레일리아의 『외교백서』에서 경제성장에 영향을 주는 인구구조, 기술발전, 도시화 등이 2030년까지 어떤 영향을 미칠 것인가를 분석한 것은 결코 우연이 아니다(Commonwealth of Australia 2017, 27-32).

출처: World Economic Forum(2018).

그림 9-1. 리스크 트렌드의 상호 연계 지도(2018년)

아직까지 동북아에서는 일본과 한국에서 고령화·노령화의 문제
만 나타나고 있기 때문에 사회통합과 불평등의 문제는 큰 주목을 받지
못하고 있다. 그러나 향후 10~20년 내에 중국에서 고령화·노령화 문
제가 본격적으로 대두하게 되면 동북아에서도 자유주의적 정치경제질
서에 대한 반발이 확산될 가능성을 배제할 수 없다.

　이러한 배경에서 이 장에서는 인구, 사회통합, 불평등의 문제가
동북아의 경쟁과 협력에 어떻게 영향을 미치고 있는가를 분석한다. 다

음 절에서는 이 문제를 보는 복합지경학적 시각을 간단하게 소개한다. 이후 세 가지 문제의 현황과 전망을 각각 검토한다. 마지막으로 이 문제들이 동북아의 경쟁과 협력에 어떤 영향을 미칠 것인가를 전망한다.

II. 경제안보에서 복합지경학으로

2차 세계대전 이후에 경제안보는 국내적으로는 민주주의와 시장경제, 국제적으로는 자유주의적 세계경제질서의 기반을 보호하는 것을 의미했다. 냉전기에 전 세계적 차원에서 경제안보에 가장 중요한 역할을 했던 국가는 미국이다. 자유민주주의와 시장경제를 수호하고 확산시키기 위해 미국은 경제적 및 군사적 차원에서 다양한 원조와 제재를 활용했다. 그러나 1980년대 말에 냉전이 종식되어 자본주의 및 민주주의와 사회주의 및 전체주의의 체제경쟁이 사라지면서 경제안보의 중요성과 필요성에 대한 인식이 상대적으로 저하되었다.

21세기에 들어서 권위주의적 정권 치하의 비(非)자유주의적·반(反)자유주의적 신흥 국가가 미국 중심의 세계정치경제질서에 도전하면서 경제안보에 대한 관심이 다시 고조되고 있다. "경제안보는 국가안보다."라고 선언한 트럼프 행정부의 『국가안보전략』에서는 경제안보에 대하여 국내경제를 재생하고, 자유롭고 공정하며 상호적인 경제관계를 촉진하며, 연구, 기술, 발명 및 혁신을 주도하고, 미국의 국가안보 혁신 기반을 촉진하고 보호하며, 에너지 우위를 포용한다는 다섯 가지 과제를 제시했다. 이러한 정책은 "미국의 가치와 이익에 정반대되는 세계를 만들기를 원하는" 중국과 러시아를 대상으로 하고 있다(White House 2017, 17, 25).

트럼프 행정부의 경제안보전략의 논리와 결과에 대해서는 여러 가지 논란이 있다. 가장 심각한 문제는 미국 우선주의에 내재된 보호주의적 정책이 자유주의적 세계경제질서에 부합하지 않는다는 것이다. 미국이 만든 브레튼우즈 체제의 핵심 기반을 미국이 부정하고 파괴한다는 비판이 나오고 있는 것은 우연이 아니다. 또한 미국 우선주의가 경제안보를 너무 협소하게 보고 있다는 점도 문제이다. 미국의 무역적자를 단기간에 축소하겠다는 목표에 집착함으로써 세계 경제의 배분 구조에 영향을 미치는 장기적 변화 요소를 간과하고 있다는 것이다. 이 사실은 거의 동시에 발간된 미국의『국가안보전략』과 오스트레일리아의『외교백서』를 비교해보면 더욱 분명해진다.

이렇게 경제안보의 측면에서 이 문제들에 접근할 경우에 세계적 차원에서 대두하고 있는 반세계화, 반이민, 보호무역주의 등에 대해 체계적이고 총체적으로 분석할 수 없다. 더 심각한 문제는 경제안보의 관점에서는 국가 간이나 체제 간의 경쟁이 중시되기 때문에 협력의 가능성이 간과되거나 무시되는 경향이 있다는 것이다. 이 문제들을 해결하기 위해서는 국가 간의 협력이 필수적이라는 점에서 경제안보의 시각은 충분하지도 적절하지도 않다.

인구, 사회통합, 불평등과 같은 '신흥' 경제안보 문제를 분석하기 위해서는 현실주의적 시각을 탈피해야 한다. 세계 경제의 지속 가능한 성장이라는 관점에서 경제안보에 접근하기 위해서는 복합지경학이 도움이 될 수 있다. 여기에서 주의할 점은 복합지경학과 전통적인 지경학을 혼동하지 않는 것이다. 전통적인 지경학은 국가 간의 경쟁에만 집중하는 현실주의 전통 위에 있다(Blackwill and Harris 2016). 반면 복합지경학에서는 전통적인 국가 간의 경쟁으로 환원될 수 없는 신흥 안보의 위험까지 분석한다. 즉, 복합의 의미는 영토를 장소와 공간으

로 보는 전통적인 지경학을 완전히 배제하는 것이 아니라 장소와 공간
을 흐름으로 보는 탈지정학·비지정학을 포함하는 것이다(김상배·신
범식 2017). 비자유주의적·반자유주의적 국가도 지속 가능한 성장이
라는 목표를 반대하거나 부정할 수 없다는 사실을 포착하기 위해서는
복합지경학이 필요하다.

III. 인구 구조의 변화

모든 동북아 국가가 공동으로 직면한 문제는 인구 고령화·노령화이
다. 일본에서는 이 문제가 이미 20년 이상 지속되어 왔으며, 한국에서
는 2016년부터 시작되었다. 중국에서도 2030년 전에 생산가능인구가
줄어들 것으로 예상되고 있다. 반면 미국, 오스트레일리아, 인도네시

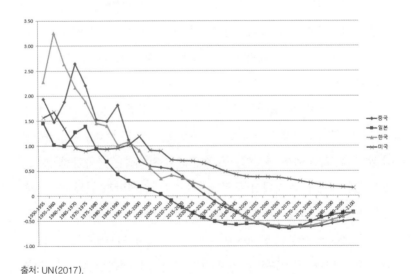

출처: UN(2017).

그림 9-2. 인구증가율[1950~2100년, 연평균(%)]

아, 말레이시아, 인도, 필리핀은 인구가 증가할 것으로 전망된다.

동북아에서 생산가능인구의 축소는 일차적으로 국력, 이차적으로는 국가 간의 관계에 중요한 영향을 미친다. 먼저 일차적으로 인구 고령화·노령화는 잠재성장률을 낮춤으로써 경제발전을 저해한다. 즉, 노동력의 축소로 인한 소비의 감소 때문에 성장률이 장기적으로 저하되는 구조적 문제가 등장하는 것이다. 설상가상으로 인구 고령화·노령화는 연금의 세대 간의 부담에도 부정적인 영향을 미친다. 즉, 은퇴 세대를 위해 현업 세대가 부담해야 하는 금액이 점점 더 증가하게 되는 것이다(Goodhart and Pradhan 2017).

이러한 문제들은 국가 예산의 재조정으로 이어진다. 즉, 사회복지가 예산에서 차지하는 비중이 계속 증가하게 되는 것이다. 사회복지 예산의 증가는 궁극적으로 다른 예산의 축소를 의미한다. 현재 인구 고령화·노령화가 진행된 대부분의 국가에서 국방비가 줄어드는 추세가 나타났다.

인구증가율이 가장 완만하게 하락하는 미국조차도 이 문제에서 예외가 아니다. 의회예산처(CBO)의 추계에 따르면, 사회보장과 의

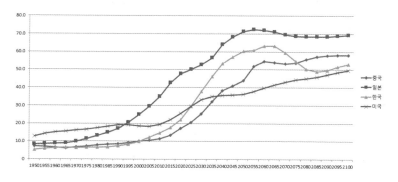

출처: UN(2017).

그림 9-3. 노령자의 의존도[1950~2100년, 65세 이상/생산가능인구(15~64세)]

료가 GDP에서 차지하는 비중은 1968년 2.6%, 0.7%, 1988년 4.2%,
2.1%, 2018년 4.9%, 5.2%, 2028년 6.0%, 6.8%, 2048년 6.3%, 9.2%
이다(Congressional Budget Office 2018, 15). 반면에 국방비가 GDP
에서 차지하는 비중은 1968년 8.8%, 1988년 5.7%, 2017년 3.1%로 계
속 하락해왔다(World Bank 2018).

국방비의 감소는 장기적으로는 무력 갈등의 빈도와 정도를 제한
한다는 점에서 인구평화(demographic peace)의 가능성을 높여준다.
일본, 한국, 중국이 모두 초고령화 사회에 진입하는 2050년이 되면 사
회복지에 대한 예산 수요가 급증하여 군사비의 비중이 훨씬 축소될 것
으로 예상된다.

그렇지만 동북아에서 인구 고령화·노령화가 불균등하게 진행되
고 있다는 점에 유의할 필요가 있다. 인구가 급속하게 감소하고 있는
일본, 한국과 달리 중국, 미국은 아직 인구가 완만하게 증가하고 있다.
즉, 중국과 미국은 군사비를 증가시킬 수 있는 여유를 아직도 가지고
있는 것이다. 특히 중국은 2030년대까지 국방비를 계속 증가시켜서
동북아 지역의 군비경쟁을 심화시킬 수 있다. 따라서 동북아 지역에서
인구평화의 가능성은 그 후에나 실현될 것으로 전망되고 있다(Sheen
Seong-Ho 2013; 신성호 2016).

IV. 소득과 부의 불평등 악화

세계적 차원에서 소득과 부의 불평등은 산업혁명이 본격적으로 경제
성장을 추동시킨 1820년대 이후에 증가해왔다. 1990년대 이후에는 세
계 최대의 인구 대국인 중국과 인도의 경제발전으로 인한 빈곤층의 감

소로 불평등이 완화되는 추세가 나타났다. 특히 국가 내의 불평등은 평균적으로 1998년 이후에 축소되기 시작했다.

그러나 2007년 세계금융위기 이후에 거의 모든 국가 내, 그리고 국가 간의 소득과 부의 불평등이 증가하기 시작했다(Piketty 2013; Bourguignon 2015; Milanovic 2016a). 실제로 2008년에서 2013년 사이에 중국과 인도를 제외한 대부분의 국가에서 지니지수가 상승했다. 그 결과 2010년대는 1820년대보다 더 불평등한 세상이 되었다. 가장 대표적인 불평등은 주요 국가에서 소득 상위 1%가 차지하는 비중이 급속하게 상승했다는 것이다.

국제노동기구(ILO)에 따르면, 2012년 이후에 세계적 차원에서 소득증가율이 저하되는 현상이 나타나고 있다. 이 문제의 근원이 세계화

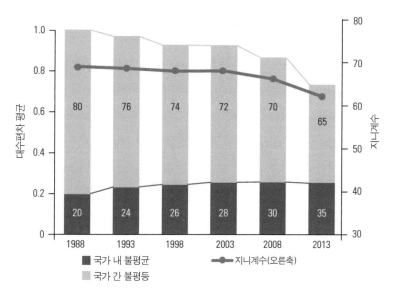

출처: World Bank(2016), p.81.

그림 9-4. 세계 불평등(1988~2013년)

(개방 및 자유화)에 있는지 아니면 기술발전(자동화 및 디지털화)에 있
는지는 아직까지 명확하지 않다. 만약 세계화가 근본적인 원인이라면
어느 정도의 탈세계화·반세계화는 불가피하다. 기술발전이 그 원인
이라면 러다이트(Luddite) 운동과 같은 파괴적인 방법보다는 기본소
득과 같은 소득재분배정책이 대안으로 고려된다(IMF 2017; Ravallion
2018).

현재 불평등 심화의 정치적 파급 효과가 가장 큰 곳은 선진국이라
고 할 수 있다. 그중에서도 미국의 소득 및 자산 불평등은 선진국 중에
서 가장 심각하다. 1980년대 이후에 성인 소득이 약 60% 증가했지만
그 분배는 균등하지 않았다. 2014년에는 성인 중 소득 상위 1%가 전
체 소득의 20.2%를 차지해 하위 50%의 거의 두 배에 달했다. 이러한
불평등의 심화는 국내정치의 양극화와 트럼프 행정부의 보호주의를
촉발시키는 데 기여했다는 평가를 받고 있다.

미국에 이어 2대 경제 대국으로 부상한 중국에서도 부와 자산의

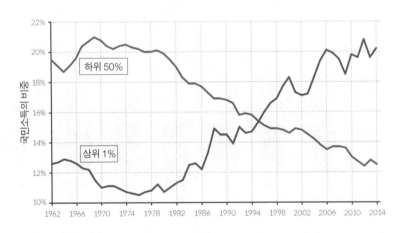

출처: Piketty(2018), p.82.

그림 9-5. 미국의 상위 1%와 하위 50%의 세전 소득 비중(1962~2014년)

불평등 문제가 악화될 가능성에 주목할 필요가 있다. 사회주의적 시장
경제를 지향하는 중국에서 이 문제가 심각하다는 사실은 상당히 역설
적이다. 중국에서는 1978년 개혁개방정책의 도입 이후 40년 동안 연
평균 거의 10%에 가까운 경제성장을 유지하여 소득이 비약적으로 상
승했다. 그러나 소득의 분배는 균등하게 이루어지지 않아서 소득 상위
10%에 그 성과가 집중되었다. 상위 10%의 소득 비중이 1978년 27%
에서 2015년 41%로 증가하고 하위 50%의 소득 비중은 27%에서 15%
로 감소했다. 그 결과 중국의 불평등 수준이 개혁 전에는 노르딕 국가
수준에서 현재는 미국과 유사한 수준으로 악화되었다(Jain-Chandra et
al. 2018). 중국의 불평등 문제는 아직까지 정부가 통제 가능한 수준을
넘어서지 않았기 때문에 당분간 심각한 국제정치적 문제를 야기할 것
으로는 보이지 않는다. 하지만 경제 규모와 국제적 위상 때문에 중국
의 정치사회적 불안정이 국제적 긴장을 고조시킬 가능성은 다분하다.

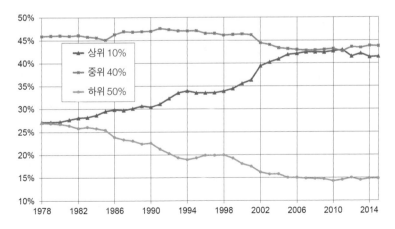

출처: Piketty et al.(2017), p.58.

그림 9-6. 중국의 소득 불평등(1978~2015년)

V. 사회 양극화의 심화

소득과 부의 불평등 심화로 인한 민주주의 체제의 불안정성 증가는 사회 양극화 현상으로 이어지고 있다(Campbell 2016; Barany and Siegel 2018). 사회 양극화의 심화는 국내에서 민주주의를 위기에 빠뜨릴 뿐만 아니라 지역적 차원에서 민족주의와 인종주의를 부추긴다. 그 결과 점점 더 많은 민족국가의 정체성에 대한 혼란이 증폭되고 있다.

2007년 세계금융위기 이후에 선진국에서는 사회 양극화의 정치적 결과가 계속 분출되고 있다. 미국의 '월가를 점거하라(Occupy Wall Street)' 및 트럼프 현상, 영국의 브렉시트(Brexit), 프랑스의 노란조끼(Gilets Jaunes) 등과 같은 반세계화·탈세계화 운동이 계속 확산되고 있다. 유럽연합이라는 초국가적 공동체를 건설했던 유럽도 이런 흐름에서 예외가 아니다. 현재 독일, 프랑스, 오스트리아에서는 반이민을 내세운 극우정당이 다수당 또는 제1야당으로 부상했다. 통합보다는 분열을 조장하는 이런 흐름은 국내는 물론 지역의 정세를 불안정하게 만들어 전쟁을 촉발할 수 있다는 우려가 제기되고 있다(Piketty 2018; Rodrik 2018; Scheve and Slaughter 2018).

선진국에서의 사회 양극화의 심화와 세계화에 대한 반대는 국제정치적 함의를 지니고 있다. 특히 2차 세계대전 이후에 자유주의적 세계질서를 주도해온 미국의 변화는 주변국은 물론 세계 전체에 영향을 미칠 것이다. 실제로 국제기준 또는 모범규준으로서 미국의 제도와 정책에 대한 회의론이 점증하고 있다. 이는 자유주의적 세계질서에 내재되어 있는 보편주의(universalism)에 대한 도전으로 이어지고 있다(Graham 2014; Pew Research Center 2014).

미국, 유럽과 달리 동아시아에서는 사회 양극화 문제가 아직까지

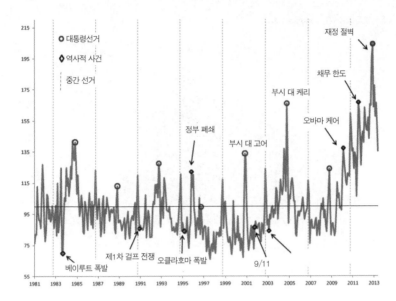

출처: Azzimonti(2013), p.5.

그림 9-7. 미국의 양극화 지수

는 심각하게 나타나지 않고 있다. 가장 중요한 이유는 1980년대 이후 세계 최대 인구를 보유한 중국과 인도의 급속한 경제성장으로 중산층이 계속 증가하고 있다는 사실이다. 동아시아의 중산층은 세계화의 혜택을 가장 많은 받은 계층이다. 미국과 유럽에서 세계화의 혜택이 상위 1%에 집중되었다면, 동아시아에서는 중산층이 가장 많은 이득을 얻었다.

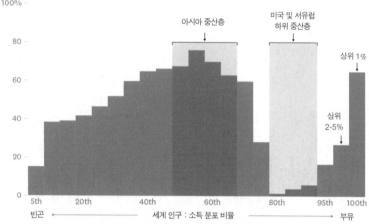

출처: Milanovic(2016b)

그림 9-8. 누가 세계화로 이득을 보았는가

VI. 맺음말

지역별로 편차가 있기는 하지만 세계적 차원에서 인구 고령화·노령화, 소득과 부의 불평등 악화, 사회 양극화의 심화라는 세 가지 경제적 리스크는 악화되어 왔다. 동북아에서는 인구 고령화·노령화만 심각하게 진행되고 있을 뿐 아직까지 불평등 및 사회 양극화 문제가 심각한 수준으로 발전하지는 않고 있다. 복합지경학의 관점에서 동북아는 미국과 유럽에 비해 상대적으로 안정되어 있다고 할 수 있다.

향후 전망도 비관적이기보다는 낙관적이다. 그 근거는 계속 증가하는 동아시아의 중산층이다. 다른 지역에서는 중산층의 증가가 거의 정체되어 있는 반면 동아시아에서는 중산층의 수와 비중이 계속 늘어나고 있다. 이러한 추세가 지속되는 한 불평등과 사회 양극화가 국내

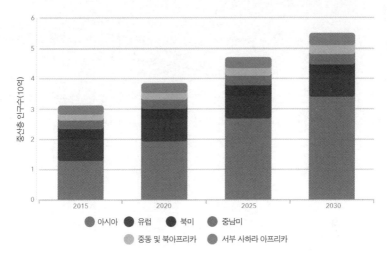

출처: Commonwealth of Australia(2017), p.29.

그림 9-9. 아시아에서 중산층의 증가

에서는 물론 국제적으로도 큰 정치적 문제로 비화하지는 않을 것이다. 즉, 세계화로부터 가장 많은 혜택을 받은 동아시아의 중산층은 피해를 가장 많이 받은 미국과 유럽의 중산층과 달리 반세계화·탈세계화에 동참하지 않을 것이다. 이렇게 된다면 동아시아의 중산층은 자유주의적 국제질서를 가장 적극적이고 일관되게 지지하는 세력이 될 수 있다.

그렇다고 해서 동북아가 불평등과 사회 양극화로부터 완전히 자유롭다는 것은 아니다. 세계적 차원에서 불평등이 심화되고 있는 추세가 동북아로 전파될 수 있다. 만약 많은 국가들에서 미국과 같이 불평등 심화가 촉진되는 방향으로 상황이 전개된다면, 동북아도 미국과 유사한 문제에 직면할 수밖에 없을 것이다.

이런 맥락에서 현재 4차 산업혁명이 고용에 미치는 부정적인 영

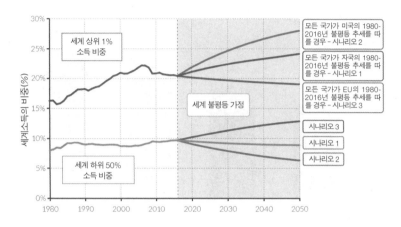

출처: Piketty et al.(2018), p.252.

그림 9-10. 소득 불평등의 변화 전망 시나리오(1980~2050년)

향에 대한 우려에 주목할 필요가 있다. 한국, 일본, 중국 모두 신기술의 도입과 적용에 적극적이기 때문에 기계에 의한 노동력 대체로 인해 실업률이 증가할 가능성이 점점 더 높아지고 있다. 미국, 유럽과 마찬가지로 동북아에서도 실업률의 증가는 정치사회적 불안정을 증폭시키는 결과를 초래할 가능성이 높다. 따라서 현재 가장 중요한 과제는 기술발전으로 인한 실업 문제를 예방 또는 해결하는 것이라고 할 수 있다.

참고문헌

김상배 · 신범식 편(2017),『한반도 신흥안보의 세계정치: 복합지정학의 시각』, 사회평론.
신성호(2016), "인구안보의 미래전략", 김상배 편,『신흥안보의 미래전략: 미래 세계정치의
　　경쟁과 협력』, 사회평론.
이승주(2017), "사회환경의 신흥안보와 복합지정학: 경제적 불평등 · 사회통합 · 정체성 안보",
　　김상배 · 신범식 편,『한반도 신흥안보의 세계정치: 복합지정학의 시각』, 사회평론.
이왕휘 · 송기형(2014), "자본주의, 민주주의 및 국가의 과거 · 현재 · 미래:『21세기 자본』의
　　국제정치경제",『국제정치논총』, 54(3).
토마 피케티(2014),『21세기 자본』, 장경덕 역, 글항아리.

Azzimonti, Marina(2013), "Political Polarization Index", *Federal Reserve Bank of
　　Philadelphia Working Paper,* 13~41.
Barany, Zsofia L. and Christian Siegel(2018), "Job Polarization and Structural Change",
　　American Economic Journal: Macroeconomics, 10(1).
Blackwill, Robert D. and Jennifer M. Harris(2016), *War by Other Means: Geoeconomics
　　and Statecraft,* Belknap Press.
Bourguignon, François(2015), *The Globalization of Inequality,* Princeton University
　　Press.
Campbell, James E.(2016), *Polarized: Making Sense of a Divided America,* Princeton
　　University Press.
Commonwealth of Australia(2017), *2017 Foreign Policy White Paper.*
Congressional Budget Office(2018), *The 2018 Long-Term Budget Outlook.*
Goodhart, Charles and Manoj Pradhan(2017), "Demographics will Reverse Three Multi-
　　decade Global Trends", BIS Working Papers, 656.
Graham, Carol(2014), "Do Trends in U.S. Inequality Matter for Norms of Global
　　Governance? Concepts and Empirics for Debate", Brookings Working Paper, 65.
IMF(2017), *IMF Fiscal Monitor: Tackling Inequality,* October.
Jain-Chandra, Sonali, Niny Khor, Rui Mano, Johanna Schauer, Philippe Wingender
　　and Juzhong Zhuang(2018), "Inequality in China: Trends, Drivers and Policy
　　Remedies", *IMF Working Paper,* 18(127).
Milanovic, Branko(2016a), *Global Inequality: A New Approach for the Age of
　　Globalization,* Harvard University Press.
＿＿＿＿(2016b), "Why the Global 1% and the Asian Middle Class Have Gained the Most
　　from Globalization", *Harvard Business Review.*
Pew Research Center(2014), *Political Polarization in the American Public.*
Piketty, Thomas(2018), "Brahmin Left vs Merchant Right: Rising Inequality and the

Changing Structure of Political Conflict", *Working Paper.*

Piketty, Thomas et al.(2018), *World Inequality Report 2018.*

Piketty, Thomas, Li Yang and Gabriel Zucman(2017), "Capital Accumulation, Private Property and Rising Inequality in China", *NBER Working Paper,* 23368.

Ravallion, Martin(2018), "Inequality and Globalization: A Review Essay", *Journal of Economic Literature,* 56(2).

Rodrik, Dani(2018), "Populism and the Economics of Globalization", *Journal of International Business Policy,* 1(1-2).

Scheve, Kenneth F. and Matthew J. Slaughter(2018), "How to Save Globalization: Rebuilding America's Ladder of Opportunity", *Foreign Affairs,* 97(6).

Sheen, Seong-Ho(2013), "Northeast Asia's Aging Population and Regional Security: Demographic Peace?", *Asian Survey,* 53(2).

UN(2017), "World Population Prospects 2017". https://population.un.org/wpp/Download/Standard/Population/(검색일: 2018. 12. 15)

White House(2017), *National Security Strategy of the United States of America.*

World Bank(2016), *Poverty and Shared Prosperity 2016: Taking on Inequality.*

_____(2018), "World Development Indicators: Military Expenditure .% of GDP". https://data.worldbank.org/indicator/MS.MIL.XPND.GD.ZS (검색일: 2018. 12. 15.)

World Economic Forum(2018), *Global Risks Report.*

찾아보기

ㄱ

가격지표 164, 170, 192, 196

가교에너지(bridging energy) 156, 164,
    166, 172, 183, 198

건강 실크로드 234

걸프전 63, 66

게이츠, 빌(Gates, Bill) 75

경제안보 13, 15, 32, 211, 319, 320, 322,
    323

경제안보전략 323

경제적 리스크 15, 320, 332

경제적 이익 126, 130, 131, 133, 136, 148,
    149, 151

고령화 13, 15, 208, 229, 230, 234,
    236~241, 282, 299, 320, 321,
    324~326, 332

고령화·노령화 15, 320, 321, 324~326,
    332

국가간다자주의(multilateralism) 42

국가별 결정기여(Nationally Determined
    Contribution, NDC) 139

국가핵안전국(National Nuclear Safety
    Administration, NNSA) 106, 107,
    112

국내정치의 양극화 328

국방비 325, 326

국방인공지능융합연구센터 87, 88

국제규범 7, 23, 24, 27, 32, 35~37, 39~41,
    43, 44, 51, 53, 54, 58, 59, 81, 280,
    284, 286, 301, 313

국제로봇무기제어위원회(International
    Committee for Robot Arms Control,
    ICRAC) 80

국제법 24, 25, 35~38, 40, 44, 58, 80, 81,
    218, 238, 279, 284, 287, 288, 298,
    300

국제보건규칙(IHR) 220

국제 에너지시장 166, 171, 184

국제원자력기구(IAEA) 10, 96~98,
    100~103, 105, 107~114, 117, 119,
    136

국제원자력협력체제(International
    Framework for Nuclear Energy
    Cooperation, IFNEC) 109

군사혁신 63, 65, 66

규범 7, 8, 22~27, 31~45, 51~55, 58, 59,
    73, 80, 81, 128, 189, 266, 280, 283,
    284, 286, 301, 312~314

규제 포획 107

극우정당 330

글로벌보건기술진흥(GHIT) 232, 233

글로벌보건안보구상(GHSA) 13, 208, 220,
    225, 231

기후변화 10, 11, 14, 55, 99, 119, 124~127,

130~142, 145~151, 156, 162,
165, 167, 193, 198, 200, 201, 249,
251~254, 259, 261, 262, 264

ㄴ

나고야의정서 219
나토 합동사이버방위센터(Cooperative
Cyber Defence Centre of
Excellence, CCDCOE) 37
난민 지위에 관한 의정서(난민의정서) 277,
280, 288, 294, 301
난민 지위에 관한 협약(난민협약)
277~279, 287, 288, 294, 301, 314
남·북·러 PNG 사업 189, 190
노란조끼(Gilets Jaunes) 330

ㄷ

다중이해당사자주의(multistakeholderism)
41
대기환경 10, 11, 124~128, 130, 136, 150,
151
대안지식 118
데저텍 프로젝트(Desertec Project) 162
동북아 5~16, 23, 26, 34, 53, 55, 62~64,
90, 95~97, 101~103, 111, 114,
115, 118, 119, 125~127, 136, 137,
139, 148, 149, 151, 155~160, 163,
164, 166, 169, 171, 173, 174, 179,
180, 185~194, 201~203, 208~210,
231, 237~239, 241, 248, 249, 258,
265~267, 272, 275~278, 286,
310~312, 314, 319~322, 324~326,
332~334
동북아 슈퍼그리드 187, 188, 202, 203
동북아재난위험경감(Disaster Risk
Reduction in North East Asia, DRR
in NEA) 265
동북아평화협력구상(동평구) 55, 159, 267
동북아플러스책임공동체 159
동북아환경협력고위급회의(North East
Asian Subregional Programme
of Environmental Cooperation,
NEASPEC) 137, 266
동북아환경협력회의(the Northeast Asian
Conference on Environmental
Cooperation, NEAC) 137
동아시아산성비모니터링네트워크(Acid
Deposision Monitoring Network in
East Asia, EANET) 137
동아시아·태평양 7, 23
드론봇 전투단 71

ㄹ

레짐 복합체(regime complex) 33
리더이(李德毅) 84

ㅁ

말레이시아 226, 237, 290, 325
매티스, 제임스(Mattis, James) 86
머스크, 엘론(Musk, Elon Reeve) 74, 76,
80
메르스(MERS) 208, 209, 212, 214, 216,
222, 225, 231, 249
메이븐(Maven) 프로젝트 81, 82
무력 갈등 326
무인기 63, 65, 71
문제의 범위 11, 125, 130, 131, 136, 150,
151
미국 8, 23, 24, 26, 32, 39, 40, 41, 43,
45~52, 56, 57, 63, 66, 69~71,

80~82, 84~86, 89, 101, 102, 107,
    108, 111, 115, 116, 161, 164, 168,
    169, 172~177, 180, 184~186,
    190, 194, 198, 200, 208, 209, 216,
    217, 219~221, 225, 233, 277, 282,
    288, 297, 306, 308, 311, 323~326,
    328~334
미세먼지 4, 10, 11, 124~127, 131,
    133~136, 138~143, 146, 147,
    149~151, 156, 182, 198
민족주의 285, 330
민주주의 322, 330

ㅂ

바이오 안보 13, 208, 210, 225, 227, 233,
    234, 241
바이오 테러 13, 208, 211, 214, 216, 217,
    220, 225, 227, 236, 237, 240
반덤핑관세 175
반세계화 15, 320, 323, 328, 330, 333
반이민 15, 320, 323, 330
반핵운동 117, 118
번역의 4단계 99
보건 거버넌스 210, 217~222, 241
보건안보 10, 12, 13, 207~220, 222, 227,
    231, 233, 234, 236~242
보건원조 234, 235
보호무역주의 15, 320, 323
복합 네트워크 7, 23, 26, 27, 56
복합안보 98
복합지경학 15, 320, 322, 323, 324, 332
복합지정학(complex geopolitics) 5, 7,
    10, 13, 17, 26, 96, 119, 162, 163
북서태평양보전실천계획(Northwest
    Pacific Action Plan, NOWPAP) 137

불평등 15, 254, 319~321, 323, 326~330,
    332~334
브레튼우즈 체제 323
브렉시트(Brexit) 330
비국가 행위자 7, 23, 25, 26, 30~32, 57,
    58, 98, 220, 237, 241
비자유주의적·반자유주의적 국가 324
빈곤층 326

ㅅ

사스(SARS) 176, 216, 222, 224, 234
사용후 핵연료 및 방사성 폐기물 관리의
    안전에 관한 공동협약 100, 104
사이버공간총회(Conference on
    Cyberspace) 32, 35, 38~40, 47
사이버 공격 6, 7, 8, 10, 23~26, 28~33, 35,
    37, 38, 42, 45~50, 52, 56, 57, 65, 85,
    96, 97, 100, 101, 119
사이버 안보 7, 8, 22~49, 51~59
사이버 안보 거버넌스 7, 8, 22~28, 30, 34,
    44, 55, 56, 58
사이버전(cyber warfare) 37, 38
사회복지 325, 326
사회 양극화 15, 320, 330, 332, 333
사회통합 15, 319, 320, 321, 323
살상로봇 개발 중지 캠페인 76, 80
삶의 미래 연구소 76, 80
상하이협력기구(Shanghai Cooperation
    Organization, SCO) 33, 36, 39, 44
새천년개발목표(MDGs) 219, 259
생명과학 216, 237, 240
생물 무기 225, 226
생산가능인구 324, 325
서유럽원자력규제자협의체(Western
    European Nuclear Regulators

Association, WENRA） 113, 114

세계경제포럼(World Economic Forum)
320

세계금융위기 15, 320, 327, 330

세계리스크보고서 320

세계백신면역연합(GAVI) 218, 221

세계보건기구(WHO) 217, 218, 220, 222,
224, 231, 236, 237, 245

세계원자력협회(World Nuclear
Association, WNA） 117

세계원전사업자협회(World Association of
Nuclear Operators, WANO） 117

세계인터넷대회(世界互大, World Internet
Conference） 40, 44

센다이 프레임워크(Sendai Framework
for Disaster Risk Reduction
2015~2030） 259~261, 270

셰일가스(shale gas) 164, 169, 174, 175,
180, 184, 190, 198, 200

셰일혁명 168, 174

소득 상위 1% 327, 328

소득재분배정책 328

스마트그리드(Smart Grid) 165, 184, 203

스마트에너지 165

스워밍(swarming) 68, 69, 83

스텔스 66, 77, 83, 84, 85

시진핑(習近平) 84, 234

식품 안전성 13, 208, 216, 227, 228, 235,
237, 239

신(新)전기시대 164, 186

신기후체제 11, 156, 160~162, 167, 173,
182, 185, 198, 200

신·변종 감염병 210, 211, 216, 222~224,
231, 236, 240, 241

신에너지안보 186

신재생에너지 12, 156, 164, 165, 167, 174,
177, 178, 181~183, 185, 198~203

신흥 경제안보 323

신흥안보 5~7, 9~16, 25, 27~29, 34, 55,
96~99, 101, 119, 156, 159, 161, 162,
165, 180, 208, 210~214, 217, 238,
240, 241, 249, 250, 252, 253, 314,
323

심리전 23, 32, 85

싱어, 피터(Singer, Peter) 69, 70, 72

ㅇ

아베(安倍晋三) 86, 296, 297, 299

아세안(ASEAN) 24, 49, 52~54, 58, 150,
237, 262

아시아원자력안전네트워크(The Asian
Nuclear Safety Network, ANSN)
111, 114

아시아원자력협력포럼(Forum Nuclear
Cooperation in Asia, FNCA) 111

아이젠하워(Eisenhower, D.) 108

아태지역협력협정(Regional Cooperative
Agreement for Research, RCA) 110

액상천연가스(NGLs) 174

액화천연가스(LNG) 12, 156, 164,
168~173, 175~177, 179~181, 185,
186, 190~192, 196~199

양극화 현상 330

양질전화(量質轉化) 28, 29, 33, 34, 97

에너지국제정치 11, 12, 155, 156,
158~160, 163, 166, 173, 197

에너지소비국 11, 156, 177, 197

에너지안보 11, 12, 156, 158~163, 165,
168, 180~182, 184, 186, 187, 193,
197, 200, 201

에너지안보 거버넌스 163, 186

에너지저장체제(ESS) 203

에너지전환 11, 156, 161, 163, 165, 168,
180~183, 186, 204

에너지전환기 163

에너지 하베스팅(energy harvesting) 184

여론 11, 125, 126, 130, 133~136, 148,
150, 151, 291, 297, 309

영향 기반 예측(impact-based forecasting)
269

오스트레일리아(호주) 24, 49~51, 78, 116,
168, 169, 172, 177, 283, 320, 323,
324

오슬로장관선언 219

위즈니악, 스티브(Wozniak, Steve) 75

원자력규제위원회 105~107, 112

원자력규제청 105

원자력 발전 안전 9, 10, 95~97, 101, 119

원자력안전법 105, 106

원자력안전위원회 104~106, 112

원자력안전협약 100, 104, 108, 112

원자력의 평화적 이용 96, 105, 108, 110

원자력 카르텔 116

월가를 점거하라 330

유럽원자력공동체(European Atomic
Energy Community, Euratom) 110,
113

유럽원자력기구(European Nuclear Energy
Agency) 109

유엔 국제이주기구(IOM) 313

유엔 재래식무기회의 80

유엔 정부전문가그룹(Group of
Governmental Experts, GGE) 32,
35~38, 43, 44, 54, 74

유전자 64, 213, 216, 217, 219, 227, 228,
234

이슈 연계 14, 28, 33, 34, 97, 249, 250~252

이종욱 231

이주를 위한 지역협의과정 313

인간안보(human security) 211, 232, 277,
281, 286

인구 15, 319, 320, 321, 323

인구평화(demographic peace) 326

인도 6, 49, 102, 168, 175, 324~327, 331

인도네시아 53, 103, 111, 218, 219, 224,
256, 294, 324

인종주의 330

일본 4, 8, 9, 10, 15, 23, 24, 26, 49~51, 53,
54, 57, 63, 86, 90, 96, 97, 101~106,
111, 112, 115, 116, 137, 161, 168,
171, 172, 176, 177, 180, 186, 187,
189, 191~197, 199, 200, 202, 209,
210, 225, 228~230, 232, 233, 236,
238~240, 253, 255, 256, 258, 265,
266, 276~279, 286, 288, 294~302,
309, 311, 312, 320, 321, 324, 326,
334

임계점(critical point) 6, 28, 29, 33~35, 97

ㅈ

자유주의적 국제정치경제질서 15, 320

자율무기체계 8, 9, 63, 64, 67~70, 72, 87,
89

재기화터미널 192

재난 관리 및 긴급 대응에 대한 아세안
협정(ASEAN Agreement on Disaster
Management and Emergency
Response, AADMER) 262

전쟁법 24, 35, 37, 56, 73

전통적인 지경학 323, 324

전투용 로봇 70

정밀유도무기 63, 66

정보보호협정(GSOMIA) 51

정보통신기술(ICT) 43, 47, 220, 221, 235, 239

정책결정 118, 133, 134, 147

제인스(Jane's) 85

조류독감 212~214, 216, 218, 222~224, 249

종합안보 232, 233

줌왈트(Zumwalt)호 70

중국 8~10, 15, 23, 24, 26, 30, 32, 34, 38~40, 43, 45~47, 50, 53, 54, 57, 63, 66, 71, 77, 80, 83~86, 90, 96~98, 101~103, 105~107, 111, 112, 115, 116, 125, 126, 134~143, 145, 146, 149~151, 168, 171, 172, 175, 177~180, 186, 187, 189, 192~195, 197, 199, 201, 202, 209, 210, 212, 221, 223, 224, 227~230, 233~236, 238~240, 249, 256, 265, 266, 276~279, 283, 284, 286~289, 293, 298, 299, 301~309, 311~313, 321, 322, 324, 326~329, 331, 334

중국원자력기구 105

중국 인민해방군 83

중국 중앙군사위원회 83

중산층 321, 331~333

지능적 작전 85

지속가능개발목표(SDG) 219

지식정치 118

지정학적 연계 28, 33

질병감시 222, 233

질병관리센터 233

ㅊ

천연가스시장 168, 170, 173, 177, 186, 187, 190, 191, 193~195, 197

초고령화 사회 326

초연결화 64

초지능화 64

초현실화 65

ㅋ

카이스트 87~89

킬러로봇 67, 73, 74

ㅌ

탄저균 208, 216, 225~227

탈린매뉴얼(Tallinn Manual) 32, 35, 37, 38, 55, 56

탈세계화·반세계화 328

탈원전 181~183, 198, 199

탈지정학·비지정학 324

트럼프 현상 330

트레이딩 허브(Trading Hub) 164

ㅍ

파리 콜(Paris Call) 42, 43

파리협정 139, 145, 146, 148, 161, 174, 198, 199

파이브 아이즈(Five Eyes) 50, 53, 57

파이프라인가스(PNG) 164, 171, 181, 186, 189~191, 197, 202

파이프라인망 164

필리핀 294, 325

ㅎ

하사비스, 데미스(Hassabis, Demis) 76

한중기후변화공동위원회 141

한·중·일 원자력안전고위규제자회의(TRM)
　　111, 112, 114, 115, 119
한·중·일 원자력안전고위규제자회의
　　플러스(TRM +) 112
한·중·일 3국환경장관회의 137
한중환경협력계획 138, 141, 144, 146, 150
한중환경협력센터 138, 141, 144, 146, 150
행위자 네트워크 이론 99
협력의 구체성 10, 11, 125~129, 134, 136,
　　143, 146~148, 150, 151
호킹, 스티븐(Hawking, Stephen) 75
화웨이 50, 57
환경 협력 10, 11, 124~129, 132~140, 142,
　　145, 147, 148, 150, 151, 266

1차 상쇄전략 66
2차 상쇄전략 66
3차 상쇄전략 66
4차 산업혁명 5, 8, 33, 63~65, 67, 79, 89,
　　161, 162, 165, 183, 203, 241, 333
5대 게임 체인저 71
7대 지구적 목표(seven global targets)
　　260
e헬스 220, 221, 238
F-35 70
LNG 트레이딩 허브 192, 199
OECD 원자력기구 109
OODA 68
SGR-A1 87

지은이

김상배 서울대학교 정치외교학부 교수

서울대학교 외교학과 학사 및 석사, 미국 인디애나대학교 정치학 박사

『신흥무대의 미중경쟁:정보세계정치학의 시각』(공저). 2018.

『인공지능, 권력변환과 세계정치』(공저). 2018.

『버추얼 창과 그물망 방패: 사이버 안보의 세계정치와 한국』. 2018.

『아라크네의 국제정치학: 네트워크 세계정치이론의 도전』. 2014.

『정보혁명과 권력변환: 네트워크 정치학의 시각』. 2010.

『정보화 시대의 표준경쟁: 윈텔리즘과 일본의 컴퓨터 산업』. 2007. 외 다수

신성호 서울대학교 국제대학원 교수

서울대학교 외교학과 학사, 미국 터프츠대학교 플레처스쿨 석사 및 박사

『북핵문제와 한반도 평화정착』(공저). 2008.

"Trump and New Administration's Foreign Policy (in Korean)," *Diplomacy*, No. 120 (January 2017), 11–30.

"Obama Administration's Cyber Security Policy and Challenges (in Korean)," *Journal of International and Area Studies*, Vol. 25, No. 4 (Winter 2016), 61–96.

"Asymmetry of Deterrence: Nuclear Triade, Nuclear Strategy, and US-China Military Competition (in Korean)," Vol. 22, No. 4 (Winter 2016), 65-91. 외 다수

배영자 건국대학교 정치외교학과 교수

서울대학교 외교학과 학사 및 석사, 미국 노스캐롤라이나대학교 정치학 박사

『중견국의 공공외교』(공저). 2013.

"미중 패권경쟁과 과학기술 혁신."『국제·지역연구』25권 4호. 2016.

이태동 연세대학교 정치외교학과 교수

연세대학교 정치외교학과 학사, 서울대학교 환경대학원 환경계획학과 석사, 미국
워싱턴대학교 정치학 박사
Global Cities and Climate Change. 2015.
『환경에너지 정치』. 2017.
『우리가 만드는 정치』. 2018.
『환경-에너지 리빙랩』. 2019.

신범식 서울대학교 정치외교학부 교수

서울대학교 외교학과 학사 및 석사, 러시아 국립모스크바국제관계대학교 정치학 박사
『21세기 유라시아 도전과 국제관계』. 2006.
"Russia's Perspectives on International Politics, A Comparison of Liberalist, Realist
and Geopolitical Paradigms." *Acta Slavica Iaponica Tomus* 26. 2008.
『중국의 부상과 중앙아시아』. 2015.

조한승 단국대학교 정치외교학과 교수

고려대학교 정치외교학과 학사 및 석사, 미국 미주리대학교 국제정치학 박사
"동아시아 보건안보의 쟁점과 협력."『한국동북아논총』. 2018.
"4차 산업혁명 시대 대북 보건안보와 남북 보건협력 거버넌스."『평화학연구』. 2018.
"국제기구를 통한 통일대비 대북지원의 함의: UNFPA의 북한인구조사를 중심으로."
『분쟁해결연구』16권 1호. 2018.
"백신 사업 사례를 통해 본 글로벌 거버넌스의 행위자 상호관계 연구: 국가, 국제기구,
비국가 행위자 관계를 중심으로."『세계지역연구논총』36권 1호. 2018. 외 다수

이승주 중앙대학교 정치국제학과 교수

연세대학교 정치외교학과 학사 및 석사, 미국 캘리포니아대학교 버클리 정치학 박사
『일대일로와 동아시아 지역질서 변화』(공저). 2016.
『한국의 중견국 외교: 역사·이론·실제』(공편). 2016.
"연합 형성과 중견국 외교: 믹타(MIKTA)의 사례."『국제·지역연구』25권 2호. 2016.
"동아시아지역협력과 아세안의 리더십 전략."『평화연구』24권 1호. 2016. 외 다수

이신화 고려대학교 정경대학 정치외교학과 교수

이화여자대학교 영어영문학과 학사, 미국 메릴랜드대학교 국제정치학 박사

"The Theory and Reality of Soft Power: Practical Approaches in East Asia." *Public Diplomacy and Soft Power in East Asia.* 2011.

"한국 외교정책의 새 패러다임과 과제." 『한국 외교정책: 역사와 쟁점』. 2011.

Ethical, Normative and Educational Frameworks for the Promotion of Human Security in East-Asia. 2004. 외 다수

이왕휘 아주대학교 정치외교학과 교수.

영국 런던정치경제대학 국제정치학 박사.

『동아시아지역 거버넌스와 초국적 협력』(공저). 2019.

『남·북·중 경제 협력 방안 연구』(공저). 2019.

"일대일로 구상의 지경학: 중아합작(中俄合作) 대 연아타중(連俄打中)." 『국가안보와 전략』 17권 4호. 2017.

"핀테크(金融科技)의 국제정치경제: 미국과 중국의 경쟁." 2018.

"미중 무역전쟁: 미국 내에서 보호주의에 대한 저항과 중국의 대미 로비." 『국방연구』 61권 4호. 2018.